JAMES REDFIELD

DIE VISION VON CELESTINE

Geheimnis und Hintergrund der Prophezeiungen

Aus dem Amerikanischen
von Mascha Rabben

WILHELM HEYNE VERLAG
MÜNCHEN

HEYNE ESOTERISCHES WISSEN
Herausgegeben von Michael Görden

13/9809

Die amerikanische Originalausgabe erschien unter dem Titel
THE CELESTINE VISION
im Verlag Warner Books, New York

Umwelthinweis:
Dieses Buch wurde auf
chlor- und säurefreiem Papier gedruckt.

2. Auflage

Taschenbucherstausgabe 10/99
Copyright © 1997 by James Redfield
Copyright © der deutschsprachigen Ausgabe 1998
by Wilhelm Heyne Verlag GmbH & Co. KG, München
http://www.heyne.de
Printed in Germany 2001
Umschlaggestaltung: Atelier Ingrid Schütz, München
Satz: Leingärtner, Nabburg
Druck und Bindung: Ebner Ulm

ISBN 3-453-15882-2

Für alle, die die Vision halten

Danksagungen

Die Vision von Celestine entstand mit der Hilfe von viel mehr Menschen, als ich an dieser Stelle mit Namen nennen kann. Dennoch muß ich John Diamond und Beverly Camhe für ihre instinktive Planung danken und John Winthrop für seine unermüdlichen Recherchen, Claire Zion für die Sorgfalt beim Redigieren und Salle Merrill Redfield für ihre permanente Unterstützung. Mein innigster Dank gebührt allen Seelen der Vergangenheit und Gegenwart, die das kollektive Erwachen so heldenhaft vorantreiben.

Inhalt

Vorwort:
Den Bewußtseinswandel wahrnehmen

Man muß uns nicht mit der bevorstehenden Jahrtausendwende drohen, um uns klarzumachen, daß etwas Niedagewesenes geschieht. Wer Augen hat, sieht überall, daß sich das Bewußtsein der Menschen zur Zeit stark verändert. Aus Meinungsumfragen geht das ständig wachsende Interesse an mystischen und bisher unerklärlichen Phänomenen hervor. Renommierte Zukunftswissenschaftler verkünden, daß die Suche nach tieferer Bedeutung und persönlicher Erfüllung demnächst weltweite Ausmaße annehmen wird,[1] und die Massenmedien in Form von Büchern, Dokumentarfilmen oder täglichen Nachrichten, reflektieren die Empörung einer Bevölkerung, die ihre Forderung nach einer Rückkehr zur Qualität und Integrität immer lautstarker zum Ausdruck bringt.

Am deutlichsten machen sich die Veränderungen in unserer eigenen Erfahrungsqualität bemerkbar. Unser Interesse verlagert sich zur Zeit. Unwillkürlich richten wir das Augenmerk auf etwas Tieferes als den intellektuellen Bereich mit all seinen abstrakten Diskussionen über spirituelle Theorien und religiöse Dogmen: die unmittelbare Wahrnehmung der spirituellen Kraft im täglichen Leben jedes einzelnen.

Wenn ich gefragt werde, warum meine ersten beiden Romane, *Die Prophezeiungen von Celestine* und *Die Zehnte Prophezeiung von Celestine*, so populär geworden sind, sage ich immer, daß damit nur die Tatsache reflektiert wird, daß die in diesen Büchern beschriebenen spirituellen Erlebnisse überall auf der Welt gemacht werden.

Immer mehr Menschen nehmen die bedeutungsvollen Fügungen in ihrem Alltagsleben jetzt bewußter wahr, wobei manche Fügungen ausschlaggebend und sehr provokant sein können, andere fast unmerklich subtil. Aber alle sind ein Beweis, daß wir nicht isoliert existieren, weil ein mysteriöser, rein geistiger Vorgang direkten Einfluß auf unser Dasein hat. Wer das von dieser Erkenntnis ausgelöste Gefühl der Bestätigung und Inspiration auch nur einmal erlebt, kann die Fügungen kaum noch übersehen. Wir fangen an, Ausschau nach ihnen zu halten, sie zu erwarten und uns aktiv um tiefere Einsichten in ihre Wesensnatur zu bemühen.

Meine beiden Romane sind Abenteuerparabeln, weil sie das, was ich als das neue spirituelle Bewußtsein der Menschheit bezeichne, in Geschichtenform wiedergeben. Ich wollte die persönlichen Höhen und Tiefen beschreiben, die jeder von uns im Lauf einer Bewußtseinserweiterung erlebt. Da die Erzählungen auf meinen eigenen Erfahrungen beruhen, konnten inwendige Zustände leicht in einen typischen Handlungsverlauf eingebettet und von einer Gruppe von Charakteren ausagiert werden, die den verschiedenen Bewußtseinsstufen, die wir täglich durchlaufen, annähernd entsprechen.

Insofern habe ich mich immer als Berichterstatter oder sozialer Kommentator gesehen, der Beispiele benutzt, um Veränderungen in der menschlichen Wahrnehmung zu dokumentieren, die, wie ich glaube, schon vor langer Zeit in Gang gesetzt wurden. Ich gehe nämlich allen Ernstes davon aus, daß auch unsere geistige Entwicklung unaufhaltsam voranschreitet und das menschliche Kollektiv immer tiefere Einsichten gewinnen wird. Und so sind noch mindestens zwei weitere Romanfortsetzungen in der *Celestine*-Serie geplant.

Dieses Buch habe ich nicht in Romanform geschrieben, weil mir scheint, daß wir jetzt in eine ganz spezielle Phase der gemeinsamen Bewußtseinsentwicklung übergehen. Offenbar bekommt nahezu jeder jetzt einen Vorgeschmack oder bleibt sogar eine Zeitlang in einem erweiterten Geisteszustand. Aber bald darauf werden wir wieder aus dem Gleichgewicht geworfen und müssen – aus Gründen, die in diesem Buch erörtert werden – erneut um unsere höhere, spirituelle Perspektive ringen. Von den Herausforderungen auf diesem Weg handelt dieses Buch, und der Schlüssel liegt meines Erachtens in offen und ehrlich geführten Gesprächen über unsere Schwierigkeiten.

Zum Glück haben wir eine gewaltige Hürde in dieser Hinsicht schon übersprungen, denn die meisten von uns können jetzt ganz unbefangen und ohne Angst vor Kritik über ihre spirituellen Erfahrungen sprechen. Skeptiker sind weiterhin in der Überzahl, doch scheint sich der Schwerpunkt der öffentlichen Meinung inzwischen so weit verlagert zu haben, daß nicht mehr mit automatischem Spott und Abscheu auf alles, was auch nur entfernt nach »Spiritualität« klingt, reagiert wird. Früher haben wir unsere inwendigen Wahrnehmungen tunlichst geheimgehalten, wenn nicht gar vor uns selbst verleugnet, um uns bloß nicht lächerlich zu machen. Doch in den letzten Jahren wurde der Spieß bereits so weit umgedreht, daß die Verbohrtheit der Vertreter der alten Schule allgemein belächelt wird.

Ich glaube, wir können den Meinungsumschwung darauf zurückführen, daß übertriebener Skeptizismus inzwischen von der Mehrheit als das verzweifelte Festhalten an einem unhaltbaren Weltbild durchschaut worden ist: nämlich den längst überholten Theorien von Newton und Descartes. Sir Isaac Newton war ein genialer Physiker, auch wenn viele seiner modernen Kollegen die Ansicht vertreten,[2] daß er das Universum zum geistlosen Mechanismus reduziert hat, zu einem Räderwerk, das unumstößlichen, rein mechanistischen Naturgesetzen gehorcht und unentwegt weiterrollt, nachdem es einmal in Gang gesetzt worden ist. René Descartes war ein Philosoph des siebzehnten Jahrhunderts und insofern ein Vorläufer von Newton, als er die Idee populär machte, daß man lediglich die Grundgesetze des Universums kennenlernen muß, die

18

ursprünglich zwar von irgendeinem Schöpfer in Betrieb gesetzt wurden, inzwischen jedoch völlig selbständig weiterfunktionieren.[3] Als sich das Weltbild von Descartes und Newton durchgesetzt hatte, wurde jede Theorie von einer spirituellen Kraft im Universum ebenso rundweg abgeschmettert, wie die Idee, daß spirituelle Erfahrungen jemals etwas anderes als Wunschträume oder Halluzinationen sein könnten.

Dieses Buch erklärt, wie das mechanistische Weltbild in den ersten Jahrzehnten dieses Jahrhunderts widerlegt wurde, zuerst von Albert Einstein und den Pionieren der Quantenphysik und unlängst von neueren Untersuchungsergebnissen im Bereich der Gehirnwellenforschung – um nur zwei Beispiele zu nennen. Leider lassen sich die Denkrillen des alten Weltbilds nicht so leicht aus unserem Bewußtsein entfernen. Der eingefahrene Skeptizismus ist sehr widerstandsfähig und kein Wunder: Schließlich besteht seine Aufgabe darin, sämtliche subtilen, spirituellen Wahrnehmungen von vornherein herauszufiltern, um alteingesessene Ansichten vor jedem gegenteiligen Beweis zu schützen, und sei das Gegenteil auch noch so wissenschaftlich erwiesen.

Wir müssen diesen Mechanismus durchschauen. Bevor wir eine echte spirituelle Erfahrung zulassen können, müssen wir die Möglichkeit in Erwägung ziehen, daß spirituelle Erfahrungen echt sein können. Heute wissen viele, daß man seine Skepsis suspendieren oder »ausklammern« und spirituellen Phänomenen aller Art so unvoreingenommen wie möglich gegenüberstehen muß, um sie tatsächlich erleben zu können. »Klopfet an, dann wird euch aufgetan«, wie die Heilige Schrift schon sagt, andernfalls bleiben die Pforten der höheren Wahrnehmung verschlossen.

Solange wir mit tausend Einwänden und Zweifeln an spirituelle Erfahrungen herangehen, erleben wir nichts dergleichen und beweisen uns damit immer wieder neu, daß spirituelle Erlebnisse Humbug sind. Seit Jahrhunderten haben wir außergewöhnliche Wahrnehmungen aus unserem Bewußtsein verbannt, und nicht, weil sie unecht sind, sondern weil wir sie zu der Zeit einfach nicht wahrhaben wollten. Sie paßten nicht in unser materialistisches Weltbild.

Wie wir später noch sehen werden, gewann die skeptische Geisteshaltung die Oberhand im siebzehnten Jahrhundert, weil das bröckelnde mittelalterliche Weltbild mit seinen irrwitzigen Theorien, Scharlatanen im Machtrausch, Hexenverfolgungen und käuflichen Seelenrettungen endlich dem gesunden Menschenverstand Platz machen mußte. In diesem Milieu sehnten sich mehr und mehr Menschen nach einer wissenschaftlich fundierten Weltanschauung, die sich nicht scheute, den Tatsachen hinter all dem Aberglauben auf den Grund zu gehen. Wir wollten die Umwelt als naturbedingt betrachten, uns von allen Spekulationen und Mythen befreien und in einer wirtschaftlich stabilen, rational erklärlichen Welt leben, in der wir keine Angst vor schaurigen dunklen Mächten mehr haben mußten. Aus dieser Notwendigkeit heraus ist es verständlich, daß wir uns mit einer übertrieben materialistischen und allzu simplen Realitätsvorstellung auf den Weg in die Moderne gemacht haben.

Daß wir das Baby dabei mit dem Badewasser ausgekippt haben, ist eine Untertreibung. Das Leben in der Neuzeit kam uns zunehmend sinnentleert vor, einfach, weil unsere Existenz nur Sinn macht, wenn wir ihm eine tiefere, geistig-seelische Bedeutung zuerkennen. Selbst unsere religiösen Institutionen schlossen sich dem Entmystifizierungstrend an und stellten Wunder, wie sie in den heiligen Schriften jeder Religion beschrieben werden, immer eilfertiger als Metaphern dar. Viele Kirchen wurden zu Gemeindehäusern umfunktioniert, in denen es eher um soziale Kontakte und moralische Aufrüstung ging, als die Förderung echter spiritueller Wahrnehmungen in den einzelnen Gläubigen.[4]

Heute befinden wir uns an einem historischen Wendepunkt. In dieser Zeit entdecken Millionen, daß sie mit einer Geisteskraft verbunden sind, zu der sie immer schon potentiellen Zugang hatten. Durch synchronistische Ereignisfolgen und Veränderungen in der Wahrnehmung verschafft diese formlose Kraft sich einen sichtbaren Ausdruck in unserem Leben. Eigentlich ist die neue Wahrnehmungsweise nämlich überhaupt nicht neu. Seit Ur-

zeiten haben die Menschen erweiterte Bewußtseins-
zustände erfahren und manchmal auch schrift-
lich oder künstlerisch dokumentiert, wie William
James, C. G. Jung, Thoreau und Emerson, Aldous
Huxley (der dieses Wissen *Philosophia Perennis* –
»die Immerwährende Philosophie« nannte) und in
den letzten Jahrzehnten George Leonard, Michael
Murphy, Fritjof Capra, Marylin Ferguson und Larry
Dossey.[5]

Das Ausmaß, in dem solche Erfahrungen jetzt
um sich greifen, ist allerdings wirklich etwas Neues.
Inzwischen erleben so viele den Durchbruch in
höhere Dimensionen, daß eine neue Weltanschauung entsteht, ein Realitätsverständnis, das den alten Materialismus mit all seinen Vorteilen in sich
einschließt, aber weit darüber hinausgeht.

Die dadurch ausgelösten sozialen Veränderungen sind keine Revolution, bei der die Gesell-
schaftsstrukturen über den Haufen geworfen und
durch neue ersetzt werden, weil eine von außen
aufgepfropfte Ideologie der anderen folgt. Nein,
was wir in Gang gesetzt haben, ist eine interne
Transformation, bei der das individuelle Bewußtsein allmählich erweitert wird, während die kulturellen Institutionen mehr oder minder bestehen
bleiben, bis sie von innen her erneuert und umge-
staltet werden, einfach weil die Geisteshaltung der
Verwalter dieser Institutionen sich erneuert hat.

Im Verlauf dieser Wende bleiben die meisten von
uns in dem generellen Arbeitsbereich tätig, den wir

schon immer bevorzugt haben, bei den Familien, die wir lieben, und in den religiösen Gemeinschaften, die unserem Wahrheitssinn entsprechen. Unterdessen verändern sich unsere Vorstellungen vom Berufsleben, Familienleben und dem korrekten Ausdruck von Religiosität jedoch grundlegend, weil direkte spirituelle Erfahrungen in unser tägliches Verhalten integriert werden.

Wie gesagt, ich bin der Ansicht, daß diese Transformation jetzt wie eine positive Ansteckung um sich greift. Sobald genug Leute den Mut haben, ihr neues Bewußtsein frei auszuleben und öffentliche Diskussionen darüber zu führen, wird weiteren Kreisen der Anstoß gegeben, mehr von ihrem bereits intuitiv erfaßten Wissen preiszugeben. Mit der Zeit wird sich Offenheit und Ehrlichkeit als Verhaltensmodell durchsetzen, worauf immer breitere Bevölkerungsschichten Zugang zu spirituellen Erfahrungen aller Art finden.

An der eben angedeuteten gesellschaftlichen Entwicklung sind wir alle in den letzten Jahren des zwanzigsten Jahrhunderts beteiligt. Auf zunehmender Übereinkunft aufbauend veranschaulichen wir einen Lebensstil, der, wie ich glaube, das kommende Jahrhundert und letztlich das nächste Jahrtausend bestimmen wird. In diesem Buch wird die inwendige, spirituelle Erfahrung noch tiefer ausgeleuchtet und ein Überblick über die Vorgeschichte unserer kollektiven Erweckung präsentiert. In späteren Kapiteln werden auch die speziellen Herausforderungen bei der Umsetzung der inwendigen Erfahrung im Alltag genauer untersucht.

Ich hoffe, daß die Wahrheit hinter den ersten beiden Romanen in der *Celestine*-Serie von diesem Buch erneut bestätigt wird und meine Leser ein vollständigeres Bild von dem neuen spirituellen Bewußtsein erhalten, das jetzt immer deutlichere Gestalt in unserer Umgebung annimmt.

Karstadt Warenhaus AG
Haus Oberpollinger
mit 3% Dankeschön-Rabatt

Wir freuen uns auf Ihren Besuch in
unserem neuen Sport-Outdoor-Center
auf der Theresienhöhe

Bon für den Kunden   W
Summe EUR   42,95-*
********** E C - K A R T E **********

Kontonummer : 0330334749
Bankleitzahl: 70250150
gültig bis : 0212
Lfd. Nummer : 802978

Gutschrift   EUR :   42,95

        -Mehrwertsteuerausweis-

MWKZ   MWST ST.-BETRAG NETTOBETRAG
 (1) 16,00%   5,92-   37,03-
        Vielen Dank !
00127 173 533 1 ONLINE 23.02.02 12:49

Unterschrift (Betrag siehe Vorderseite)

Ich ermächtige hiermit die Karstadt Quelle AG, den umseitigen Betrag von meinem Konto durch Lastschrift einzuziehen. Für den Fall der Rückgabe oder Nichteinlösung der Lastschrift ermächtige ich meine Bank unwiderruflich, der Karstadt Quelle AG Namen und aktuelle Anschrift des Kontoinhabers mitzuteilen.

Im Falle der Nichteinlösung ermächtige ich die Karstadt Quelle AG, meine Daten in die Sperrdatei der Karstadt Quelle AG (Karstadt Warenhaus AG, Runners Point GmbH, Neckermann Versand AG, NUR Touristic GmbH) und der Kaufhaus Ahrens AG aufzunehmen. Der Sperreintrag wird nach Begleichung des Rechnungsbetrages gelöscht.

Unterschrift (Betrag siehe Vorderseite)

Ich ermächtige hiermit die Karstadt Quelle AG, den umseitigen Betrag von meinem Konto durch Lastschrift einzuziehen. Für den Fall der Rückgabe oder Nichteinlösung der Lastschrift ermächtige ich meine Bank unwiderruflich, der Karstadt Quelle AG Namen und aktuelle Anschrift des Kontoinhabers mitzuteilen.

Im Falle der Nichteinlösung ermächtige ich die Karstadt Quelle AG, meine Daten in die Sperrdatei der Karstadt Quelle AG (Karstadt Warenhaus AG, Runners Point GmbH, Neckermann Versand AG, NUR Touristic GmbH) und der Kaufhaus Ahrens AG aufzunehmen. Der Sperreintrag wird nach Begleichung des Rechnungsbetrages gelöscht.

Unterschrift (Betrag siehe Vorderseite)

1
Die ersten Funken

Wie ich es sehe, hat unser aufkeimendes spirituelles Bewußtsein gegen Ende der fünfziger Jahre zum ersten Mal spürbar gestrampelt, als sich – am Höhepunkt des Materialismus – etwas Tiefes, geradezu Erschütterndes im Bauch der kollektiven Psyche regte. Es war, als stünden wir auf dem letzten Gipfel einer jahrhundertelangen, materiellen Aufbauphase und mußten einen Moment lang innehalten, um uns zu fragen: »Was nun?« Eine Art Massenintuition griff um sich, eine Urahnung, die sagte, daß *mehr* im menschlichen Leben möglich ist, daß ein größeres Gefühl der Erfüllung erreicht werden kann als unsere Gesellschaft bislang artikulieren und ausleben konnte.

Unsere erste Reaktion auf diese Zuckung war verständlich: Wir nahmen die Gesellschaft, ihre Institutionen und den allgemein gebräuchlichen Lebensstil unter die Lupe und prangerten Mißstände mit fieberhaftem Eifer an. Aus zahlreichen Zeitchroniken geht deutlich hervor, wie steif und klassenbewußt das emotionale Klima in den fünfziger Jahren war. Juden, Katholiken und Frauen hatten so gut wie keine Aussichten auf führende Positionen. Farbige und andere rassische Minderheiten wurden von vornherein ausgegrenzt, und der Rest der Wohlstandsbürger litt unter einem grassierenden, materiellen Überwertigkeitskomplex.

Da der Sinn des Lebens nahezu ausschließlich im wirtschaftlichen Wohlergehen erkannt wurde, mußte jeder zusehen, daß er so schnell wie möglich eine Prestige-Position erreichte, und sei es auch nur scheinbar, was zu allerhand skurrilen Auswüchsen im Wettkampf mit den Schmidts von nebenan führte. Den meisten von uns wurde eine krampfartige »*Nach-außen-Gerichtetheit*« anerzogen, eine Geisteshaltung, bei der wir uns selbst anhand der Meinungen, die andere über uns entwickeln *könnten*, beurteilen. Und so sehnten wir eine Gesellschaftsform herbei, in der wir unser kreatives Potential frei fliegen lassen konnten.

Die sechziger Jahre

Um das weiterhin nur verschwommen erahnte Mehr zu erreichen, verlangten wir zunächst einmal mehr von unserer Gesellschaft, was zu den zahlreichen Reformbewegungen führte, die dieses Jahrzehnt charakterisieren. In kürzester Zeit entstanden Bürgerinitiativen, die rassische und geschlechtliche Gleichberechtigung forderten, erste Umweltschutzgruppen, sogar eine organisierte Opposition zu dem undeklarierten Krieg in Vietnam. Heute sehen wir, daß die sechziger Jahre die erste massenhafte

Loslösung vom vorherrschenden, materialistischen Weltbild repräsentieren – »den ersten Sprung im kosmischen Ei«, wie Joseph Chilton Pearce es ausdrückt.[1] Die westliche Kultur, und in gewissem Maß die menschliche Gesellschaft schlechthin, war im Begriff, über ihre materialistische Orientierung hinauszugehen und nach einem philosophisch einleuchtenden Lebenssinn zu suchen.

Auf breiterer Basis als je zuvor setzte sich die Ansicht durch, daß unser Bewußtsein und unsere Erfahrungswelt nicht länger auf den engen Brennpunkt des materialistischen Zeitalters beschränkt werden durfte, weil jeder Mensch auf höheren Ebenen aktiv werden kann und muß. Ein tiefes, kaum erklärliches Wissen gab uns das Gefühl, daß wir irgendwie ausbrechen und in den Genuß eines freieren, vitaleren, lustvolleren Erdenlebens kommen sollen.

Aber unsere ersten Aktivitäten in dieser Hinsicht setzten das althergebrachte Konkurrenzdrama unter neuen Vorzeichen fort: Jeder nahm »all die anderen« in Augenschein, nicht zuletzt die irritierend bürokratischen Institutionen, und forderte sie auf, sich auf der Stelle zu reformieren. Wir hoben den Zeigefinger, richteten ihn auf die Gesellschaft ringsumher und brüllten: »Ändere dich gefälligst!« Obwohl unser Aktivismus sich wenigstens teilweise in Grundgesetzreformen niederschlug und vieles ins Rollen brachte, blieben die persönlichen Probleme jedes einzelnen von uns dabei unangetastet. Wir hatten die Unsicherheit, Existenzangst und Habgier, die sämtlichen Vorurteilen, Ungerechtigkeiten und Umweltschädigungen zugrunde liegen, noch nicht in uns selbst entdeckt.

Die siebziger Jahre

Zu Beginn der siebziger Jahre erkannten viele dieses Problem. Wie wir später noch sehen werden, sickerten die Erkenntnisse der modernen Tiefenpsychologie und des »Human Potential Movement« in Form von zahlreichen Aufklärungsschriften auf den Weltmarkt und infiltrierten den ganzen westlichen Kulturkreis.[2] Plötzlich sahen wir ein, daß wir alle anderen verändern wollten, dabei aber die Konflikte in uns selbst ignoriert hatten. Damit wurde uns bewußt, daß wir über das Verhalten anderer hinaus- und in uns selbst hineinblicken müssen, wenn wir das ersehnte *Mehr* tatsächlich eines Tages in den Griff bekommen wollten.

Sozusagen über Nacht galt es plötzlich nicht mehr als Schande, einen Therapeuten aufzusuchen. Von nun an wurde die Erforschung der eigenen Psyche nicht nur akzeptiert, sondern in immer breiteren Kreisen als richtungweisend betrachtet. Wir erkannten, was die Freudianer schon lange wußten: Nämlich, daß eine Rückschau auf unsere frühe Familiengeschichte zu neuen Einsichten, oft auch einer Katharsis führt, bei der individuelle Ängste

28

und Abwehrmechanismen freigesetzt werden und deutlich wird, wie und warum diese Komplexe in unserer Kindheit entstanden sind.[3]

Im Zuge der Selbstergründung ging uns noch sehr viel mehr auf, zum Beispiel in welchen Lebensbereichen wir auf der Strecke geblieben waren oder uns selbst zurückgehalten hatten. Wir erkannten, daß wir den Bennpunkt der Aufmerksamkeit nach innen verlagern und unseren persönlichen Werdegang analysieren mußten, wenn wir ein Stück weiterkommen wollten. Und am Ende dieses langen Weges stellte sich heraus, daß uns immer noch etwas fehlte! Wir konnten uns jahrelang psychologisch auseinandernehmen lassen, nur, um schließlich einsehen zu müssen, daß die alten Ängste und Abwehrreaktionen in Streßsituationen oder im Zustand der Verunsicherung erneut auftauchen.

Gegen Ende der siebziger Jahre war uns klar, daß unser intuitives Verlangen nach *mehr* nicht von Therapien allein befriedigt werden kann. Unsere Vorahnung handelte von einem inneren Seinsgefühl, einem höheren, erweiterten Bewußtsein, in dem eine leicht dahinströmende Gelassenheit unsere alten Gewohnheiten und Reaktionsmuster ersetzt. Die Erfüllung, das spürten wir, lag nicht in einem endlosen psychologischen Wachstum. Das allmählich in uns erwachende Bewußtsein verlangte nachhaltigere Veränderungen, eine Umwandlung, die nur noch als spirituelle Transformation bezeichnet werden konnte.

Die achtziger und neunziger Jahre

In den achtziger Jahren schien es, als müßte uns diese Erkenntnis zwangsläufig in drei völlig unvereinbare Richtungen führen. Die erste bestand in einer Rückkehr zu traditionell anerkannten Wert- und Glaubensvorstellungen. Viele studierten die alten Überlieferungen mit neuem Enthusiasmus und verpflichteten sich daraufhin, einem anerkannten Weg auf ihrer Suche nach Antworten auf ihre tiefsten, spirituellen Fragen zu folgen.

Die zweite Richtung war individualistischer. Wir legten uns nicht auf eine bestimmte Religion fest, sondern versuchten, ein tieferes Verständnis in den esoterischeren Formen der Spiritualität zu finden, die von jeher in aller Welt praktiziert worden waren.

Der dritte Weg bestand in einer totalen Abkehr von allem, was auch nur entfernt nach höheren Idealen oder spirituellem Wachstum klang. Frustriert von der Introvertiertheit der sechziger und siebziger Jahre, wollten viele den dumpfen Materialismus der Fünfziger wieder aufleben lassen und eine Dekade rekapitulieren, in der wirtschaftliches Wohlergehen angeblich schon genügt hatte. Dieser Versuch, eine ökonomische Belohnung an die Stelle des intuitiv erahnten, tieferen Lebenssinns zu setzen, führte allerdings lediglich zu einem inwendigen Druck, so schnell wie möglich reich zu werden und abzusahnen. Die aus dieser Geisteshaltung resultierenden Exzesse charakterisieren die achtziger Jahre und werden uns von den internationalen Börsenskandalen und der scheinbar unaufhaltsamen Korruption des Finanzwesens vor Augen geführt.

Ich habe unser Verhalten in den achtziger Jahren immer als eine Art Rückfall in den Wilden Westen empfunden, weil die drei fundamentalen Triebe im Menschen noch einmal gewaltig aufmuckten und öffentlich gegeneinander antraten: Auf der einen Seite das allgemeine Streben, dem Materialismus zu huldigen; auf der anderen das wachsende Streben nach einer völlig neuen spirituellen Lebensart und zwischen beidem die empörten Vertreter der altüberlieferten Religiosität. Rückblickend wird klar, daß dabei grundsätzlich nur versucht wurde, jenes *Mehr* in den Griff zu bekommen, das für unser Gefühl schon hinter der nächsten Ecke liegen mußte. Wir haben experimentiert, uns gegenseitig übertrumpft, um Aufsehen gerungen und viele unserer Projekte zu oberflächlichen Modeerscheinungen verkommen lassen. Und am Ende sind wir enttäuscht in einer großen Leere sitzengeblieben.

Dennoch halte ich alles, was sich in den achtziger Jahren abgespielt hat, für wichtig, besonders das erste Masseninteresse an unterschiedlichen Formen der Spiritualität. Wir haben einen notwendigen Schritt getan und dabei gelernt, die Marktschreier und ihre spirituelle Geschäftemacherei zu durchschauen. Nur so konnten wir eine tiefere Wahrheit entdecken. In gewisser Hinsicht haben wir einen

Reinigungsprozeß vollzogen, denn wir konnten erst nach etwas Substantiellerem Ausschau halten, als wir vollends zu der Überzeugung gelangt waren, daß wir einen authentischen Gesinnungswandel anstreben, der unseren Lebensstil von innen her diktiert.

Ich meine sogar, daß die achtziger Jahre eine fundamentale Einsicht vermittelt haben: Ob wir einer traditionellen Religion angehören, einem Mystiker folgen oder weitgehend esoterische Erkenntniswege beschreiten, ist nicht ausschlaggebend. Letztlich kommt es darauf an, ob wir direkte, spirituelle Erlebnisse haben, oder unser Wissen darüber nur aus zweiter Hand stammt.

Insofern standen wir zu Beginn der neunziger Jahre an einem Scheideweg, denn wenn die intuitiven Verheißungen der sechziger Jahre korrekt waren und ein erfüllteres Leben möglich, mußten wir über bloßes intellektuelles Verständnis hinausgehen und zusehen, daß wir irgendwie an echte Erfahrungen herankamen. Folgerichtig verschwanden lautstarke spirituelle Modeerscheinungen nun recht schnell von der Bildfläche, obwohl die Suche nach authentischen Erlebnissen überall fortgesetzt wurde. Und nun ist unsere Empfänglichkeit für echte spirituelle Erfahrungen in ein neues Stadium eingetreten. Heute sind wir bereit, unsere persönlichen Erfahrungen im spirituellen Bereich offener und ehrlicher zur Sprache zu bringen als jemals zuvor.

In die ausgebreiteten Arme der Sucher wurden dann unzählige Schriften wie *Die Prophezeiungen von Celestine* und *Die zehnte Prophezeiung von Celestine* geworfen und von Millionen weltweit aufgeschnappt. Solche Bücher fanden ein breites Publikum, weil sie den zunehmenden Heißhunger nach echten, spirituellen Erfahrungen reflektieren und eine Wahrnehmungsweise schildern, die jedem Menschen offensteht.

In den idealistischen Sechzigern fühlte ich mich dazu berufen, mit verhaltensgestörten Jugendlichen und ihren Angehörigen zu arbeiten, zunächst als Therapeut und dann als Leiter eines Therapiezentrums. Rückblickend erkenne ich den Zusammenhang zwischen den dort gewonnenen Erfahrungen und meiner späteren Eingebung, die *Celestine*-Serie zu schreiben. Die Arbeit mit Heranwachsenden, die durchweg in ihrer Kindheit mißhandelt worden waren, verschaffte mir einen Überblick über die Schwierigkeiten, mit denen sie auf ihrem weiteren Lebensweg fertig werden mußten. Um traumatische Kindheitserfahrungen zu bewältigen, mußten sie einen Weg beschreiten, zu dem in vieler Hinsicht auch ein transzendentes Element gehört.

Durch Mißhandlung wird eine Existenzangst wachgerufen, die ein dringendes Bedürfnis in Kindern erzeugt, absolut alles in ihrem Leben eigenmächtig zu kontrollieren. Sie erfinden Überlebens-strategien mit grausamen und selbstzerstöreri-schen Zügen, um ihrem Dasein einen Sinn zu ver-leihen, und sei er auch noch so negativ, und um ihre ständige Angst vor einem erneuten Kontrollverlust in den Hintergrund ihres Bewußtseins zu drängen. Dramatische Verhaltensmuster sind gewöhnlich zu hartnäckig, um von außen durchbrochen zu wer-den. Am erfolgreichsten sind Therapeuten, die das Schwergewicht auf persönliche Erfolgserlebnisse legen und dafür sorgen, daß Kinder euphorische Höhepunkte beim Sporttreiben, Spielen, Tanzen, Meditieren und anderen Aktivitäten erreichen. Grundsätzlich geht es also darum, verhaltensge-störten Kindern Zugang zu einem höheren, weise-ren, glorreicheren Selbst zu verschaffen, ein Selbst, das die alte Identität und das damit verbundene Reaktionsmuster unnötig macht.

Bis zum gewissen Grad wird jeder Mensch von den Ängsten heimgesucht, die mißhandelte Kinder zwanghaft ausagieren. Die meisten von uns spüren die Angst gottlob nicht so intensiv, und unsere Re-aktionsmuster sind weniger extrem, dennoch ist unser Wachstumsprozeß Schritt für Schritt der-selbe. Diese, bei meiner Arbeit immer wieder neu gewonnene Erkenntnis, machte mir klar, was die Gesellschaft in ihrer Gesamtheit durchexerziert. Anfänglich spürten nur die Vorreiter, daß dem so-genannten »normalen Leben« etwas fehlte. All-mählich wurde vielen klar, daß dieses »Etwas« bei einer inneren Transformationserfahrung in Kraft tritt. Und danach haben Millionen mit allen Mitteln versucht, eine nachhaltige Veränderung in ihrer Wahrnehmung von alltäglichen Ereignissen herbeizuführen. Warum? Weil wir *en masse* bereit waren, unsere bisherige Identität vor der bereits in Momenten erfahrenen höheren, göttlichen Identität zurücktreten zu lassen. Meine Versuche, diese inwendige Abenteuerreise in Worte zu fassen, bildeten die Grundlage des ersten Buches von Celestine.

Celestine

Vom Januar 1989 bis zum April 1991 arbeitete ich daran, *Die Prophezeiungen von Celestine* zu Papier zu bringen, und dazu gehörten allerlei mißglückte Versuche und Neuanfänge. Dennoch fügten sich meine gesammelten Erfahrungen beim Schreiben zum Teil nahtlos in den Text der Abenteuergeschichte ein und steuerten wie von selbst auf bestimmte Themen zu, die ich von vornherein einbauen wollte, ohne recht zu wissen, wie. Inspirierende Bücher landeten im rechten Moment im Haus, oder ich traf genau die Sorte von Mensch, die ich gerade beschreiben wollte. Hin und wieder wurde ich von wildfremden Leuten angesprochen, die mir aus unerfindlichen Gründen von ihren spirituellen Erfahrungen erzählen wollten. Wie unter einem Zwang stehend, gab ich ihnen das Manuskript zu lesen, und stellte dann fest, daß sie mir immer etwas Besseres oder Weiterführendes zu sagen hatten.

Als viele dieser Leute mich um eine Kopie des Manuskripts baten, damit sie es an Freunde weitergeben konnten, betrachtete ich es als ein Zeichen, daß das Buch kurz vor der Vollendung stand. Doch bei meiner Suche nach einem Verleger rannte ich mit dem Kopf gegen eine Wand nach der anderen. Irgendwann sackte ich zusammen. Die Kette der Fügungen brach völlig ab. Ich fühlte mich wie ein gestrandeter Wal. An diesem Punkt begann ich ernstlich, eine der wichtigsten Maximen des neuen Bewußtseins anzuwenden. Sie besteht in einer neuen Einstellung, einer inwendigen Haltung, die ich bereits kannte und erfahren hatte, ohne sie jedoch gründlich genug in mein Bewußtsein zu integrieren, um auch in schlimmen Streßsituationen mit heiler Haut davonzukommen.

Ich interpretierte die Absagen der Verlage als ein persönliches Versagen, ein negatives Ereignis, und diese Interpretation unterbrach die Kette der synchronistischen Fügungen, die mich bisher getragen hatte. Nach dieser Erkenntnis achtete ich wieder auf das Wesentliche und machte mich daran, diesen Punkt noch deutlicher in meinem Manuskript hervorzuheben. Jetzt wußte ich wieder, daß nichts umsonst geschah, daß jedes Ereignis in meinem Leben eine Bedeutung hatte ... Bloß welche? Welche Botschaft sollte ich der Zurückweisung von seiten sämtlicher Verleger entnehmen?

In den nächsten Tagen erzählte eine Freundin mir, daß sie jemanden getroffen habe, der vor kurzem in unsere Gegend gezogen war, und zwar von New York, wo er jahrelang in einem Verlagshaus gearbeitet hatte. Sofort sah ich mich im Geiste zu diesem Mann gehen und spürte eine inspirierte Art der Erregung in mir aufwallen. Am Tag darauf traf ich ihn ... und damit begannen die Fügungen von neuem. Er wollte nur noch mit Autoren arbeiten, die ihre eigenen Werke herausgaben, und da mein Manuskript mündlich weiterempfohlen wurde, meinte er, daß wir es mit einer Eigenpublikation versuchen sollten.

Wir wollten das Buch gerade in den Druck geben, als ich Salle Merrill kennenlernte. Sie brachte ihre feminine Sensibilität ein und erklärte, daß es Zeit wird, eine Balance zwischen geben und nehmen zu finden. Also verschenkten wir die Hälfte der ersten Auflage von dreitausend Kopien und schickten Freiexemplare an viele kleine Buchhandlungen und Bekannte in Alabama, Florida, North Carolina, Virginia. Die mündlichen Weiterempfehlungen dieser ersten Leser sorgten für alles weitere.

Innerhalb von sechs Monaten waren mehr als 100 000 Exemplare in allen fünfzig Staaten Nordamerikas im Umlauf, und nun erschien das Buch rund um die Welt. Es verkaufte sich wie warme Semmeln, aber nicht, weil ich Reklame dafür machte, sondern weil immer mehr Leser es an ihre Bekannten verschenkten und diese es wiederum weiterverschenkten.

Den Träumen folgen

Ich erwähne die obige Geschichte, um zu illustrieren, daß es dem in uns erwachenden Bewußtsein um die Erfüllung eines uralten Traums geht, der letztlich jedem menschlichen Streben zugrunde liegt. Eine Ereignisfolge, wie ich sie erlebt habe, zeigt deutlich, daß das Universum in der Tat so beschaffen ist, daß es den tiefsten und innigsten Bestrebungen des Menschen Form verleiht. Der Kosmos ist ein dynamisches Kraftfeld, das von nichts Geringerem als dem konstanten Strom alltäglicher Wunder am Leben gehalten wird. Aber hier ist der Haken: Dieses Universum reagiert auf unser Bewußtsein, und zahlt in gleicher Münze zurück, was wir investieren. Deshalb hängt unser Erfolg bei dem Selbstentdeckungsprozeß, der uns zeigt, wer wir sind, was wir hier auf Erden tun sollen, und wie wir den mysteriösen, wegweisenden Fügungsketten am besten folgen, weitgehend von unserer Fähigkeit ab, positiv zu bleiben und die Silberspur in jeder Situation zu erkennen.

Bei der Umsetzung des höheren Bewußtseins durchlaufen wir mehrere Abschnitte oder Offenbarungsphasen. In jeder Phase nehmen wir eine noch höhere, noch etwas umfassendere Perspektive ein, die uns zwangsläufig auch mit entsprechenden Herausforderungen konfrontiert. Flüchtige Einblicke in die nächsthöheren Ebenen dieser erweiterten Wahrnehmung genügen niemandem. Wir müssen das einmal Erkannte schrittweise eingliedern und jede Phase in unser Alltagsleben integrieren. Schon eine einzige negative Auslegung wirkt sich wie ein Bremsklotz aus.

Auf den folgenden Seiten werden diese Schritte nicht nur im Sinne von inneren Erfahrungen beschrieben. Ich möchte zeigen, auf welche Art und Weise wir auf den einmal erreichten Ebenen trittfest werden und von dort aus aktiv sein können.

2
Die Fügungen zur Kenntnis nehmen

Fügungen finden jeden Moment statt, wenn auch nicht immer von der schicksalhaften Art. Wir schleppen uns durch einen langen Arbeitstag und plötzlich, scheinbar ohne Grund, wird unsere Aufmerksamkeit abgezogen. Unvermittelt kommt uns ein alter Freund in den Sinn, an den wir schon jahrelang nicht mehr gedacht haben. Am nächsten Tag, nachdem wir den Einfall schon längst vergessen haben, treffen wir den Menschen plötzlich auf der Straße wieder. Oder wir fahren in ein Restaurant weitab vom Schuß, und beim Eintreten sehen wir eine Person, die wir schon lange besser kennenlernen wollten, allein und gesprächsbereit an einem Tisch sitzen.

Wenn uns fehlende, aber zur Zeit unerreichbare Informationen gerade noch rechtzeitig gegeben werden oder uns jäh aufgeht, daß unser früheres Hobby oder Interessengebiet eine perfekte Vorbereitung für eine Karriere in einer neuen Berufssparte war, ist die Fügung offensichtlich. Aber einmal ganz abgesehen von den Details – wichtig ist, daß wir bei jeder Fügung spontan und schlagartig spüren, daß es sich hier nicht bloß um einen zufälligen Glückstreffer handelt. Unsere Aufmerksamkeit wird gepackt, wir halten eine Sekunde inne, betroffen im Angesicht des Mysteriums, das scheinbar unabhängige Dinge genau so und auf keine andere Weise zusammengeführt hat. In der Tiefe unseres Herzens spüren wir, daß dieses Zusammenspiel etwas Schicksalhaftes hat, daß alles so und nicht anders geschehen *sollte*, damit einem oder sogar mehreren Leben eine neue Richtung gewiesen werden konnte.

Abraham Lincoln schrieb von einer derartigen Fügung in seiner Jugend. Als Kind spürte Lincoln bereits vage, daß er in diesem Leben mehr als ein Bauer oder Handwerker werden sollte, auch wenn dies die einzige, realistische Aussicht für Knaben aus seiner Dorfgegend in Illinois sein mochte. Eines Tages begegnete er einem Hausierer, der ihm eine Tonne voller Krimskrams für einen Dollar verkaufen wollte. Lincoln hätte den Lumpenhändler ignorieren können, aber er gab ihm das Geld und verstaute die Tonne im Keller. Erst Jahre später öffnete er sie und fand zwischen alten Blechdosen und sonstigem Krempel einen kompletten Satz von Lehrbänden für Juristen, die er studierte, um sich als Rechtsgelehrter auszubilden und seinen bemerkenswerten Schicksalsweg damit anzutreten.[1]

Der Schweizer Psychologe Carl Gustav Jung war der erste moderne Denker, der dieses mysteriöse Phänomen definiert hat. Er nannte es *Synchronizität*, die Wahrnehmung von sinnvollen Fügungen. Jung bezeichnete Synchronizität als ein nicht-kausales Prinzip im Universum, ein Naturgesetz, das der menschlichen Wesensnatur diktiert, sich auf eine immer alleinschließlichere Bewußtseinsstufe zuzubewegen.[2]

Im Verlauf einer Sprechstunde erlebte Jung ein Paradebeispiel für das Phänomen der Synchronizität. Seine Patientin war eine ausgesucht vornehme Dame, die unter den Folgen ihres Zwangsverhaltens litt. Jung war damit beschäftigt, ihre Träume zu rekapitulieren, um sie in Kontakt mit ihrer unbeschwert verspielten, intuitiven Seite zu bringen. Bei ihren jüngsten Träumen ging es um die Interaktion mit einem Skarabäus, aber die Patientin ließ jeden Deutungsversuch eisern an sich abprallen. Bis Jung ein merkwürdiges Geräusch an der Fensterscheibe hörte, aufstand und die Gardinen zurückzog. Ein schillernder Skarabäus, ein in diesem Landstrich äußerst seltener Käfer, rammelte wie verrückt gegen die Scheibe und begehrte Einlaß. Dieses Zusammenspiel wirkte dermaßen inspirierend auf die Dame, daß sie, wie Jung erzählte, von Stund an rasante Fortschritte machte.[3]

Kaum jemand kann auf sein Leben zurückblicken, ohne das mysteriöse Querverbindungsmuster der Synchronizität zu erkennen, die zum momentanen Arbeitsplatz oder Ehepartner oder dem weitverzweigten Netzwerk der Freunde und Kollegen geführt hat. Viel schwerer ist es, synchronistische Ereignisse in der Gegenwart wahrzunehmen, noch während sie sich abspielen. Wie wir wissen, können Fügungen hochdramatische Folgen haben, aber sie können sich lautlos anschleichen und in Minutenschnelle verflüchtigen und daher sehr leicht in die Kategorien des materialistischen Denkschemas eingeordnet werden, das Fügungen als triviale Zufälle einstuft und dann zu den Akten legt.

Also müssen wir die Stoßdämpfer der kulturellen Konditionierung ablegen, die uns das Leben als stumpfsinnig, banal und durchaus erklärlich empfinden lassen, und das ist eine echte Herausforderung. Wir haben gelernt, unsere Ziele mit dem unbeugsamen Willen des Egos allein zu verfolgen; frühmorgens beim Aufwachen versuchen wir bereits, unseren Tagesablauf unter Kontrolle zu bringen. Ausgerüstet mit unflexiblen, mentalen Listen von den Dingen, die erledigt werden müssen, setzen wir das Geplante mit verbissenem Eifer durch. Unterdessen ist das Mysterium unaufhörlich präsent, am Rande sogar spürbar, und hält uns winzige Kostproben von seinem endlosen Potential entgegen. Deshalb müssen wir langsamer werden, Dinge geschehen lassen, und unsere Sichtweise verlagern, damit wir die Gelegenheiten, die uns täglich gegeben werden, wahrnehmen können.

Nächtliche Träume

Die Bedeutung von synchronistischen Traumszenen im Schlaf läßt sich nicht auf einen allgemeingültigen Nenner bringen, obwohl wir es seit Menschengedenken versucht haben. Träume sind so individuell und manchmal doch so einleuchtend und nachhaltig wie universelle Mythen oder wichtige Vorahnungen. Manche Träume, das spüren wir intuitiv, sind relevant. Aber was machen wir mit dieser Information?

Gewöhnlich träumen wir in Geschichtenform, obwohl die Handlungsfolgen sprunghaft wechseln, Charaktere oft abstrus wirken und uns vollkommen unrealistische Verhaltensweisen vorführen. Aus diesem Grund verlieren die meisten das Interesse an der Traumdeutung schon nach kurzer Zeit. Die Szenen sind zu schwer verständlich, und so tun wir sie als praktisch nutzlos ab und widmen uns unserem Tagespensum.

Die Experten auf dem Gebiet schütteln die Köpfe und erklären, daß Träume wichtige Botschaften in ihrem Symbolismus verstecken.[4] Selbst bei einer oberflächlichen Durchsicht der Literatur in dem Bereich wird uns die archetypische und mythologische Bedeutung vieler Traumelemente klar, von Fabeltieren bis zu Mordtaten, vom Fliegenkönnen bis zum Ausgeraubtwerden.

Trotzdem glaube ich, daß sich die synchronistische Bedeutung von Träumen letztlich nur dann enthüllt, wenn wir über die Standard-Interpretationen hinausgehen und das Gesamtbild in Augenschein nehmen: den Sinn, den die Handlungen und Traumfiguren im Hinblick auf unsere derzeitige Lebenslage ergeben. So stoßen wir auf persönlichere

Auskünfte, die sich direkt auf ganz bestimmte Situationen beziehen.

Zum Beispiel: Wenn wir im Traum in einen Krieg verwickelt sind, das Schlachtfeld fluchtartig verlassen und dann im Verlauf des Traums einen Weg finden, nicht nur uns selbst zu retten, sondern einen Beitrag zur Beendigung des Krieges zu leisten, kann sich das Thema auf einen Umstand beziehen, den wir bis jetzt noch außer acht gelassen haben. In Wirklichkeit leben wir nicht in Kriegszeiten, aber wie steht es mit Konflikten anderer Art, die vom Krieg symbolisiert werden könnten? Wovor sind wir auf der Flucht? Vermeiden wir eine Konfrontation, indem wir uns verstecken, in Wunschträume flüchten oder uns mit den Problemen anderer Leute ablenken, in der Hoffnung, unser Problem verschwindet von selbst, wenn wir es ignorieren?

Die Botschaft eines Traums wird verständlich, wenn wir seine generelle Handlungsfolge – in diesem Fall Flucht vor der Schlacht (der Auseinandersetzung) und spätere Lösung des Konflikts – mit unseren derzeitigen Lebensumständen vergleichen. Vielleicht sagt dieser Traum, daß wir den Konflikt ins Auge fassen sollen, weil wir uns darauf verlassen können, daß eine Lösung gefunden wird, die alle Beteiligten zufriedenstellt, wenn wir uns nicht beirren lassen.

Und was haben die Akteure in einem Traum zu bedeuten? Auch wenn sie völlig unrealistisch wirken, müssen wir uns fragen, ob sie lebende Menschen symbolisieren, mit denen wir momentan zu tun haben. Schätzen wir die Mitmenschen in unserer Nähe korrekt ein? Vielleicht will ein Traum uns etwas über das wahre Wesen einer Person mitteilen – im Guten oder im Schlechten.

Und was machen wir, wenn wir die Handlungsfolge und Charaktere eines relevant wirkenden Traums analysieren, aber absolut keinen Zusammenhang mit unserer Situation erkennen? Solche Träume sollten aufgeschrieben werden, sie können prophetisch sein. Manche meinen, daß Träume nur dann als prophetisch bezeichnet werden dürfen, wenn dramatische Entwicklungen vorausgesehen werden, wie ein Flugzeugabsturz, der dann wirklich eintritt, oder ein Traum von einem Geldsegen, worauf ein nie gekannter Onkel uns tatsächlich sein Erbe hinterläßt. Aber in Wirklichkeit können auch Träume von belanglosen Ereignissen prophetisch sein. Daß sie bizarr wirken, liegt oft daran, daß die im Traum vorausgesehenen Situationen noch nicht eingetreten sind. Anstatt solche Bilder zu ignorieren, behalten wir sie lieber im Gedächtnis. Im nachhinein erweisen sie sich oft als erstaunlich lehrreich.

Einen alten Freund sehen oder an ihn denken

In solchen Fällen ist das synchronistische Zusammenspiel leicht erkennbar. Falls es von einem Gedanken eingeleitet wird, sehen wir das Bild einer

Person gewöhnlich sprunghaft vor uns, ohne jeden assoziativen Übergang. Vielleicht denken wir dann: »Merkwürdig, wie lange habe ich schon nicht mehr an diesen Menschen gedacht!« Oft haben wir Einfälle solcher Art morgens im Halbschlaf, während wir zwischen dem Schlaf- und dem Wachzustand schweben.

Leider ist es in unserer Kultur nicht üblich, spontanen Erinnerungen Beachtung zu schenken, und so entgeht uns ihre tiefere Bedeutung. Wir müssen unseren ersten Gedanken am Morgen als synchronistischen Hinweis begreifen, dann wird es wahrscheinlicher, daß wir auch spätere synchronistische Ereignisketten wahrnehmen. Vielleicht stolpern wir unversehens über einen zweiten Hinweis auf dieselbe Person – womöglich in Form eines alten Fotos oder Briefes, der weitere Erinnerungen an Ereignisse wachruft, bei denen die betreffende Person beteiligt war. Und nun fragen wir uns: Kann es sein, daß vergleichbare Umstände wie damals jetzt erneut in mein Leben treten?

Natürlich kann Synchronizität sich auch anderweitig bemerkbar machen. Vielleicht gehen Sie die Straße entlang, und die Person, an die Sie gedacht haben, kommt ihnen entgegen. Oder das Telefon klingelt, und der Langverschollene ist am anderen Ende.

Für uns geht es darum, den Fügungen nachzugehen. Falls wir nicht sofort mit dem alten Freund sprechen können, machen wir einen Termin für später aus. Immer hat die Person uns etwas Wichtiges mitzuteilen – und wir ihr. Wenn es nicht um die Klärung von früheren Angelegenheiten geht, dann um etwas Neues, das wir entdeckt haben und miteinander austauschen sollen. Der Schlüssel ist: dem Mysterium auf der Spur bleiben, hinter die Kulissen blicken, Tieferliegendes ergründen.

Manchmal müssen wir die Initiative ergreifen und die Person, die uns spontan eingefallen ist, sofort anrufen. Oft hatte ich die Hand gerade nach dem Hörer ausgestreckt, um jemanden anzurufen, als das Telefon klingelte, und die Person am Apparat war. Wie immer, ist es ratsam, sich dann eingehender und auf einer tieferen Ebene als gewöhnlich zu unterhalten und dabei auf die lehrreiche Botschaft zu achten, die uns zeigt, warum sich diese Fügung ereignet hat.

Zufallsbegegnungen

Begegnungen mit Freunden, Bekannten oder fremden Menschen können ebenfalls synchronistische Fügungen sein. Bei jemandem, der uns bereits bekannt ist, wird das Treffen auf eine Weise herbeigeführt, die keinen Zweifel daran läßt, daß es sich hier nicht nur um eine gewöhnliche Zufallsbegegnung handelt. Beispielsweise, wenn wir einem alten Freund in einem kritischen Moment begegnen.

Dr. Deepak Chopra, ein berühmter Advokat der

neuen Körper-Geist-Medizin, erzählt von der bemerkenswerten Ereignisfolge, die ihn zwang, sich zum ersten Mal ernsthaft mit alternativen Heilmethoden auseinanderzusetzen. Bis dahin hatte er die traditionellen Formen der westlichen Medizin praktiziert und hochdotierte Positionen als Professor der Immunologie von Harvard und Lehrstühle an anderen Universitäten innegehalten.

Dann veränderte sich sein Leben. Während einer Vortragsreise wurde er eingeladen, einen bekannten indischen Meditationslehrer zu besuchen, der ihm riet, ayurvedische Medizin zu studieren, ein altindisches System, das sich auf die Krankheitsverhütung konzentriert. Chopra lehnte ab; er wollte absolut nichts mit einem mystizistisch anmutenden Heilverfahren zu tun haben.

Danach fuhr er zum Flughafen, wo er überraschend auf einen alten Freund aus Schulzeiten stieß. Im Lauf der Unterhaltung zog dieser ein Buch aus dem Handgepäck, eine *Einführung in die Ayurvedische Medizin*, und sagte, daß Chopra den Text sicher hochinteressant finden würde. Chopra gab sich geschlagen; er las das Buch, wobei ihm aufging, daß es sein Schicksal war, dieses Wissen unter die Leute zu bringen. Seine Karriere machte Riesensprünge, kaum daß er anfing, der alternativen Medizin Popularität zu verschaffen.[5]

In diese Kategorie der Synchronizität gehören auch Begegnungen, bei denen wir einen Unbekannten mehrmals innerhalb kurzer Zeit wiedersehen. Die Wahrscheinlichkeit einer solchen Reihe von Zufällen ist dermaßen gering, daß es erstaunlich ist, wie oft so etwas letztlich doch passiert. Wir sehen einen Fremden und denken normalerweise nicht mehr an ihn. Aber wenn wir derselben Person zum zweiten oder sogar dritten Mal am selben Tag über den Weg laufen, merken wir gewöhnlich auf. Leider registrieren wir die Tatsache dann lediglich als bemerkenswert und gehen weiter, ohne etwas zu unternehmen.

Also besteht der nächste Schritt darin, irgendwie ins Gespräch mit der Person zu kommen, was bei flüchtigen Bekannten schon schwer genug sein mag, aber zu einer echten Herausforderung für viele wird, wenn ein wildfremder Mensch angesprochen werden soll. Eine defensive Haltung gegenüber Fremden ist das erste Problem. In westlichen Kulturkreisen wird schon ein längerer Augenkontakt als Einbruch in die Privatsphäre oder sexueller Annäherungsversuch verstanden. Daß wir beispielsweise voraussetzen, daß Frauen, die Augenkontakt mit einem fremden Mann aufnehmen, Offenheit für seine sexuellen Avancen signalisieren, ist traurig, aber wahr. Auf diese Weise bleibt alles beim alten: Frauen wenden ihre Augen ab, weil sie davon ausgehen müssen, daß ein Mann sich schon von einem Blick ermuntert fühlt, und bewußte Männer versuchen gar nicht erst, Augenkontakt mit einer Frau aufzunehmen, weil sie nicht als aufdringlicher Lustmolch gelten wollen.

Obwohl dieses Verhaltensmuster ein Hindernis ist, läßt uns das intuitive Feingefühl Gott sei Dank auch hier nicht im Stich. Wenn wir bewußt auf den Energiefluß achten, spüren wir, wem wir offen entgegentreten können und bei wem Zurückhaltung geboten ist. Dabei ist es natürlich auch sehr wichtig, auf die eigene sexuelle Energie zu achten und zu sehen, ob sie sich angemessen ausdrückt.

Mit freundlicher Einfühlsamkeit kommen wir immer am weitesten. Wir können die fremde Person ansprechen und fragen: »Kenne ich Sie von irgendwo her?«, und dann kurz andeuten, in welcher Lebenslage wir uns momentan befinden. In einem Kaufhaus mag eine Bemerkung, wie: »Ich bin dabei, mir einen Anzug für die Party am Sonnabend auszusuchen«, passend sein, worauf die Person womöglich erklärt, was sie selbst in dem Laden zu tun hat, und so könnte die erste Gemeinsamkeit entdeckt werden. Vergessen Sie nicht, daß es darum geht, den Grund für das synchronistische Zusammenspiel zu entdecken.

Älteren Menschen gelingt es oft viel leichter, ein Gespräch vom Zaun zu brechen, aber solange die Absichten ehrenhaft sind, kann jeder seine anfängliche Scheu überwinden. Auf jeden Fall müssen wir es auf einen Versuch ankommen lassen und wenn man uns abblitzen läßt, mit Humor reagieren. Wie mein Großvater schon sagte: »Das Geheimnis des Lebens besteht darin, dich auf möglichst angenehme Art zum Narren zu machen.« Selbstverständlich treffen wir Sicherheitsvorkehrungen im Umgang mit Fremden (zum Beispiel verabredet man sich ausschließlich an gut besuchten, öffentlichen Plätzen). Aber solange wir angemessen handeln, werden wir sehr wahrscheinlich mit weiteren Fügungen belohnt.

Informationen, die im richtigen Moment eintreffen

Wenn schicksalhafte oder dringend gebrauchte Informationen im entscheidenden Moment eintreffen, ist es ebenfalls ein synchronistisches Ereignis. Oft beginnt die Kette der Fügungen mit einer irrationalen inneren Erregung. Wir sind bei der Arbeit oder sonstwie beschäftigt, und auf einmal spüren wir, daß etwas Bedeutsames auf uns zukommt. Oft geht damit auch ein leichtes Schwindelgefühl einher, oder die Umgebung wirkt plötzlich heller, als würde sie in ein diffus schimmerndes Licht getaucht – ein Phänomen, das ich später noch genauer erklären werde.

Wie es den richtungweisenden Informationen letztlich gelingt, uns zu erreichen, bleibt immer ein Mysterium. Meistens wird die Information von einer anderen Person übermittelt, entweder verbal oder in Form von Verhaltensweisen. Sie kann natürlich auch in einem Buch, einer Zeitschrift oder einer Nachrichtensendung enthalten sein, doch auch dann handelt es sich immer um die Ansicht,

Lebenserfahrung oder Erkenntnis eines anderen Menschen, die genau an dem Punkt eintrifft, an dem unser Bewußtsein fähig ist, sich auf die nächsthöhere Ebene hinaufzuschwingen.

Deutlich gespürte Vorahnungen, daß demnächst etwas Wichtiges auf uns zukommt, sind möglicherweise das Resultat der bereits inwendig integrierten Wachstumsstufen, die uns auf das nächste Kapitel unserer Lebensgeschichte vorbereitet haben. Ich selbst hatte eine derartige Erfahrung bei meinen Versuchen, die Ursachen des menschlichen Machtstrebens genauer zu verstehen. Bis dahin war mir zwar klar, daß irrationale Wettkämpfe überall und seit Menschengedenken stattfinden, aber die größeren Zusammenhänge blieben mir weiterhin schleierhaft – bis ich plötzlich das Gefühl hatte, daß mir ein Sprung nach vorn bevorstand.

Eine Zeitlang geschah gar nichts, bis ich eines Tages durch die Stadt fuhr. Eine Buchhandlung stach mir ins Auge. Ruckartig hielt ich an, parkte und betrat den Laden. Ich ließ meinen Blick über die Regale schweifen, wobei eine erwartungsvolle Erregung in mir aufwallte. Mein Blick blieb an einem Buch in mindestens zehn Metern Entfernung haften. Die Farbe und Gestaltung des Umschlags hoben es für mein Empfinden von allen anderen Büchern ab, dieser Band glühte förmlich. Ich lief darauf zu und nahm Ernest Beckers *Escape from Evil* in die Hand, ein Werk, das beschreibt, wie Menschen sich auf Kosten anderer aufbauen, um Selbst-

sicherheit zu gewinnen und das Gefühl ihres Eigen-
werts zu steigern.[6] Dieses Buch vermittelte mir ein
Schlüsselerlebnis und versetzte mich auf die nächste Stufe bei meiner Arbeit an zwischenmenschlichen Machtkämpfen.

Zusammenfassend möchte ich sagen, daß wir die
unterschiedlichen Formen der Synchronizität am
ehesten für uns nutzbar machen, wenn wir offen
bleiben und sämtlichen Fügungen auf den Grund
gehen. Dazu gehört ein Lebensstil, in dem genug
Zeit zum »Driften« bleibt, Zeit zum Nichtstun,
Herumhängen, durch alle Kanäle im Fernsehen
flippen, Zeitunglesen oder Spazierengehen. Sollte
Ihnen ein Freund in den Sinn kommen, nehmen Sie
Kontakt mit ihm auf, einfach nur, um zu sehen, was
sich ergibt. Auch im Internet findet man synchronistische Botschaften, obwohl klar ist, daß jeder seine
Hirngespinste im Internet veröffentlichen kann,
weil die Fakten von keinem Lektor überprüft werden und niemand für den Inhalt des Internets verantwortlich ist.

Synchronizität und Religion

Manche Menschen können ihre Religion nur sehr
schwer in Einklang mit der Wahrnehmung von
synchronistischen Ereignissen bringen, obwohl
eins das andere nicht ausschließt und für meine Begriffe kein Widerspruch besteht. Wer den Fügun-

gen Beachtung schenkt, stößt zwangsläufig auch auf die großen, spirituellen Lebensfragen, die der Mensch sich von jeher gestellt hat, wie: »Was ist diese Kraft, die mich auf mysteriöse Weise in schicksalhafte Richtungen treibt? Ist das Erdendasein gottgewollt? Wodurch offenbart sich der Sinn und Zweck meines Lebens?«

Nahezu jeder hat beim Heranwachsen wenigstens eine Idee vom religiösen Leben aufgeschnappt. Auch wenn wir keiner Religion beitreten, haben wir Freunde und Verwandte, die zutiefst von der Richtigkeit ihres Glaubens überzeugt sind. Ich gehe grundsätzlich davon aus, daß die meisten tiefgläubigen Mitglieder einer Religion dem authentischen inneren Drang folgen, den einzigartigen Beitrag ihrer Übertragungslinie auf Erden lebendig zu halten. Dieser Impuls sorgt dafür, daß der Erdbevölkerung zu allen Zeiten ein reichhaltiges Angebot an Erkenntniswegen zur Verfügung steht, die unterschiedliche Optionen offenhalten und das geistige Wachstum generell fördern. Ich meine, daß jedes positive religiöse Weltbild einen wichtigen Teil der Wahrheit enthält. Im gleichen Atemzug muß allerdings gesagt werden, daß Dialoge zwischen verfeindeten Glaubensrichtungen – und seien sie auch noch so befangen oder vage – jetzt wichtiger denn je werden, weil die Menschheit im Begriff ist, sich insgesamt spirituell weiterzuentwickeln.

Was die Wahrnehmung von synchronistischen Fügungen betrifft, so ist keine Religion besser als irgendeine andere. Im Lauf der Erweckung nehmen wir die Auswirkungen der Gotteskraft in unserem Leben lediglich immer bewußter wahr. Alle großen Religionen – die hinduistische, buddhistische, jüdische, christliche, islamische, ebenso wie die schamanistischen Traditionen – stimmen insofern überein, als der Mensch dem Willen Gottes folgen muß. Mit anderen Worten: Wir alle streben nach tieferer Vereinigung mit unserem Ursprung, nach einer innigeren Kommunion mit jener schöpferischen Urkraft hinter dem für uns sichtbar Geschaffenen. Daß wir synchronistische Ereignisse jetzt immer bewußter wahrnehmen, ist lediglich ein Ausdruck der Tatsache, daß wir die Verbindung mit dieser göttlichen Urkraft aufgenommen haben.

Dazu fällt mir die Glaubensgemeinschaft meiner Jugend ein, und wie lange ich als Kind darüber nachdachte, wie man es fertigbringt, Gottes Willen zu folgen. Wir waren Protestanten, und für mich bestand kein Zweifel, daß unser Glaube richtig war, denn jeder unterstützte jeden in unserem Landkreis, sei es beim Scheunebauen, der Feldarbeit oder wenn einer plötzlich erkrankte. Dazu kam, daß das evangelische Christentum, wie es von uns praktiziert wurde, für die damalige Zeit recht aufgeschlossen und vorurteilsfrei war.

Im Mittelpunkt dieses Christentums stand die Konvertierungserfahrung und eine Konfirmation als Christ, was bedeutete, daß man von nun an wußte, was Gottes Wille ist und ihm für den Rest seines Lebens gehorcht. Als Kind war ich eine Zeit-lang sehr frustriert, weil niemand mir erklären konnte, woher man weiß, was Gott eigentlich von uns will, ganz abgesehen von dem Problem des permanenten Gehorsamseins. Hierzu muß erwähnt werden, daß die Gesellschaft im allgemeinen ge-rade den Gipfel des Wirtschaftswunderglaubens erreicht hatte, und in diese Betulichkeit platzte ich mit tausend Fragen herein: »Wo ist der Gott, nach dem wir uns richten müssen, und welchen Charak-ter hat er? Wie macht er sich bemerkbar? Wie fühlt es sich genau an, wenn man im Einklang mit dem Willen Gottes ist?« Kein Kirchenmitglied konnte diese Fragen beantworten. Der Gesichtsausdruck mancher verriet mir zwar, daß sie irgend etwas wußten, aber sie hatten einfach keine Worte dafür.

Ich glaube, daß wir uns jetzt in einer Entwick-lungsphase befinden, in der solche Fragen ehrlich beantwortet werden können, auch in aller Öffent-lichkeit. Jahrhundertelang haben korrupte Kleriker auf unsere Angst und Ignoranz gebaut und Geld für ihren Segen im Namen Gottes kassiert, während jede Form der spirituellen Wahrnehmung und Wei-terentwicklung als lächerlich abgetan wurde. Auch heute gibt es Beispiele für diese Ausbeutung, aber generell erkennen wir jetzt im Kollektiv, wie wich-tig ein freizügiger, spiritueller Ideenaustausch ist. Auch engagierte Anhänger von organisierten Reli-gionen geben mittlerweile zu, daß das Beste von allen Religionen zum Tragen kommt, wenn jeder

Mensch die richtungweisenden Botschaften in seinem Leben wahrnimmt. Mit dieser Wahrnehmung werden uns unmittelbare Beweise für das Wirken einer göttlichen Kraft in unserem Alltag geliefert, denn jede Fügung bestätigt, was unser Glaube und unsere Intuition schon immer gewußt haben, nämlich, daß eine höhere spirituelle Macht tatsächlich existiert.

Der Umgang mit Skeptikern

Für alle, die gerade dabei sind, ihre ersten Erfahrungen mit dem neuen spirituellen Bewußtsein zu machen, ist der Umgang mit Skeptikern wohl die größte Herausforderung. Zwangsläufig stoßen wir wieder und wieder auf Leute, die negativ auf unsere Ansichten reagieren und unsere inneren Durchbruchserfahrungen in Frage stellen. Obwohl die Zahl der Skeptiker allmählich schrumpft, hat die materialistische Realitätsauffassung immer noch genug Anhänger, daß ein Gespräch über mystische Themen zum Konflikt ausarten kann. Skeptiker fühlen sich bedroht, weil sie meinen, ihre vernünftige Lebenseinstellung und ihren hart erworbenen Realitätssinn vor unseren Angriffen verteidigen zu müssen.

Generell fallen die Skeptiker in zwei Kategorien. Die große Mehrheit weist mystische Phänomene aller Art grundsätzlich von der Hand, und nicht, weil solche Leute sich informiert haben, sondern weil sie spirituellen Erfahrungen noch nie auf den Grund gegangen sind. Sie haben kein Interesse daran, und so nehmen sie die bequemste aller Positionen ein: alles Mystische und Spirituelle ist Quatsch, basta. Gewöhnlich leben und arbeiten sie mit zahlreichen anderen Skeptikern zusammen, die jeder ungewohnten Ein- oder Ansicht mit Kritik begegnen und Hohn benutzen, um Macht über feinfühligere Menschen zu gewinnen. In dieser Atmosphäre kommt man mit einer erzkonservativen Einstellung zu allem Neuen oder Weiterführenden noch am weitesten.

In der zweiten Kategorie befinden sich die waschechten Advokaten des wissenschaftlichen Materialismus. Diese Skeptiker informieren sich bis zu einem gewissen Grad vielleicht tatsächlich im mystischen Erfahrungsbereich, fallen daraufhin jedoch unweigerlich auf die Barrikaden des Materialismus zurück und verlangen objektive Beweise für innere, geistige Erfahrungen. Jedes Argument, daß mystische Erlebnisse über Epochen hinweg konsistent geblieben sind und Tausende von nicht miteinander bekannten Menschen dieselben Dinge berichtet haben, oder inwieweit mittlerweile wissenschaftlich nachgewiesen wurde, daß intuitive oder übersinnliche Fähigkeiten normal und weitverbreitet sind, fällt auf taube Ohren.

Mehrere Verhaltensformen im Umgang mit Skeptikern haben sich als nützlich erwiesen. Zunächst einmal dürfen wir nicht vergessen, daß eine gewisse Skepsis durchaus angebracht ist. Wir wollen uns nicht auf Modetrends einlassen, sondern jedes Statement über die Beschaffenheit der Realität kritisch ins Auge fassen.

Andererseits muß man zugleich auch unvoreingenommen genug bleiben, um das fragliche Phänomen wenigstens in Betracht ziehen zu können. Es ist nicht einfach, diese Balance zwischen Skepsis und Offenheit beizubehalten, besonders, wenn eine Erkenntnis oder ein scheinbar übernatürliches Phänomen liebgewonnene alte Schlußfolgerungen mit einem Schlag über den Haufen wirft.

Bei Gesprächen über solche Dinge ist entspannte Freundlichkeit das wichtigste; nur damit können wir in Gefilde der gemeinsamen Übereinstimmung gelangen. Ich wage zu behaupten, daß so gut wie jeder, der jetzt in mystische Erfahrungsbereiche vorstößt, an irgendeinem Punkt seines Werdegangs ein extremer Skeptiker gewesen ist. Insofern sind wir alle alte Ex-Skeptiker, und vielleicht müssen wir uns selbst noch einmal klarmachen, daß eine Öffnung für die mystischen Seinsbereiche zumeist durch den persönlichen Kontakt mit einem inwendig offenen Menschen ausgelöst wird. Wir treffen jemanden, der spirituelle Erfahrungen ernst nimmt, ohne belehren zu wollen. Und daraufhin beschließen wir, der Sache selber auf den Grund zu gehen.

Also kann jede Unterhaltung mit ungläubigen Menschen ungeahnte Folgen haben. Eine Bemerkung von uns kann der Tropfen sein, der ein Faß zum Überlaufen bringt. Und umgekehrt: Der Skeptiker, mit dem wir ins Gespräch kommen, mag in gewisser Hinsicht völlig recht haben. Wenn es uns wirklich um die Wahrheitsfindung und die Freisetzung des menschlichen Potentials geht, sind wir von Rechts wegen verpflichtet, zuzuhören und auf gegenseitigem Einvernehmen aufzubauen. Zuhören bedeutet lernen. Freimütige Gespräche über spirituelle Erfahrungen verbreiten Einsichten, die weithin diskutiert werden und andere Horizonte erweitern können.

Die Synchronizität ernst nehmen

Also fangen wir an, unser neues spirituelles Bewußtsein auszuleben, wenn wir die alltäglichen Fügungen bewußt wahrnehmen und freimütig zu anderen darüber sprechen, ohne in eingefleischte negative Muster zurückzufallen. Dies sind die ersten Schritte. Doch damit tauchen wieder neue Fragen auf. Zum Beispiel: Wenn die Synchronizität, die wir wahrnehmen und erleben, ein Beweis für das Vorhandensein einer mysteriösen spirituellen Kraft im menschlichen Dasein ist, erhebt sich die Frage, warum die westliche Zivilisation diese, eigentlich doch ungeheuer wichtigen Tatsachen so lange ignoriert hat. Und warum tritt die neue Wahrnehmung ausgerechnet jetzt, in diesem historischen Moment, in Kraft? Was läuft eigentlich hier auf Erden, wenn wir unseren Werdegang nun aus einer übergeordneten Perspektive betrachten und die größeren Zusammenhänge wahrnehmen?

Mit diesen Fragen tun wir den Schritt, der uns auf einer noch höheren Wahrnehmungsebene etabliert.

3
Verstehen, wo wir sind

Morgens beim Aufstehen schauen wir aus dem Fenster und sehen die wohlvertraute moderne Welt mit all ihren technischen Errungenschaften vor uns liegen. Nachbarn setzen sich in Autos und fahren durch den morgendlichen Verkehrsstau zum Arbeitsplatz. Womöglich braust ein Flugzeug über Häuserzeilen hinweg, während ein Lastwagen voller Massenprodukte vorüberrollt, um das Einkaufszentrum weiter unten auf der Straße zu beliefern.

Für manche ist die lange Entwicklungsgeschichte, die in diesem Betrachtungsmoment für uns endet, eine endlose Litanei des wirtschaftlichen und technologischen Fortschritts, doch mit jedem Tag wächst die Zahl derer, die unsere Geschichte eher als eine Frage der Psychologie begreifen, denn wie sind wir wirklich an diesen Punkt gekommen? Wie haben unsere Vorfahren die Realität geschaffen, deren Ausdrucksformen wir jetzt vor uns liegen sehen? Warum glauben wir so felsenfest an das, was wir glauben und nichts anderes?

Die Menschheitsgeschichte ist der größere Zusammenhang, in das jedes individuelle Leben eingebettet ist. Ohne diesen großen, umfassenden

Zusammenhang leben wir in der provinziellen Oberflächenwelt unserer Kindheit. Ein akkurates Verständnis unserer Vorgeschichte verleiht allem, was wir heute in der Außenwelt sehen, eine funkelnde Bedeutungstiefe, denn dieses Verständnis macht uns nicht nur bewußt, wo wir uns zur Zeit befinden, es läßt uns auch schon andeutungsweise erkennen, auf welche Zukunft die Menschheit seit Jahrtausenden zugesteuert ist.

Die mittelalterliche Kosmologie ersetzen

Die Geschichte der modernen westlichen Realitätsauffassung beginnt vor etwa fünfhundert Jahren, als das mittelalterliche Weltbild ernstlich ins Schwanken geriet. Wir wir wissen, wurde die mittelalterliche Weltanschauung von der frühchristlichen Kirche geprägt und zentral von oben diktiert. Die katholische Kirche leistete einen wesentlichen Beitrag zur Rettung der zerrütteten europäischen Kulturen nach dem Fall des römischen Weltreichs, aber mit dieser guten Tat übernahmen katholische Priester allenthalben eine enorm weitreichende Verfügungsgewalt und machten sich daran, den Lebenswandel jedes Christen im Sinne ihrer eigenen Bibelinterpretationen zu bestimmen.

Wir können kaum noch nachvollziehen, wie wenig die mittelalterliche Menschheit über physische Zusammenhänge in der Natur wußte. Der menschliche Körper, sein Organ- und Nervensystem und die biologischen Zusammenhänge im pflanzlichen Wachstum waren der Allgemeinheit noch völlig rätselhaft. Gewitter wurden auf den Zorn der Götter oder böse Geister zurückgeführt. Naturphänomene wurden durchweg mit religiösen Begriffen erklärt. Wie Ernest Becker in *The Structure of Evil*[1] sagt, stellte die mittelalterliche Kosmologie die Erde in den Mittelpunkt eines Universums, das aus einem einzigen Grund geschaffen worden war: Um der Menschheit als Bühne zu dienen, auf der sie ihren Kampf um den Aufstieg ins Himmelreich entweder gewann oder verlor. Alles – das Wetter, Hungersnöte, Krankheiten und Kriege – war ausschließlich zu dem Zweck geschaffen worden, den Gottglauben der Menschen auf die Probe zu stellen, denn die Symphonie irdischer Verlockungen wurde von Satan dirigiert. Den Klerikern zufolge wartete der Teufel nur darauf, daß jemand schwach wurde, sich beirren ließ, sein Ringen um Perfektion aufgab und sein Anrecht auf die Himmelfahrt damit endgültig verlor.

Wer dem Leibhaftigen Bösen widerstand, ging in die ewige Seligkeit ein. Wer versagte und sich dem Verderben auslieferte, wurde in die Flammenhöllen ewiger Verdammnis gestürzt – es sei denn, die Kirchenfürsten legten ein gutes Wort für die verirrten Lämmer ein. Individuell konnte man keine direkte Verbindung mit Gott aufnehmen oder auch nur korrekt einschätzen, ob man die Prüfung bestanden hatte, denn die Kleriker stellten sich als allein berechtigte Torhüter in den Weg jedes einzelnen und sorgten unermüdlich dafür, daß dem Volk jeder Zutritt zu geheimen, aufklärenden Schriften verwehrt wurde. Wer in den Himmel kommen wollte, sah sich gezwungen, den komplizierten und oft sehr kapriziösen Geboten der allmächtigen Kirchenfürsten zu folgen.

Der Kollaps dieser Weltanschauung war unvermeidlich. Zum einen trug der expandierende Handel mit anderen Kulturkreisen zur Verbreitung neuer Erkenntnisse bei; zum anderen wurde die Glaubwürdigkeit der Kirche von den Exzessen ihrer eigenen Mitglieder untergraben. Mit der Erfindung der Druckerpresse verbreiteten sich biblische Texte und andere Schriften in ganz Europa, und da das Volk sich nun zunehmend selbst informieren konnte, fand die protestantische Reformbewegung genug Anhänger, um weite Landstriche von der katholischen Kirche abzuspalten.[2]

Dazu kam, daß kirchliche Dogmen über die Struktur des Sonnensystems, planetarische Umlaufbahnen, ja sogar die Vorrangstellung des Menschen im Kosmos von Wissenschaftlern wie Kopernikus, Galilei und Kepler öffentlich widerlegt wurden.[3] Bald wurde der Glaube an die Erde als Mittelpunkt des Universums allgemein in Zweifel gezogen, und nach dem Anbruch der Renaissance wurde Gott immer mehr aus unserem täglichen Bewußtsein verbannt.

Die Angst vor dem Verlorensein

Und damit gelangen wir zu einem entscheidenden Wendepunkt in der Entstehung unseres modernen Weltbilds. So korrupt die mittelalterliche Weltanschauung auch war, sie definierte die komplette Existenz und war eine allgemein anerkannte Philosophie, in der jedes Ding seinen Platz hatte. Sämtliche Ereignisse hatten eine verständliche Bedeutung: Wir wußten, warum wir auf der Erde waren und was wir tun und lassen mußten, um nach dem Tode in den Himmel zu kommen, wo es erst richtig schön wird. Alle Dimensionen der Wahrnehmung wurden von dieser Weltanschauung erklärt.

Bei dem Zusammenbruch dieser Kosmologie wurde die westliche Bevölkerung in Abgründe der Verwirrung gestürzt, weil dem menschlichen Dasein plötzlich jeder höhere Sinn abhanden gekommen war. Welchen Platz nahm der Mensch in Wirklichkeit im Weltgefüge ein, wenn die Kleriker sich geirrt hatten und unser Vertrauen nicht länger verdienten?

Wir schauten uns um und erkannten, daß wir im Grunde allein sind, und – wie die Forscher bewiesen hatten – auf einem kleinen, unbedeutenden Planeten in einem unermeßlichen Weltraum voller Sternenriesen und Sonnen herumkrabbeln, ohne zu wissen, warum. Irgendwo mußte es einen Gott geben, eine Schöpferkraft, die eine derart gigantische Ordnung hervorgebracht hatte. Aber jetzt waren wir zutiefst verunsichert und fanden überall neue Bestätigungen für unsere schlimmste Befürchtung, nämlich daß all unsere Mühe letztlich sinnlos sein könnte. Woher sollten wir den Mut zum Weitermachen nehmen, nun, da uns jede klare Vorstellung von einem höheren Lebenszweck abhanden gekommen war?

Im sechzehnten Jahrhundert befand sich die gesamte westliche Kultur im Transit: ein großer Teil der Menschheit ging in die Grauzone zwischen zwei dominanten Weltanschauungen ein und fand die Aussichten erschreckend öde.

Der Wissenschaftsglaube

Aber zu guter Letzt fiel uns eine Patentlösung für unser existentielles Dilemma ein: die wissenschaftliche Vorgehensweise! Auf der philosophischen Ebene mochten wir hoffnungslos verirrt sein, aber es gab ein Wissen, durch das wir Klarsicht gewinnen konnten, ein beweisbares Wissen, frei von dem Aberglauben und Dogma, das die Welt des Mittelalters charakterisiert hatte.

Daraufhin knöpften wir uns die physische Umgebung vor und leiteten Untersuchungen in jedem Bereich ein. Wir entwickelten ein organisiertes System der Konsensgewinnung und fingen an, den Fakten auf den Grund zu gehen, immer mit der Absicht, unsere wahre Position im Weltgefüge letztlich vollends zu verstehen. Die Naturforscher verdienten unsere Förderung, an sie erging der Auftrag, den Sinn des Lebens inmitten von unbekannten Naturgewalten zu entdecken, (wie gesagt, die meisten Naturgesetze hatten bis dahin noch nicht einmal Namen, geschweige denn Erklärungen). Wir wollten endlich herausfinden, was wirklich los ist, und vertrauten darauf, daß unsere genialen Wissenschaftler es der Bevölkerung ohne Umschweife erklären würden.

In unserem Enthusiasmus glaubten wir sogar, daß die wissenschaftliche Methode mit der Zeit zur Entdeckung von Gott, dem schöpferischen Impuls im tiefsten Kern des Universums, führen würde, worauf sich auch das verlorene Gefühl der Sicherheit und Bedeutungstiefe wieder einstellen würde, das uns mit dem Zusammenbruch der alten Kosmologie so schmerzlich entrissen worden war.

Aber unser Glaube wurde ziemlich bald enttäuscht. Am Anfang dieser Übergangsphase war die Kirche noch mächtig genug, um so viel Druck auf Wissenschaftler auszuüben, daß sie ihre Forschungen auf rein materielle Bereiche beschränkten, nicht zuletzt, weil viele Entdecker und revolutionäre Theoretiker, wie etwa Galilei, im Auftrag der Kirche verdammt oder ermordet wurden. Im Lauf der Renaissance einigte man sich dann auf eine Art Waffenstillstand. Die angeschlagene, aber weiterhin mächtige Kirche behielt die absolute Verfügungsgewalt über das geistige und seelische Leben des Volkes. Widerwillig, und nach langem Hin und Her wurde den Wissenschaftlern das Recht eingeräumt, Untersuchungen im physischen Universum vorzunehmen und so gewonnene Erkenntnisse über seine Sterne, Umlaufbahnen, Erdschichten, Pflanzen und Organismen öffentlich bekanntzugeben.

Dankbar für dieses Zugeständnis konzentrierten sich die Wissenschaften auf die Materie und florierten. So fingen wir an, physikalische Naturgesetze zu begreifen, unsere geologische Geschichte zu rekonstruieren und der Dynamik hinter dem Wetter auf die Schliche zu kommen. Bald waren alle Teile des menschlichen Körpers mit Namen versehen und die chemische Zusammensetzung biologischer Lebensformen untersucht worden. Immer darauf bedacht, nur ja keine religiösen Implikationen aufzuzeigen und dem Klerus auf die Schleppe zu treten, erforschte die Wissenschaft unsere Außenwelt und ließ keine weltbewegenden Theorien verlauten.

Ein materialistisches Universum

Das erste wissenschaftlich fundierte Gesamtbild der Beschaffenheit dieser Außenwelt haben wir Sir Isaac Newton zu verdanken, der auf den Erkenntnissen früherer Astronomen aufbaute und so ein Modell von einem statischen, grundsätzlich berechenbaren Universum schuf. Newtons Mathematik zeigte, daß alles im Kosmos den unumstößlichen Geboten von Naturgesetzen folgt, die absolut zuverlässig funktionierten und praktisch nutzbar gemacht werden können.

Descartes Theorien waren bereits bekannt: Das Universum mit all seinen Einzelteilen – wie den Umlaufbahnen von Planeten um die Sonne, der Zirkulation von Luft- und Wassermassen, die sich dann als Wetter niederschlagen und das Abhängigkeitsverhältnis zwischen tierischen und pflanzlichen Lebensformen – funktioniert wie eine gut geölte Maschinerie, ein kosmisches Räderwerk sozusagen. Alles ist letztlich vorhersagbar und operiert vollkommen unabhängig von irgendwelchen geistigen oder metaphysischen Einflüssen.[4]

Und dann wurde Descartes' Philosophie von Newtons Formeln bestätigt. Nachdem die Physik dieses Weltbild übernommen hatte, glaubte jeder, daß die anderen Forschungszweige nur noch die einzelnen Funktionen der kosmischen Maschinerie untersuchen mußten, die Mikroprozesse, die Schräubchen und Hebelwirkungen, von denen das universelle Laufwerk betrieben wurde. So kam es, daß die Wissenschaften sich immer mehr auf winzige Ausschnitte des Universums konzentrierten, immer enger definierte Forschungszweige in die Welt setzten und sich darauf spezialisierten, die Details mit Namen zu versehen und ihre Wirkung zu erklären.

Der Dualismus von Descartes gepaart mit Newtons Physik etablierte eine philosophische Position, die sofort und von vielen akzeptiert werden konnte. Im Lauf der Zeit setzte sie sich in ganz Europa als allgemein gültige Weltanschauung durch, denn dieses Realitätsbild gab dem empirischen Skeptizismus recht, demzufolge nichts auf der Welt geglaubt werden darf, solange es nicht quantitativ ermessen und anhand von wissenschaftlichen Experimenten, die jeden Zweifel ausschließen, bewiesen worden ist.

Unter dem Einfluß von Francis Bacon wurden die Wissenschaften bald immer pragmatischer und ließen Fragen über den tieferen Sinn und Zweck der Existenz grundsätzlich außer acht. Wenn sie unter Druck gesetzt wurden, kramten Wissenschaftler eine deistische Erklärung des Mysteriums der Schöpfung hervor: Ja, es muß wohl so etwas wie eine Urgottheit gegeben haben, die das Universum dereinst in Gang gesetzt hat – aber danach funktioniert das Ding für den Rest seines Fortbestehens ganz mechanisch und von selbst weiter.

Das Zeitalter der Aufklärung

Und damit kommen wir zum nächsten Wendepunkt in der Entstehung des modernen Weltbilds. Wir hatten die Wissenschaften beauftragt, klare Antworten auf unsere wichtigsten existentiellen und spirituellen Fragen zu finden, aber unsere Beauftragten blieben in rein materiellen und somit meßbaren Gefilden stecken. Wir wurden ungeduldig. Wie lange sollte es noch dauern, bis die Forscher der größeren Bedeutung unseres Daseins auf die Schliche kamen?

Die Antwort stand in den Sternen … Unterdessen mußten wir ein funktionsfähiges Selbstverständnis finden, eine Lebensphilosophie, die uns in der Zwischenzeit Halt geben konnte, und wichtiger noch, mit der wir uns beschäftigt halten konnten. An diesem Punkt beschlossen wir offenbar im Kollektiv, dem Beispiel der Wissenschaftler zu folgen und unsere rastlose Suche vollends auf die physische Umwelt zu konzentrieren. Schließlich war es der Wissenschaft gelungen, immer reichhaltigere Pfründe an natürlichen Ressourcen für uns zu erschließen, mit denen wir unseren Lebensstandard steigern konnten, um die Oberflächenwelt der Moderne immer bequemer einzurichten. Solange wir auf die wissenschaftliche Erklärung unserer wahren Position im universellen Zusammenhang warteten, konnten wir an der materiellen Absicherung unserer Familien werkeln. Die neue Philosophie war fortschrittlich und wenigstens vorübergehend förderlich; unermüdlich arbeiteten wir an der Verbesserung der äußeren Umstände von Generation zu Generation.

Und damit hatten wir wieder ganz klare Zielvorstellungen. Es gab dermaßen viel zu tun, daß wir uns permanent abrackern mußten und unsere Aufmerksamkeit getrost von unerklärlichen Dingen wie dem Tod, und damit auch dem Mysterium des Lebens an sich, abziehen konnten. Eines Tages, am Ende unserer irdischen Existenz, würden wir die Wahrheit konfrontieren, ob sie spirituell war oder nicht, doch bis dahin beschränkten wir uns auf die materiellen Anforderungen und erhoben den persönlichen und kollektiven Fortschritt zum einzig sinnvollen Lebenszweck. Diese psychologische Grundhaltung kennzeichnet das allgemeine Bewußtsein beim Übergang in das Zeitalter der Moderne.

Heute, in den letzten Tagen des zwanzigsten Jahrhunderts, erkennen wir die grandiosen Errungenschaften dieses materialistischen Fortschrittsglaubens mit einem einzigen Blick. In wenigen Jahrhunderten haben wir die Umwelt erforscht, Nationen gegründet und ein funktionsfähiges globales Handelsnetz geschaffen. Unsere Wissenschaftler haben Krankheiten ausgemerzt, ehrfurchtgebietende Formen der Massenkommunikation entwickelt und Männer auf den Mond geschickt.

Doch der Preis war sehr hoch. Im Namen dieses Fortschritts haben wir die Umwelt fast bis zur Vernichtung ausgebeutet. Und auf der persönlichen Ebene stellen wir fest, daß unsere einseitige Konzentration auf die wirtschaftlichen Aspekte des Lebens zu allerlei Verhaltensstörungen führt und im Grunde benutzt wird, um die weiterhin nagende Existenzangst zu verbannen. Wir haben das individuelle Machtstreben, die wirtschaftliche Expansion und das logische Denken zur Lebensanschauung erhoben – sie zur einzigen »Realität« gemacht, die ein moderner Mensch in Betracht ziehen kann, ohne sich lächerlich zu machen.

Aus dieser kollektiven Trance schreckte der Westen zur Mitte des zwanzigsten Jahrhunderts hoch. Ein paar aufgeweckte Leute hielten inne, schauten sich um und erkannten, an welchem Punkt wir uns historisch befanden. Ernest Becker erhielt den Pulitzerpreis für sein Buch *The Denial of Death*[5], weil er mit unwiderlegbarer Klarheit ausführte, was die moderne Menschheit sich in psychologischer Hinsicht angetan hatte. Jahrhundertelang haben wir unseren Fokus auf den materiellen Wirtschaftsbereich beschränkt und uns standhaft geweigert, die Idee einer Bewußtseinserweiterung auch nur in Betracht zu ziehen, weil wir um keinen Preis daran erinnert werden wollten, wie mysteriös alles Leben in Wirklichkeit ist.

Ich glaube, daß dies der Grund ist, warum so viele Senioren in Altersheime gesteckt und dort vergessen wurden. Ihr Anblick erinnerte uns an Dinge, die wir aus unserem Bewußtsein verbannt hatten. Dieser Drang, sich vor dem Mysterium zu verstecken, erklärt auch, warum der Glaube an ein Universum, in dem Synchronizität und andere intuitive Fähigkeiten real sind, unserem rationalen Verstand so abartig vorkommt. Unterdrückte Todesangst erklärt auch, warum wir mystischen Erfahrungen über so viele Jahre hinweg mit extremer Skepsis begegnet sind, auch wenn diese Erlebnisse – Fügungen, Eingebungen, prophetische Träume, außersinnliche Wahrnehmungen, Nahtoderfahrungen, Engelserscheinungen und der ganze Rest – von jeher eine wesentliche Rolle im Leben aller Völker gespielt haben und im modernen Zeitalter keineswegs seltener vorkommen als früher. Jedes Wort über derartige Phänomene, selbst das Zugeständnis, daß solche Erfahrungen möglich sind, stellt einen Angriff auf die Weltanschauung dar, in der die materielle und wissenschaftlich nachweisbare Dimension die einzig reale ist.

Das längere Jetzt erleben

Damit wird klar, daß unsere Wahrnehmung von synchronistischen Ereignisfolgen nichts Geringeres als ein kollektives Erwachen aus einem jahrhundertelangen Weltanschauungstraum repräsentiert, in dem wir absichtlich mit Scheuklappen durch die Welt gelaufen sind. Aber wenn wir unsere heutige Umwelt mit all ihren großartigen technologischen Errungenschaften jetzt ins Auge fassen, können wir sie aus einer sehr viel umfassenderen Perspektive betrachten.

Am Ende des Mittelalters kam uns die Selbstsicherheit abhanden; wir wußten nicht mehr, wer wir waren und was unser Dasein zu bedeuten hatte. So

entwickelten wir die wissenschaftliche Vorgehensweise und benutzten sie, um unserer wahren Situation auf den Grund zu gehen, doch die Wissenschaft zersplitterte in tausend verschiedene, extrem
spezialisierte Fachgebiete und war unfähig, uns
schnell genug mit einem kohärenten Weltbild zu
versorgen.

Auf dieses Versagen reagierten wir, indem wir
unsere Existenzangst verdrängten, das Wunder des
Lebens auf seine rein ökonomischen Aspekte redu-
zierten und uns mit einer Art kollektiver Besessen-
heit auf praktische, materielle Belange stürzten.
Wie wir gesehen haben, nährte das von Wissenschaftlern kreierte Weltbild dieses Zwangsverhalten, zumal die von uns beauftragten Forscher dann
jahrhundertelang selbst auf ihre eigene Kreation
hereinfielen. Diese Schmalspur-Kosmologie kam
uns teuer zu stehen, denn von nun an stand allen
Menschen ein sehr viel begrenzteres Spektrum an
Erfahrungen offen, da jede höhere, spirituelle Wahrnehmung von vornherein unterdrückt wurde.

Um dieser zwanghaften Selbsteinschränkung
jetzt vollends zu entrinnen, müssen wir die höhere
geschichtliche Perspektive im Bewußtsein halten,
was insofern eine Herausforderung ist, als der weiterhin einflußreiche Materialismus uns immer wieder einlullt und auf althergebrachte Sichtweisen
zurückgreifen läßt. Es ist eine spirituelle Praxis,
sich auf den großen Zusammenhang zu besinnen,
von Moment zu Moment – doch damit öffnen wir

uns für den nächsten Schritt auf unserem geistigen Entwicklungsweg.

Ein ungetrübter Blick auf die Vergangenheit zeigt, daß die Wissenschaft uns nicht völlig im Stich gelassen hat. Immer gab es auch hier eine untergründige Strömung, die stillschweigend über die Obsession mit der Materie hinausgegangen ist. In den ersten Jahrzehnten des zwanzigsten Jahrhunderts wurden radikal neue Theorien aufgestellt, die bisher außer acht gelassene Phänomene berücksichtigten und ein vollständigeres Bild vom Universum entwarfen. Seither sickert dieses neue, wissenschaftlich fundierte Realitätsbild allmählich in das Bewußtsein der Allgemeinheit durch.

4
Der Übergang
zum resonanzfähigen Universum

Das Werk von Thomas Kuhn, der *The Structure of Scientific Revolutions* im Jahre 1957 veröffentlichte, stellt einen nicht wegzudenkenden Meilenstein bei der Entwicklung des neuen, wissenschaftlichen Weltbilds dar.[1] Durch dieses Buch wurden wir zum ersten Mal darauf aufmerksam gemacht, daß Forscher dazu neigen, einem bestimmten Denkschema zu folgen und die Arbeit von Kollegen dementsprechend zu beurteilen.

Das *Paradigmen-Denken*, wie Kuhn es nannte, veranlaßt viele Wissenschaftler, Entdeckungen in anderen Forschungszweigen, die sich nicht ohne weiteres in die gängigen Theorien oder Weltbilder einfügen, schlichtweg zu ignorieren, selbst wenn es sich um stichhaltige Untersuchungsergebnisse oder vielversprechende mathematische Formeln handelt. Ein Paradigma ist eine Kombination von Glaubenssätzen über eine Realität, die für offensichtlich und unumstößlich gehalten wird – also ein Denkschema, das Leute (in diesem Fall Wissenschaftler) dazu verleitet, selbst im Angesicht rationaler, gegenteiliger Beweise auf dem einmal eingenommenen Standpunkt zu beharren. So erklärt sich das blindwütige Festhalten am Newtonschen Paradigma. Kuhn führte uns auch das Problem des persönlichen *Investments* vor Augen, indem er erklärte, daß die meisten Wissenschaftler aufgrund irgendeiner Entdeckung Karriere machen, worauf sie hochdotierte Positionen an Universitäten oder Privatinstituten einnehmen. Von nun an sind sie gewöhnlich nicht mehr gewillt, die Theorien, die ihnen einst zu persönlichem Status verholfen haben, aufzugeben, und verteidigen ihre Geisteshaltung gegen Neuankömmlinge mit anderen Ideen, selbst wenn die neuen Ideen objektiv stichhaltiger und vollständiger sind.

Persönliches Investment erklärt auch, warum die Wissenschaften nur so langsam vorwärtskommen: Schlicht und einfach weil eine Generation in den Ruhestand treten muß, bevor die Errungenschaften der nächsten anerkannt werden. Kuhn leistete einen unschätzbaren Beitrag zur kollektiven Evolution, indem er für größere Offenheit und eine korrektere Selbsteinschätzung in einer neuen Generation von Wissenschaftlern sorgte – und dies zu einem Zeitpunkt, wo vielen bereits dämmerte, daß unlängst ein bedeutsamer Paradigmenwechsel stattgefunden hatte.

Newton sah ein rein physisches Laufwerk in der Welt, das ohne jede Mitwirkung von mentalen oder mystischen Vorgängen abrollt. Von diesem Paradigma betört, konzentrierten sich alle anderen Wissenschaftszweige fortan auf die Benennung der

Teile und grundlegenden Funktionsweisen der kosmischen Maschinerie.

Doch am Ende des neunzehnten Jahrhunderts, dem Gipfel der mechanistischen Sichtweise, wurde das gedankliche Fundament, auf dem die Naturwissenschaft aufbaute, radikal in Frage gestellt. Bei genauerer Betrachtung sah das Universum nämlich nicht mehr wie ein totes, seelenloses Räderwerk aus, sondern eher wie das Spielfeld einer dynamischen, völlig unerklärlichen Energie – eine Energie, die der Materie zugrunde liegt und auf eine Art und Weise mit sich selbst umgeht, die man nicht anders als *intelligent* bezeichnen konnte.

Die neue Physik

Die wissenschaftliche Abwanderung zum Glauben an ein intelligentes Universum begann mit der Arbeit von Albert Einstein, der die Physik im Lauf von mehreren Jahrzehnten auf den Kopf stellte. Wie Fritjof Capra in seinem Buch *Das Tao der Physik* erklärt, platzte Einstein auf die Bühne, als die Physiker gerade an speziellen Forschungsergebnissen herumknobelten, die mit der alten Sichtweise einfach unerklärlich blieben. Das Verhalten von Licht zum Beispiel, ließ sich beim besten Willen nicht in das mechanistische Denkschema einpassen.[2]

Im Jahre 1860 hatten Maxwell und Faraday demonstriert, daß Licht am ehesten als ein oszillierendes, elektromagnetisches Feld beschrieben werden kann, das den Raum bei seiner wellenförmigen Reise durch das Universum verzerrt. Die Idee einer Verzerrung des Weltraums sprengte den Newtonschen Denkrahmen, weil die alten Theorien auf der Annahme beruhen, daß eine Welle ein Medium braucht, durch das sie sich mechanisch fortbewegen kann. Um das Problem zu lösen, postulierten Maxwell und Faraday die Theorie von einem universellen »Äther«, der diese Funktion erfüllen konnte.[3]

Eine Serie von, wie sich später herausstellte, brillanten Einsichten führte Einstein dann zur Formulierung einer Theorie, in der es keinen Äther gibt, da Licht ohne irgendein Medium durch das Universum reist, und zwar, indem es den Raum verzerrt. Des weiteren postulierte Einstein, daß dieser Effekt auch die Schwerkraft erklärt, weil Schwerkraft keine Kraft im eigentlichen Sinne ist, jedenfalls nicht im konventionellen, von Newton angenommenen Sinne. Die Schwerkraft ergibt sich aus der Masse eines Sterns oder Planeten, weil Masse den Raum ebenfalls verzerrt.

Einsteins Hypothese folgend umkreist der Mond, um nur ein Beispiel zu nennen, unseren Planeten nicht deshalb, weil er von der größeren Masse der Erde angezogen und wie ein Ballon an einer Leine mitgeschleift wird. Nein, die Erde verzerrt den sie umgebenden Weltraum dahingehend, daß er sich krümmt, und so bewegt sich der Mond in Wirklichkeit in gerader Linie fort und folgt den Gesetzen des geringsten Widerstands, ohne dabei aus seiner Erdumlaufbahn geschleudert zu werden.

Und dies bedeutet, daß wir nicht in einem Universum leben, in dem sich der Raum in jeder Richtung bis ins Unendliche nach außen hin ausdehnt. Das Universum als solches wird von der Gesamtheit der in ihm enthaltenen Materiemassen auf höchst mysteriöse Weise gekrümmt – was wiederum bedeutet, daß wir, wenn wir lange genug in gerader Linie in eine Richtung des Universums reisen und dabei gigantische Entfernungen zurücklegen, irgendwann zu dem genauen Punkt zurückkehren, von dem wir ausgegangen sind. Demzufolge ist der Weltraum unendlich und doch begrenzt, limitiert wie eine Kapsel – was zu der Frage führte: Was liegt außerhalb des Universums? Andere Universen? Andere Realitäten in weiteren Dimensionen?

Daraufhin etablierte Einstein, daß auch die objektive Zeit von der Masse und Geschwindigkeitsrate gekrümmt wird. Je massiver das Gravitationsfeld, in das wir eine Uhr setzen, und je höher die Geschwindigkeit, mit der sich die Uhr fortbewegt, um so langsamer tickt sie im Vergleich zu anderen Uhren. Mit einem inzwischen berühmt gewordenen Gedankenexperiment erklärte Einstein, daß die Uhr in einem Raumschiff, das sich mit nahezu Lichtgeschwindigkeit fortbewegt, langsamer als die Uhren auf der Erde läuft. Die Insassen des Raumschiffs merken keinen Unterschied, obwohl sie im Endeffekt viel langsamer altern als ihre Artgenossen auf der Erde.[4]

Außerdem demonstrierte Einstein, daß die Geschwindigkeit von Licht konstant bleibt, ganz gleich ob irgendwelche anderen Bewegungen zu dieser Geschwindigkeit hinzukommen oder nicht. Zum Beispiel: Wenn wir einen Ball aus einem fahrenden Auto werfen, bewegt sich der Ball anfangs mit der Geschwindigkeit des Autos *plus* der Geschwindigkeit unserer Schleuderkraft voran. Beim Licht ist es anders. Die Geschwindigkeit von sichtbarem Licht und die aller anderen elektromagnetischen Phänomene beträgt 186 000 Meilen pro Sekunde, auch wenn wir uns 120 000 Meilen pro Sekunde fortbewegen und unseren Weg mit dem Licht einer Taschenlampe erhellen. Die Geschwindigkeit des Lichts, das aus der Taschenlampe kommt, ist nicht die Summe der Lichtgeschwindigkeit *plus* unsere eigene Fortbewegungsgeschwindigkeit, sondern bleibt konstant bei 186 000 Meilen pro Sekunde. Allein diese Entdeckung sprengt das alte Weltbild von einem mechanischen Universum, wenn man sie vollends versteht.

Am revolutionärsten war wohl die von Einstein etablierte These, daß die Masse eines physischen Objekts und die darin enthaltene Energie austauschbar im Sinne der Gleichung $E = mc^2$ sind. Essentiell bewies Einstein hiermit, daß Materie nicht mehr als eine Form von Licht ist.[5]

Einsteins Formeln wirkten wie ein wissenschaftliches »Sesam, öffne dich«. Das alte Paradigma mit seinem Konzept von einem mechanistischen Universum wurde zunehmend fallengelassen, und die Sturzflut der nun folgenden Neuentdeckungen wurde als Beweis verstanden, in derselben Richtung weiterzusuchen.

Die ersten neuen Daten kamen aus dem Bereich der Quantenphysik und wurden von Pionieren wie Niels Bohr, Wolfgang Pauli und Werner Heisenberg entdeckt. Schon seit den alten Griechen hatten Physiker versucht, den fundamentalen Bausteinen der Natur auf den Grund zu gehen und die Materie dabei in immer winzigere Elementarteile aufgespalten. Die Theorie vom Atom stellte sich als korrekt heraus, und dann, als die modernen Physiker das Atom in seine Einzelteile zerlegten und auf Protonen und Elektronen stießen, ging ihnen zum ersten Mal auf, wie riesig die Löcher in der sogenannten Materie sind. Fritjof Capra erklärt es folgendermaßen: Wenn wir uns einen Atomkern als so groß wie ein Salzkorn vorstellen, sind die Elektronen, aus denen sich das Atom zusammensetzt, ungefähr hundert Meter weit vom Atomkern entfernt.

Auch das Verhalten dieser Elementarteilchen, wenn sie im Labor beobachtet wurden, löste Schockwellen aus. Sie verhielten sich einmal wie Wellen, dann wiederum wie massive Objekte – je nachdem, unter welchen Umständen sie von den Physikern beobachtet wurden – genau wie das Licht. Zu Beginn dieses Jahrhunderts gelangten viele Wissenschaftler, darunter auch Werner Heisenberg, sogar zu dem Schluß, daß der bloße Akt der Beobachtung und die Intention der jeweiligen Wissenschaftler das Verhalten von Elementarteilchen unmittelbar beeinflußt, möglicherweise sogar ihre Existenz ins Leben ruft.[6]

Allmählich begannen Quantenphysiker sich zu fragen, ob es überhaupt noch Sinn machte, diese Wesen als Partikel (Teilchen) zu bezeichnen. Auf jeden Fall benahmen sie sich nicht wie etwas, das man auch nur im entferntesten Sinne als Materie bezeichnen konnte. Zum Beispiel: Wurden sie aufgespalten, so stellte sich heraus, daß es sich bei den beiden separaten Teilen um Zwillinge von der gleichen Größe und Wesensart handelte. Das Erstaunlichste hierbei ist wohl, daß diese elementaren Substanzen fähig sind, mit sich selbst über Zeit und Raum hinweg auf eine Art zu kommunizieren, die nach dem alten mechanistischen Paradigma unmöglich ist. Experimente haben folgendes gezeigt: Wird ein Partikel in zwei Teile aufgespalten und einer der Zwillinge dann dazu veranlaßt, sich zu verändern, beispielsweise im Kreis herumzudrehen, dreht der andere sich ebenfalls automatisch im Kreis, auch wenn er meilenweit von seinem Zwilling entfernt ist.[7]

Animiert von dieser Entdeckung formulierte der Physiker John Bell das inzwischen berühmt gewordene Gesetz (Bells Theorem), das besagt, daß einmal verbundene atomare Einheiten immer verbunden bleiben – was geradezu magisch ist, wenn man vom Newtonschen Realitätsbild ausgeht. Aber damit nicht genug, die jüngsten physikalischen Superstring- und Hyperspace-Theorien zeigen uns ein noch mysteriöseres Gesamtbild: Das Universum schließt viele Dimensionen in sich ein, unglaublich winzig zum Teil, denn sowohl Materie wie Energie kann letztlich auf pure, fadenähnliche Vibrationen reduziert werden.[8]

Selbstverständlich übertrugen sich die neuen Erkenntnisse der Physiker auch auf andere wissenschaftliche Bereiche, besonders den der Biologie. Bis dahin hatten die Biologen den Lebensfunken auf die Mechanismen seiner chemischen Kettenreaktionen reduziert und standen nicht nur unter dem Einfluß von Newton, sondern auch dem von Darwin, dessen mechanistische Entwicklungstheorie der Biologie gestattete, das Vorhandensein der mannigfaltigen Lebensformen auf verschiedenen Entwicklungsstufen als das Ergebnis von Zufallspaarungen in einer blind voranschreitenden Natur zu erklären, die sich ohne jede geistige Komponente fortbewegt.

Daß das Leben irgendwie von kleineren zu größeren Lebensformen übergegangen ist, bleibt unumstritten, die Fossilien-Daten beweisen es. Aber das neue Weltbild der Physiker hat Darwins Formel von der Art und Weise, wie diese Evolution fortgeschritten ist, grundsätzlich in Frage gestellt.

Laut Darwin brachten alle Gattungen hin und

wieder rein zufällig eine Mutation zur Welt, Nachwuchs mit leicht veränderten Eigenschaften. Stellten diese Mutierungen sich als vorteilhaft heraus, so hatte der Nachwuchs größere Überlebenschancen und pflanzte sich fort, wodurch die neu entwickelte Eigenschaft als generelles Merkmal der gesamten Gattung mit der Zeit durchgesetzt wurde. Zum Beispiel: Nach Darwin kamen ein paar Vorfahren der heutigen Giraffe rein zufällig mit längeren Hälsen zur Welt, und da sich diese Abweichung als Vorteil erwies (leichterer Zugang zu höher gelegenen Nahrungsquellen), überlebte ein größerer Teil der Kinder dieser Giraffen und pflanzte sich immer weiter fort, bis schließlich alle Vertreter der Gattung lange Hälse hatten.

Unter dem alten Paradigma konnte man sich die Evolution auf keine andere Weise vorstellen. Aber heute stoßen wir auf eine Reihe von Problemen dabei, denn die neuesten Datenprojektionen zeigen, daß ein rein zufälliger Mutationsprozeß unendlich langsam vorangeschritten wäre und die Lebensformen sehr viel länger gebraucht hätten, um ihr momentanes Stadium zu erreichen, als das Leben als solches brauchte, um sich bis zum heutigen Punkt auf Erden zu entfalten. Ein weiteres Problem ist, daß kein einziges Fossil auf die notwendigen *Missing links*, die Übergangskreaturen verweist, von denen der graduelle Übergang einer Gattung in ihre nächste Erscheinungsform bestätigt werden könnte.[9]

Mit Gewißheit sind mehrzellige Organismen den Einzellern gefolgt, genau wie Reptilien und Säugetiere sich erst nach den Fischen und Amphibien entwickelt haben. Aber diese Evolution ist offenbar sprunghaft von einer vollentwickelten Gattung zur nächsten gehüpft, denn die neue Gattung tauchte erwiesenermaßen zur selben Zeit in vielen verschiedenen Erdteilen auf. In dem mysteriösen Universum der neuen Physik schreitet die Evolution offenbar viel absichtsvoller voran als Darwin je annehmen konnte.

Außer der Biologie infiltrierte die neue Physik nun auch andere Wissensgebiete, nicht zuletzt die Psychologie und Soziologie, da mehr und mehr wache Geister zum Umdenken gezwungen wurden. Wir konnten nicht länger davon ausgehen, daß wir in einer soliden Welt voll von soliden, materiellen Körpern existieren. Als aufgeklärte Menschen wissen wir, daß alles ringsumher ein vibrierendes Energiemuster ist, aus Licht gewirkt, und diese Tatsache gilt auch für uns selbst.

Universelle Energie, Chi und das menschliche Energiefeld

Es gibt bedeutende Parallelen zwischen dem Weltbild der neuen Physik und dem der Hindus, Buddhisten und Taoisten. Die neue Physik beschreibt die materielle Formwelt als ein Quantenfeld der Energie, das alles enthält. Unter der Oberfläche aller Dinge befinden sich demnach keine fundamentalen Bausteine der Natur, weil nur ein einziges, alles verbindendes Netzwerk von Energiebeziehungen existiert.

Die großen Religionen des Ostens vertreten essentiell dieselbe Ansicht, aber anstatt nach langwierigen, objektiven Experimenten zu diesem Schluß zu kommen, gelangten individuelle Praktikanten durch inwendige Selbstergründung zur selben Überzeugung. Übereinstimmend wird verkündet, daß das Universum eine untrennbare Einheit ist, eine Totalität, die aus einer einzigen Lebens- oder Geisteskraft besteht. Und genauso kann es tatsächlich von uns allen erfahren werden.

Jede Weisheitsschule hat ihre eigenen Methoden, um eine bewußtere Verbundenheit mit der Totalität herbeizuführen, aber alle gehen davon aus, daß Menschen, trotz ihrer essentiellen Verbundenheit mit der subtilen, universellen Energie, die *Prana* oder *Chi* (oder *Ki*) genannt wird, gewöhnlich keinen Zugang zu den höheren Ebenen haben, auf denen diese Unzertrennlichkeit wahrgenommen wird. Viele Methoden, wie Meditation und die asiatischen Kampfsportarten, um nur zwei Beispiele zu nennen, sind geeignet, diese Wahrnehmung wachzurufen. Spektakuläre Resultate sind inzwischen hinlänglich dokumentiert worden. Indische Yogis haben verblüffende Fähigkeiten demonstriert, zum Beispiel eine Körperbeherrschung, die ihnen gestattete, extreme Kälte oder Hitze vollkommen unbeschadet zu überstehen.[10]

Manchen Schulen zufolge macht sich die Energie, die im Menschen zirkuliert, in Form eines Lichtfelds oder einer Aura bemerkbar, die als farbiges Licht wahrgenommen wird, das jedes Lebewesen ausstrahlt. Es heißt, daß die Formen und Schattierungen der Aura das Innenleben oder den Charakter einer Person reflektieren und von empfindsamen Menschen registriert werden.

In den fünfziger Jahren wurde das damit übereinstimmende Weltbild der neuen Physik allmählich durch die Massenmedien publik gemacht, worauf auch westliche Psychologen und Soziologen Interesse an den esoterischen, allein auf inneren Beobachtungen beruhenden Erkenntniswegen des Ostens entwickelten. Diese Systeme gestehen dem Menschen ein schier grenzenloses Potential zu, und während diese Ansicht langsam in den westlichen Kulturkreisen Fuß faßte, bröckelte das Fundament unter den nicht-physikalischen Zweigen der Wissenschaft zusehends ab. Die neue Physik hatte uns ein höheres Weltverständnis vermittelt, und nun entstand eine vergleichbare Reformbewegung auf dem Gebiet der Seelenheilkunde, durch die uns ein neues Selbstverständnis vermittelt wurde.

Das »Human Potential Movement«

In den fünfziger Jahren richtete die westliche Psychologie ihr Augenmerk noch vornehmlich auf die Untersuchung von menschlichen Verstandesfunktionen in Relation zu Aktionen in der Außenwelt – mit anderen Worten, die Verhaltensforschung. Stets dem mechanistischen Denkschema folgend, suchten Psychologen unentwegt nach einem Schlüsselprinzip, einer Formel, die sämtlichen menschlichen Handlungen zugrunde liegt, was unlängst gerade zu dem Stimulanz/Reaktions-Modell im Behaviorismus geführt hatte.

Die einzige andere Annäherungsweise wurde im Bereich der Psychiatrie praktiziert und folgte dem klinisch-pathologischen Modell, das ursprünglich von Freud in die Welt gesetzt wurde. Im ausgehenden neunzehnten Jahrhundert untersuchte Freud die Strukturen des Verstandes zum ersten Mal genauer und gründete seine so gewonnenen Theorien auf die reduktionistische Biologie, die vom mechanistischen Paradigma akzeptiert werden konnten.

Freud verbreitete die damals neuartige Auffassung, daß traumatische Kindheitserfahrungen zu Neurosen und Abwehrreaktionen führen, die den Betreffenden selbst weitgehend unbewußt bleiben. Aus dieser Beobachtung zog er weitreichende Schlußfolgerungen, unter anderem, daß das Verhalten aller Menschen auf eine einzige Antriebskraft zurückgeführt werden kann: Lustgefühle so weit wie möglich zu steigern und Schmerzen so weit wie möglich zu vermeiden.

Erst in den späten fünfziger Jahren wurde eine dritte theoretische Grundhaltung in der Psychologie verlautbart. Sie berücksichtigte alles bisher Erreichte: Die Offenbarungen der neuen Physik, die Erkenntnisse der östlichen Philosophien und die zwei westlichen philosophischen Strömungen des Existentialismus und der Phänomenologie. Zu den führenden Sprechern der neuen Psychologie gehören Abraham Maslow und Rollo May; gemeinsam mit einem Schwarm anerkannter Denker und Autoren setzten sie sich nun für eine ganzheitlichere Vorgehensweise beim Studium des menschlichen Bewußtseins ein.[11]

Diese Advokaten der neuen Psychologie lehnten sowohl den Behaviorismus wie Freuds Theorien ab, weil ersterer zu abstrakt war und die Freudianer allzu engstirnig auf die Theorie der Sublimierung sexueller Begierden fixiert. Bei ihren Studien wollten sie das Phänomen der Wahrnehmung als solches untersuchen – und hierin waren sie zutiefst vom Osten beeinflußt, wo die Inhalte im menschlichen Bewußtsein schon immer individuell und von innen her betrachtet wurden, also genau so, wie jeder Mensch es ohnehin tut. Im täglichen Leben nehmen wir die Welt durch unsere Sinne wahr, interpretieren, was sich ringsumher abspielt anhand von Erinnerungen und Erwartungen und benutzen unsere Gedanken und Eingebungen, um uns für bestimmte Handlungen zu entscheiden. Die neue psychologische Annäherungsweise an das Bewußtsein, das all diesen Wahrnehmungen zugrunde liegt, wurde »*Human Potential Movement*« genannt und entwickelte ihre Prinzipien im Lauf der sechziger und siebziger Jahre erfolgreich fort.

Die sogenannten Potentialisten stritten keineswegs ab, daß die Beweggründe für unser Verhalten oft unbewußt sind. Auch sie stellten fest, daß Menschen dazu neigen, ihre Erlebnisfähigkeit zu beschränken und Reaktionsmuster zu wiederholen, Kontrolldramen also, die der Linderung von Angstzuständen dienen. Aber sie richteten ihr Augenmerk über alles bis dahin Akzeptable hinaus: Auf die Auflösung von Verhaltensmustern, die Überwindung von Persönlichkeits-Dramen, wonach der Mensch sich sehr viel höheren Möglichkeiten im Erfahrungsbereich öffnen kann.

Diese revolutionär wirkende Perspektive führte dazu, daß Carl Gustav Jungs Lebenswerk plötzlich wiederentdeckt und allenthalben studiert wurde. Der ehemalige Psychoanalytiker, der 1912 mit Freud gebrochen hatte, um seine eigenen Theorien zu entwickeln, unter anderem das Prinzip der Synchronizität, wurde als einer der Urväter der neuen Psychologie anerkannt. Nach Jung wird das menschliche Verhalten nämlich nicht allein von dem inneren Trieb bestimmt, Schmerzen zu vermeiden und Lustgefühle so weit wie möglich auszudehnen, obwohl man bei der Betrachtung der niedrigsten Bewußtseinsebenen zu diesem Schluß gelangen kann. Jung widersprach Freud, indem er erklärte, daß sich der stärkste Trieb des Menschen in seiner Sehnsucht nach psychologischer Vollständigkeit bemerkbar macht, was bedeutet, daß der Mensch in erster Linie bestrebt ist, sein schlummerndes innewohnendes Potential so weit wie möglich zu verwirklichen.

Dabei werden wir von bereits im menschlichen Gehirn vorgezeichneten Bahnen unterstützt, die C. G. Jung als *Archetypen* bezeichnete. Im Lauf des psychologischen Wachstums kann jeder die Archetypen wahrnehmen oder aktivieren, und so gezielt auf eine immer umfassendere Selbstverwirklichung zusteuern. Auf der ersten Stufe des Wachstums geht es um Abspaltung und Differenzierung: Wir nehmen uns selbst in dem kulturellen Milieu wahr, in das wir hineingeboren wurden, und fangen an, uns zu individualisieren. Dies bedeutet, daß wir eine Nische in der Welt, wie sie uns von Kindheit an verständlich gemacht wurde, für uns finden – ein Prozeß, zu dem die Schulung und Ausbildung gehört, die Berücksichtigung der Wirtschaftslage und die Suche nach Möglichkeiten, unseren Lebensunterhalt selbständig zu verdienen.

Mit all diesen Aktivitäten stärken wir das Ego und schärfen den Eigenwillen, denn auf diese Weise ersetzen wir unser angelerntes Set von automatischen Reaktionen auf die Umwelt mit logischen Interpretationen und bilden Ansichten, mit denen wir uns hervortun können, denn wir streben danach, uns als einzigartige Personen mit einmaligem Durchblick von der Masse abzuheben. Diese Entwicklungsstufe ist zunächst noch narzistisch (eigensüchtig) und macht sich oft durch egoistische Exzesse bemerkbar, aber irgendwann aktiviert sie den Archetypus, den Jung als »Helden« bezeichnete. An diesem Punkt sind wir so weit aufgewachsen, daß wir etwas gesellschaftlich Anerkanntes vollbringen wollen; wir fühlen uns stolz und sind fest dazu entschlossen, hohe Ziele zu erreichen.

Im Lauf der geistigen Entwicklung wachsen wir, wenn alles gutgeht, über die Helden-Stufe hinaus und aktivieren, was Jung als den Archetypus des »Selbst« bezeichnete, eine Geisteshaltung, auf der wir über das egoistische Selbstverständnis hinausgehen, das auf der Meisterung unserer Umgebung beruht. Auf dieser Stufe entwickeln wir ein tiefer nach innen gerichtetes Bewußtsein, in dem Intuition und Logik zu Partnern werden und unsere Ziele weitgehend den inneren Traumvisionen entsprechen, die wir aus tiefstem Herzensgrunde wahrmachen wollen.

Diese Phase bezeichnete Jung als die Phase der Selbstverwirklichung, und in diesem Zusammenhang spricht er von der höheren Wahrnehmung der Synchronizität. Obwohl Synchronizität auf jeder Stufe flüchtig wahrgenommen werden kann, wird erst auf dieser eine nachhaltige Lehre aus synchronistischen Ereignisfolgen bezogen. Mit diesem Reifegrad tritt deutlich zutage, daß die Ereignisse in unserem Leben auf unsere Wachstumsbereitschaft reagieren – was bedeutet, daß sich auf dieser Stufe auch die Gelegenheiten häufen, einen Lebenstraum oder ein Fernziel vollends zu realisieren.[12]

Und damit wurde vielen von uns zum ersten Mal klar, warum der Mensch so leicht auf den frühen Stufen bei diesem Reifeprozeß steckenbleibt. Die Entdeckungen von Freud und Otto Rank über Norman O. Brown bis Ernest Becker zeigten den Vorgang sehr genau. Jeder Mensch eignet sich zwangsläufig ein Set von Lebenseinstellungen und Verhaltensweisen an (Scripts – Drehbücher), auf die er sich im Lauf seines Wachstums meist hartnäckig versteift, um Angstzustände aus dem Bewußtsein zu verdrängen. Die Scripts sind mannigfaltig; sie reichen vom unkontrollierbaren Fetischismus über neurotische Angewohnheiten bis zu den ganz normalen fixen Ideen im Bereich der Religiosität oder Ideologie. Doch alle diese Scripts haben eins gemeinsam: Sie lassen sich nur sehr schwer im therapeutischen Rahmen behandeln, denn sie widersetzen sich jeder rationalen Maßnahme oder Diskussion.

Dazu kommt, daß nahezu jede menschliche Gesellschaftsform von irrationalen Machtkämpfen charakterisiert wird, die einzig und allein dazu dienen, die Scripts ihrer Mitglieder intakt zu halten. Auch hier gab es eine Welle von Neudenkern wie

Gregory Bateson und R. D. Laing, die diese Vorgänge zum ersten Mal sehr genau beschrieben.[13]

Eine Schlüsselentdeckung wurde der »*double-bind-Effect*« (etwa: doppelt festgenagelt) genannt, bei dem ein Mensch jede von anderen Leuten vorgetragene Idee ablehnt, um das Gespräch, und damit die Umwelt, zu dominieren. Wie Laings Studien zeigten, hat es tragische Folgen, wenn Eltern ihre Kinder auf diese Weise behandeln, denn dabei wird jede, dem Kind mögliche Verhaltensweise kritisiert, worauf es sich in eine extreme Defensivhaltung zurückzieht und übertriebene Reaktionen entwickelt, mit denen es sich zu verteidigen sucht. Die so erzeugte Abwehrbereitschaft und Kontrollsucht führt später dazu, daß solche Kinder als Erwachsene die gleichen *doublebind*-Techniken anwenden, nicht zuletzt im Umgang mit eventuellen eigenen Kindern. Auf diese Weise wird die Verhaltensstörung von einer Generation auf die nächste übertragen.

Den Psychologen zufolge hatte dieser Modus der Interaktion in der Mitte des zwanzigsten Jahrhunderts bereits epidemische Ausmaße angenommen und ein kulturelles Klima geschaffen, in dem nahezu jeder die Mitmenschen nach bestem Vermögen dominieren und sich selbst vor Angriffen verteidigen wollte, womit die Aussichten auf eine eventuelle Selbstverwirklichung und persönliche Erfüllung natürlich denkbar gering sind. Da die meisten Wohlstandsbürger vollauf damit beschäftigt waren, andere Personen zu übertrumpfen und die Überlegenheit ihrer eigenen Scripts jeden Tag neu zu bestätigen, wollten die wenigsten sich zu alledem noch mit neumodischen Möglichkeiten der Wahrnehmung und des spirituellen Austauschs befassen.

Doch über mehrere Jahrzehnte hinweg fanden Millionen die Erkenntnisse des *Human Potential Movements* wichtig genug, um sich mit den Hintergründen ihres eigenen Verhaltens zu befassen, speziell in den Vereinigten Staaten. Dr. Eric Bernes Bestseller *Games People Play* beschrieb die meistbenutzten Scripts und Manipulationstaktiken sehr ausführlich. Thomas Harris' *I'm OK/You're OK* machte die Methoden der Transaktionsanalyse populär, bei der es darum geht, auf die nicht ausgesprochenen, unterschwelligen Hintergründe bei ganz normalen Gesprächen zu achten und erwachsenere Umgangsformen mit anderen Menschen zu finden.[14] Ein neues Feingefühl für die Qualität des zwischenmenschlichen Austauschs verbreitete sich, und damit auch die Ansicht, daß jeder Mensch seine unbewußten Verhaltensmuster transzendieren kann.

Während diese Ansichten von immer breiteren Schichten aufgegriffen wurden, diskutierten die Potentialisten ihr wichtigstes Thema: das Wunder unserer bloßen Existenz. Damit wurde auch Darwins Evolutionstheorie erneut hinterfragt und von Geistesgrößen wie Teilhard De Chardin und Aurbindo, die beide darauf bestanden, daß Evolution kein Zufallsprodukt ist, sondern sich absichtsvoll in eine Richtung fortbewegt, für unhaltbar erklärt. Ihr Argument lief darauf hinaus, daß der Fortschritt des Lebens von den frühen Organismen zu sehr viel komplexeren Tier- und Pflanzenformen ein bestimmtes Ziel verfolgt; daß menschliche Wesen kein Zufallsprodukt waren und unsere soziale Evolution, zu der auch individuelle Durchbrüche in höhere Bereiche der spirituellen Erfahrung gehören, ein vorläufiges Endergebnis darstellt, auf das die gesamte Evolution von Beginn an zugesteuert ist.[15]

Die Ansichten des berühmten Biologen Rupert Sheldrake unterstützen diese These. In Sheldrakes Lebenstheorie werden biologische Lebensformen von morphogenetischen Feldern geschaffen und am Leben erhalten. Diese Felder sind nicht lokalisiert, sondern überall vorhanden, und sie erzeugen eine unsichtbare Struktur, denen die Moleküle, Zellen und Organe folgen, während sie sich differenzieren und spezialisieren, um eine bestimmte Lebensform zu schaffen. Zudem entwickelt sich dieses Feld ebenfalls weiter, weil jede neue Generation einer Gattung nicht nur von diesem zugrundeliegenden Kraftfeld strukturiert wird, sondern das Feld ihrerseits beeinflußen und reparieren, während sie sich veränderten Lebensbedingungen erfolgreich anpassen.

Zum Beispiel ist ein Fisch fähig, neuartige Flossen zu entwickeln, damit er schneller schwimmen und so in seiner biologischen Nische überleben kann. In Sheldrakes System ruft die willentliche Intention des Fisches eine Veränderung im morphogenetischen Feld seiner gesamten Gattung hervor, die sich darin äußert, daß seinem Nachwuchs die notwendig gewordenen Schwimmflossen wachsen. Von dieser Theorie können auch die unerklärlichen evolutionären Sprünge zum erstenmal erklärt werden, die aus den Fossilien-Daten ersichtlich sind: Die Mitglieder jeder beliebigen Spezies erzeugen Veränderungen im morphogenetischen Feld, die sich nicht nur in Form von veränderten Körperteilen niederschlagen, sondern auch einen sprunghaften Wechsel zu einer völlig neuen Lebensform möglich machen. Beispielsweise kann eine Fischart an die Grenzen ihrer Entwicklungsmöglichkeiten im Wasser gestoßen sein und Nachwuchs produziert haben, der einer völlig neuen Gattung angehört: Amphibien, die Beine hatten und fähig waren, an Land zu kriechen.

Für Sheldrake erklärt diese Art des Fortschritts auch die soziale Entwicklung des Menschen. Im Verlauf seiner Entwicklungsgeschichte hat der Mensch permanent versucht, die Grenzen seiner derzeitigen Fähigkeiten zu sprengen und immer danach gestrebt, ein umfassenderes Verständnis über seine Umgebung zu erlangen und dabei sein eigenes inwendiges Potential noch restloser zu verwirklichen. Das Ausmaß der menschlichen Fähigkeiten kann zu jedem Zeitpunkt auf das allen gemeinsame morphogenetische Feld zurückgeführt werden. Während einzelne Menschen bestimmte Fähigkeiten entwickeln – z. B. schneller laufen, die Gedanken anderer aufschnappen, Eingebungen empfangen –, wird das morphogenetische Feld nicht nur für diese Individuen, sondern für alle Menschen dahingehend verändert. Und dies ist der Grund, warum Erfindungen und Entdeckungen so oft von mehreren Leuten gleichzeitig in völlig verschiedenen Erdteilen gemacht werden, obwohl keiner den anderen kannte.

An diesem Punkt verschmelzen die Erkenntnisse der neuen Physik mit den neuesten wissenschaftlichen Forschungsergebnissen über die Wirkung von Gebeten und gezielten Absichten. Wir alle sind auf intimste Weise miteinander verbunden, und der Einfluß unserer Gedanken auf das Universum, in dem wir leben, ist weitaus größer, als wir uns je vorgestellt haben.

Das resonanzfähige Universum

In den letzten Jahrzehnten wurde der Effekt, den die Intentionen des Menschen auf das physische Universum haben, wissenschaftlich erforscht. Die ersten bemerkenswerten Entdeckungen kamen vom Biofeedback. Hunderte von Studien zeigten, daß viele Körperfunktionen, die bislang noch der totalen Kontrolle des autonomen Nervensystems unterstellt wurden, wie Herzschlag, Blutdruck, Immunsystem und Gehirnwellen, mit dem Willen beeinflußt werden können. Nahezu jede meßbare Körperfunktion demonstrierte eine gewisse Empfänglichkeit für unsere Absichten.[16]

Neuesten Forschungen zufolge reicht unsere Verbundenheit und unser Einfluß sogar noch sehr viel weiter. Unsere Intentionen können auch andere Körper, die Gedanken anderer Menschen und Umweltereignisse beeinflussen. Die neue Physik geht davon aus, daß wir auf eine Weise in die Gesamtheit eingebettet sind, die Zeit und Raum transzendiert, und Bells Theorem trifft offenbar ebenso auf unsere Gedanken, wie auf die Funktionsweise von Elementarteilchen zu.

Niemand hat mehr zu der Verbreitung dieses neuen Verständnisses beigetragen als Dr. Larry Dossey, der eine Reihe von Büchern über die Macht der menschlichen Intentionen und die Wirkung von Gebeten geschrieben hat. In einem von ihm zusammengetragenen Überblick über die neuesten Forschungsergebnisse, angefangen mit F. H. Myers bis zu Lawrence LeShan, gelangt Dossey zu der provokanten Schlußfolgerung, daß der menschliche Einflußbereich räumliche Entfernungen und erwiesenermaßen auch zeitliche Entfernungen transzendiert.[17]

In einer Studie, die Dossey in seinem Buch *Recovering the Soul* beschreibt, wurde eine Gruppe von

Versuchspersonen auf ihre Fähigkeit untersucht, Informationen über große Entfernungen hinweg aufzuschnappen. Es ging darum, eine Spielkarte korrekt zu identifizieren, die eine andere Person, Hunderte von Meilen weit entfernt, rein zufällig aus einem Packen zog. Den Versuchspersonen gelang dies nicht nur mit einer Häufigkeit, die reine Zufallstreffer bei weitem überstieg, oft empfingen sie die korrekte Information schon, *bevor* die andere Person die Karte gezogen und versucht hatte, ihren Eindruck in Gedanken auf einen Empfänger zu übertragen.

Bei weiteren Studien stellte sich heraus, daß Versuchspersonen fähig waren, eine Reihe von Zahlen zu identifizieren, *bevor* eine Rechenmaschine rein zufällig bei diesen Zahlen haltmachte. Die Implikationen dieser und ähnlicher Studien sind dermaßen weitreichend, daß ihre Bedeutung gar nicht hoch genug eingeschätzt werden kann, denn solche Ergebnisse sind Beweise für Fähigkeiten, die viele von uns schon oft benutzt aber möglicherweise noch niemandem eingestanden haben, vielleicht noch nicht einmal sich selbst. Wir alle sind tatsächlich nicht nur telepathisch miteinander verbunden, sondern auch mit einem Vorauswissen begabt, das uns bildhafte Eindrücke von zukünftigen Ereignissen vermittelt, und dies ganz speziell, wenn ein Zukunftsereignis unser Leben oder geistiges Wachstum direkt in Mitleidenschaft zieht.[18]

Aber unsere Fähigkeiten übersteigen selbst das noch. Wir sind nicht nur imstande, Informationen über die Welt im Geiste aufzufangen – wir können die Welt auch mit unserem Geist verändern. Dossey zitiert eine inzwischen weithin bekanntgewordene Studie, die von Dr. Randolph Byrd im General Hospital von San Francisco vorgenommen wurde: Ein Team von Freiwilligen betete täglich für eine vorher festgelegte Gruppe von herzkranken Patienten; für eine Kontrollgruppe von Herzkranken mit denselben Symptomen betete niemand.[19] Dossey berichtet, daß die Gruppe, für die gebetet wurde, fünfmal weniger Antibiotika brauchte als die Kontrollgruppe und sich die Bildung von Lungenflüssigkeit um ein Dreifaches senkte. Außerdem mußte keiner der Patienten, die Fürsprache im Gebet erhielten, künstlich beatmet werden, während zwölf Mitglieder der Kontrollgruppe nicht ohne diese Maßnahme überlebt hätten.

Andere Fallstudien zeigten, daß Pflanzen ebenso positiv auf Gebete und die positiven Gedanken von Menschen reagieren (z. B. erhöhte Überlebensfähigkeit ihrer Schößlinge); daß Bakterien erhöhte Wachstumsraten aufweisen und sogar Gegenstände von Gedanken manipuliert werden können (z. B. das Muster, das willkürlich in die Luft geworfene Schaumstoffkugeln nach ihrem Fall bilden).[20]

Dossey beschreibt eine ganze Reihe von Fallstudien mit hochinteressanten Resultaten. Die ungezielten Absichten eines Menschen (die Idee, daß das Allerbeste geschehen soll, ohne die eigene Meinung einzubringen) funktionieren besser als gezielte Absichten (die Idee, daß ein von vornherein festgelegtes Ergebnis erzielt werden soll), obwohl wir fähig sind, die Umwelt in beiden Fällen zu beeinflussen. Offenbar gibt es ein eingebautes Gesetz oder Grundprinzip im resonanzfähigen Universum, das unser Ego in Schach hält.

Die von Dossey zitierten Studien weisen außerdem darauf hin, daß persönliche Informationen über die Person, für die wir beten, notwendig sind, und ungezielte Absichten die größte Wirkung haben, wenn wir zuerst eine bewußte Verbindung mit der Gotteskraft oder dem eigenen höheren Selbst aufnehmen. Experimente bestätigen, daß Absichten einen kumulativen Effekt haben können. Mit anderen Worten: Personen, für die über längeren Zeitraum hinweg gebetet wird, profitieren in höherem Maße als Menschen, denen weniger Aufmerksamkeit gewidmet wird.

Wohl am wichtigsten sind Forschungsergebnisse, die zeigen, daß unterschwellige Überzeugungen die Umwelt ebenso stark beeinflussen wie bewußte Absichten oder Gebete. Das berühmte Oak-School-Experiment bestätigt dies. Bei einer Fallstudie wurde Grundschullehrern mitgeteilt, daß aus Testergebnissen hervorging, daß eine bestimmte Gruppe von Schülern im kommenden Schuljahr die größten Fortschritte machen würde. In Wirklichkeit wurde den Lehrern nur eine Liste von vollkommen willkürlich ausgesuchten Schülern gegeben, doch siehe da: Am Ende des Jahres stellte sich heraus, daß die Schüler auf der Liste tatsächlich erhebliche Fortschritte gemacht hatten, und nicht nur, was ihren Leistungsquotienten betraf (der auf vermehrte Aufmerksamkeit von seiten der Lehrer zurückgeführt werden könnte), nein, auch ihr Intelligenzquotient hatte sich erhöht, wie ein Test bewies, in dem die generellen Fähigkeiten der Schüler schon vor der Studie überprüft worden waren.[21] Mit anderen Worten, die bloßen Mutmaßungen der Lehrer über die Fähigkeiten ihrer Schüler schlugen sich in einer Steigerung der potentiellen Lernfähigkeit dieser Schüler nieder.

Leider funktioniert dieser Vorgang natürlich auch in umgekehrter Richtung. In seinem jüngsten Werk, *Toxic Prayer*, führt Dossey Studien an, die bestätigen, daß unsere unbewußten Lebensanschauungen anderen Wesen schaden können. Ein Beispiel hierfür sind Gebete, in denen wir darum bitten, daß jemand seine Einstellung oder sein Benehmen ändert. Solche Gedanken sind unbewußt anmaßend, da wir nicht ohne weiteres beurteilen können, was die betreffende Person wirklich braucht, um weiterzuwachsen. Meistens wirken solche Gedanken wie Spitzen, die den anderen treffen und seine Selbstzweifel nur noch vertiefen. Desgleichen, wenn wir negative Gedankenwellen über eine Person, die uns mißfallen oder verletzt hat, durch den Äther schicken. Zumeist sind dies Meinungen, die wir nirgends laut aussprechen würden, aber da wir alle im Geiste miteinander verbunden sind, flitzen diese Meinungen wie vergiftete Pfeile auf den anderen zu und beeinflussen sein Selbstbild, möglicherweise sogar seine Verhaltensweisen.[22]

Und das bedeutet, daß wir auch unseren eigenen Werdegang beeinflussen. Negative Vorstellungen über unsere Fähigkeiten, unser Aussehen oder unsere Zukunftsaussichten beeinträchtigen das persönliche Wohlbefinden sofort, wir jeder weiß, aber auf ganz konkrete Weise beeinträchtigen sie auch, was uns dann tatsächlich im Lauf des Lebens zustößt.

In der neuen Realität leben

An diesem Punkt können wir die Welt, die wir jeden Morgen vor uns liegen sehen, aus einer höheren Perspektive betrachten und die Erkenntnisse der neuen Wissenschaften ins tägliche Leben integrieren. Wenn wir jetzt in den Vorgarten gehen oder an einem sonnigen Tag durch einen Park spazieren, sieht die Welt nicht mehr wie früher aus. Wir gehen nicht länger davon aus, daß das Universum sich in alle Richtungen bis ins Unendliche nach außen erweitert. Wir wissen, daß das Universum zwar physisch unendlich ist, aber gekrümmt, so daß es endliche, stets zu sich selbst zurückkehrende Sphären bildet. Wir leben in einer Zeit/Raum-Blase und spüren intuitiv, daß es andere Dimensionen gibt, genau wie die Hyperspace-Physiker. Und wenn wir die Vielfalt der Formen in diesem Universum betrachten, nehmen wir keine solide Materie mehr wahr, sondern Energieschwankungen. Alles und jeder von uns ist ein Energiefeld, ein Lichtgefilde, in dem sich alles miteinander austauscht und gegenseitig beeinflußt.

Im Grunde haben wir die neuen, wissenschaftlichen Realitätsbilder natürlich schon längst durch eigene Erfahrungen bestätigt. Jeder von uns hat Momente erlebt, in denen uns klar wurde, daß jemand unsere Gedanken gelesen hatte. Wir alle haben schon unzählige Male genau gewußt, was andere fühlten oder im nächsten Moment sagen würden. Außerdem gab es Momente, in denen wir spürten, daß etwas auf uns zukommt oder sich potentiell ereignen könnte, woraufhin uns wie durch ein Wunder eingegeben wurde, wohin wir gehen oder was wir tun sollten, um genau zur rechten Zeit am richtigen Platz zu stehen. Das Interessanteste ist, daß wir bereits wissen, wie extrem wichtig unsere Einstellung zu anderen Menschen und unsere Absicht ist. Wie sich später noch zeigen wird, setzen wir die unglaublichsten Ereignisfolgen in Gang, wenn wir positiv denken und uns selbst und andere damit beflügeln.

Unsere Herausforderung besteht darin, dieses Wissen im täglichen Leben zu praktizieren, es in den Alltag zu integrieren. Wir leben in einem intelligenten, dynamischen Universum, das auf unsere Gedankengänge reagiert, und in dem die Erwartungen und Annahmen anderer Leute auf uns übergehen und uns behindern oder beflügeln.

Demnach tun wir den nächsten Schritt auf unserem geistigen Entwicklungsweg, wenn wir uns mit der zwischenmenschlichen Energiewelt mit all ihren Kontrolldramen vertraut machen und uns effektvollere Umgangsformen aneignen.

5
Den Machtkampf überwinden

Die größte Errungenschaft der Verhaltensforschung bestand darin, das Konkurrenzgebaren und Dominanzstreben des Menschen auf seine existentielle Verunsicherung zurückzuführen, obwohl die tieferen, psychologischen Zusammenhänge erst durch das Realitätsbild des Ostens ersichtlich werden.

Beides, die Wissenschaft und die fernöstliche Mystik gehen davon aus, daß Menschen in ihrer Essenz ein Energiefeld sind, nur gehen die Mystiker noch sehr viel weiter, indem sie das Energieniveau des normalen Menschen als relativ niedrig und schwach bezeichnen. Erst mit einer inwendigen Öffnung für die Energien des gesamten Universums erhöht sich das *Chi*, wie die Chinesen es nennen, also die Quantenenergie eines Menschen, auf ein Niveau, wo die existentielle Unsicherheit verschwindet. Bis dahin fühlt sich jeder mehr oder minder unbewußt veranlaßt, die fehlende Energie aus den Mitmenschen herauszuholen.

Was passiert auf den Energieebenen, wenn zwei Menschen Kontakt miteinander aufnehmen? Die Mystiker haben einen alten Spruch, der sagt, wohin die Aufmerksamkeit geht, strömt auch die Energie, und so ist es. Zwei Personen, die ihre ungeteilte Aufmerksamkeit aufeinander richten, fangen an, ihre Energiefelder zu verflechten. Sie tauschen sich buchstäblich miteinander aus, sie verschmelzen ihre Kräfte. Und nun geht es ziemlich schnell nur noch darum, wer das Energie-Reservoir kontrolliert. Kann einer der beiden dominant werden und den anderen dazu bringen, sich psychologisch unterzuordnen und seine Weltanschauung anzunehmen, also die Welt durch seine Augen zu betrachten? Wenn ja, hat dieses Individuum sich beide Kraftfelder einverleibt. Der Gewinner spürt einen Energieschub, eine Art Machtrausch der Selbstbestätigung und Sicherheit, wenn nicht gar Euphorie.

Leider werden die erhebenden Gefühle auf Kosten des Unterlegenen gewonnen, denn das dominierte Individuum fühlt sich innerlich haltlos, angeschlagen, ausgelaugt, weil ihm die Energie abgezogen worden ist.[1] Jeder von uns kennt dieses Gefühl. Wenn wir uns unterlegen fühlen, weil jemand uns in einen Zustand der Sprachlosigkeit oder Verwirrung hineinmanipuliert hat, uns aus dem Gleichgewicht geworfen oder der Dummheit überführt hat, sacken wir zusammen, als wäre uns die Luft ausgegangen. Und nun tritt eine natürliche Tendenz in Kraft, die verlorene Energie wieder aus dem Dominator herauszupressen, gewöhnlich mit allen zur Verfügung stehenden Mitteln.

Dieser Psycho-Krieg macht sich überall bemerkbar und bildet den Nährboden für alle irrationalen

Konflikte zwischen Individuen, Familien, Kulturkreisen und Nationen. Ein Blick auf die Gesellschaft führt uns den Energiewettstreit, bei dem einer den anderen auf mehr oder minder einfallsreiche und gewöhnlich unbewußte Weise manipuliert, unmißverständlich vor Augen. Mit unserem neuen Bewußtsein können wir außerdem sehen, daß die meisten dieser *Gesellschaftsspiele*, die meisten Manipulationstaktiken, auf der Lebensanschauung beruhen. Mit anderen Worten, die Lebensanschauung verleiht dem Energiefeld eines Menschen festgelegte Formen.

Im Umgang mit anderen müssen wir uns vergegenwärtigen, daß wir es mit Kraftfeldern zu tun haben, die alle ein tief eingeprägtes Bündel von Lebensanschauungen enthalten, zu dem der religiöse Glaube gehört, Vorurteile über andere Leute, Vorstellungen von angemessenen Verhaltensformen und ganz bestimmte Intentionen.

Also trägt jeder von uns ein einmaliges Lebensanschauungs-Paket durch die Welt und hat seinen eigenen Stil, diese Anschauungen durchzusetzen. Ich habe dieses Paket unter dem Sammelbegriff *Kontrolldramen* zusammengefaßt und in früheren Büchern schon erklärt, daß die Dramen in ein breites Spektrum zwischen »extrem passiv« und »extrem aggressiv« fallen.

Das »Arme Ich«

Das passivste Kontrolldrama ist die Opfer-Strategie, die ich als »Armes Ich« bezeichnet habe. Anstatt offensichtlich um Energiezufuhr zu ringen, bemüht man sich um Aufmerksamkeit, indem man Sympathie oder Mitleid erregt.

Wir merken sofort, ob wir es mit einem »Armen Ich« zu tun haben, denn beim Eintritt in sein Energiefeld werden wir unverzüglich in einen beunruhigenden Dialog verwickelt, der grundlose Schuldgefühle in uns aufsteigen läßt, denn es ist, als würden wir von der anderen Person in die Rolle des Verantwortlichen gedrängt. Sie sagt Dinge wie: »Eigentlich hatte ich erwartet, daß du gestern anrufst, aber du hast wohl was anderes (sprich: besseres) vorgehabt.« Oder: »Ich habe etwas Grauenhaftes durchstehen müssen ... (sprich: du hast dich mal wieder nicht blicken lassen!«). Womöglich wird dem noch hinzugefügt: »Und wenn demnächst noch dieses und jenes auf mich zukommt, werde ich wohl ebenfalls nicht mit deiner Hilfe rechnen können.«

Alles kann zum Vorwurf umfunktioniert werden, es hängt ganz davon ab, welche Beziehung wir zu dem »Armen Ich« haben. Im Fall eines Arbeitskollegen werden wir auf die totale Überlastung und den Zeitdruck der Person hingewiesen – also stets auf eine Situation, in der wir ihm unsere Hilfe versagt haben. Flüchtige Bekannte verwickeln uns gewöhnlich nur in ein Gespräch über die miserablen Zustände und Zukunftsaussichten im allgemeinen. Es gibt Dutzende von Varianten, aber der grundsätzliche Ton und die Strategie bleiben immer gleich. Das »Arme Ich« verlangt nach Sympathiekundgebungen, indem es impliziert, daß du seine Misere gefälligst aus der Welt schaffen sollst.

Nun darf man nicht vergessen, daß dieses Drama weitgehend unbewußt ist. Es entspringt einem frühkindlichen Weltbild und der damit einhergehenden Überlebensstrategie. Für das »Arme Ich« ist die Welt ein Platz, an dem sein Wohlergehen, sein Bedürfnis nach Anerkennung und Wertschätzung von niemandem in Betracht gezogen wird. Und diese Welt ist zu furchteinflößend, um direkt oder mit klaren Forderungen an die Befriedigung der eigenen Bedürfnisse heranzugehen. In der Realität des »Armen Ichs« besteht das einzig mögliche Verhalten darin, Sympathiebeweise durch Schuldeinflößung und demonstratives Gekränktsein hervorzurufen.

Da auch unbewußte Weltbilder und Intentionen eine nachhaltige Wirkung auf die Umwelt haben, zieht das »Arme Ich« nun unweigerlich genau den Menschentypus an, den es aufgrund seiner verletzenden, oft rücksichtslosen Art schon immer gefürchtet hat. Und damit stoßen ihm tatsächlich auch traumatische Dinge zu. Das Universum reagiert, indem es die Umwelt erzeugt, die vom Menschen erwartet wird, und insofern bildet jedes Kontrolldrama einen in sich geschlossenen Kreis und bestätigt seine eigenen, fundamentalen Anschauungen. Ohne es zu wissen, hat sich das »Arme Ich« in einem Teufelskreis verfangen.

Der Umgang mit dem »Armen Ich«

Im Umgang mit einem »Armen Ich« muß man sich vergegenwärtigen, daß es ihm nur um die Energiegewinnung geht. Also müssen wir gewillt sein, dem »Ärmsten« ganz bewußt Energie zu spenden, schon mit dem ersten Wort, das wir an solche Leute richten. Auf diese Weise wird das Drama nämlich am schnellsten aus dem Weg geräumt. (Der Vorgang des Energiespendens wird in Kapitel 9 genau beschrieben.)

Als nächstes müssen wir feststellen, ob unsere Schuldgefühle gerechtfertigt sind. Es kann sein, daß wir jemanden wirklich hängengelassen haben, oder dazu neigen, leidgeprüften Menschen die Sympathie vorzuenthalten. Ob dies der Fall ist, wird jedoch nur von uns selbst bestimmt, niemandem sonst. Nur wir können entscheiden, wann und bis zu welchem Grad es angemessen ist, die Verantwortung für hilfebedürftige Menschen mitzutragen.

Wenn wir einem »Armen Ich« Energie geben und nach einer Weile feststellen, daß es sein Kontrolldrama weiterhin unbeirrt ausagiert, besteht der nächste Schritt darin, das Spiel beim Namen zu nennen: das Kontrolldrama zum Gesprächsthema zu machen,[2] denn das unterschwellige Tauziehen endet in dem Moment, wo es bewußt gemacht und offen auf den Tisch gelegt wird. Diese Bewußtmachung kann mit einer Bemerkung wie: »Weißt du, im Moment habe ich das Gefühl, daß du meinst, ich müßte mich schuldig fühlen«, eingeleitet werden.

Und nun müssen wir Mut beweisen und nachhaken, denn selbst wenn wir die Beziehung durch Ehrlichkeit auf eine neue Ebene bringen wollen, kann das »Arme Ich« eine derartige Offenheit als grundsätzliche Ablehnung auffassen. In solchen Fällen läuft die typische Reaktion darauf hinaus, daß sinngemäß gesagt wird: »Aha! Ja ja, ich wußte schon, daß du mich nicht wirklich magst.« Manche verstummen zutiefst gekränkt, andere reagieren mit verblüffter Empörung oder Bissigkeit.

Meiner Meinung nach müssen wir die Person jedoch in jedem Fall darum bitten, uns jetzt einmal zuzuhören und das Gespräch fortsetzen. Das Weiterreden lohnt sich allerdings nur, wenn wir das »Arme Ich« fortwährend mit der Aufmerksamkeitsenergie überschütten, um die es in Wirklichkeit geht. Aber um einer besseren Beziehung willen müssen wir durchhalten, es gibt keine andere Möglichkeit. Im günstigsten Fall versteht die Person, was wir bezwecken wollen, wenn wir sie auf ihre Taktiken aufmerksam machen, und öffnet sich für ein akkurateres Selbstverständnis.

Der Unnahbare

Weniger passiv ist das Kontrolldrama des »Unnahbaren«, obwohl es zunächst nicht so aussieht. Wir wissen, daß wir das Energiefeld eines Taktikers dieser Art betreten haben, wenn wir ein Gespräch anfangen und dann sang- und klanglos hängengelassen werden. Die Person wirkt distanziert, widerwillig und murmelt kryptische Entgegnungen. Erkundigen wir uns beispielsweise nach ihrem Lebenslauf, wird uns ein vager Brocken hingeworfen, wie: »Hmmm, ich bin ein bißchen herumgereist.« Worauf nichts weiteres kommt.

Und nun spüren wir, daß es an uns liegt, tiefer nachzubohren. Vielleicht müssen wir sagen: »Ah – und wo bist du hingefahren?«, um die Unterhaltung ins Rollen zu bringen. Worauf wir Antworten erhalten, wie: »Och, an alle möglichen Plätze.«

Hier zeigt sich die Strategie des Unnahbaren in aller Deutlichkeit. Er hüllt sich in eine vage, scheinbar mysteriöse Unzugänglichkeit, worauf wir uns gezwungen sehen, Kraft beim Ausbuddeln von Informationen zu verschwenden, die uns normalerweise ohne großen Energieaufwand gegeben werden. Unwillkürlich konzentrieren wir uns intensiv auf die Erlebniswelt des Unnahbaren und versetzen uns immer tiefer in die Person hinein, um ihr näherzukommen – und damit geben wir ihr den gewünschten Energieschub.

Nun müssen wir bedenken, daß nicht jeder, der vage Auskünfte gibt oder sich weigert, ein Thema zu erörtern, das Unnahbarkeitsdrama benutzt. Verschlossenheit kann auch andere Gründe haben, und da jeder das Recht auf eine Privatsphäre hat, steht es jedem Menschen frei, was und wieviel er anderen mitteilen will.

Die Distanzierungsstrategie, die zum Energiediebstahl führt, ist etwas völlig anderes, weil Unnahbare sich interessant genug machen, um uns anzulocken, doch wenn wir einen Schritt auf sie zugehen, ziehen sie sich gleich wieder zurück, um ein ewiges Rätsel zu bleiben. Dann, wenn wir uns abwenden, weil wir zu dem Schluß gelangt sind, daß die Person nicht auf uns eingehen will, und unser Augenmerk auf etwas anderes richten, wirft der Unnahbare einen neuen Köder aus, meistens, indem er etwas preisgibt, auf das wir erneut eingehen müssen. Und damit zieht er die Energie erneut auf seine Person.

Auch diese Strategie beruht auf frühen Kindheitserlebnissen. Gewöhnlich konnten Unnahbare sich als Kinder nicht freimütig ausdrücken, weil Offenheit bestraft wurde, vielleicht sogar lebensgefährlich war. So lernt ein Mensch, die Kommunikation möglichst vage zu halten, während gleichzeitig Wege gefunden werden, die Aufmerksamkeit anderer auf sich zu lenken.

Der Umgang mit Unnahbaren

Auch hier müssen wir die Person freiwillig mit Energie überschütten. Anstatt selber defensiv und unnahbar zu werden, senden wir einen Strom von Herzenswärme aus. Damit reduzieren wir den inwendigen Druck, der die Person zwingt, ihre Manipulationen fortzusetzen. Erst danach können wir anfangen, das Spiel beim Namen zu nennen und es dem Betreffenden bewußt machen.

Auch hier müssen wir uns auf eine von zwei Reaktionen gefaßt machen. Bei der ersten schnappt der Unnahbare vollends ein und bricht jede weitere Kommunikation ab. Aber wir müssen dieses Risiko eingehen, weil alles andere die Fortsetzung des Kontrolldramas garantiert. Also können wir lediglich hoffen, daß unsere Direktheit das Verhaltensmuster durchbricht und eine Bewußtseinserweiterung auslöst.

Bei der zweiten Reaktion bricht der Unnahbare das Gespräch zwar nicht ab, leugnet jedoch standhaft, daß er den Unnahbaren spielt. Wie immer müssen wir uns fragen, ob er womöglich recht hat. Wenn wir sicher sind, daß unsere Wahrnehmung akkurat ist, setzen wir den Dialog in einem freundlichen Ton, aber unbeirrt fort. Wir können lediglich hoffen, daß sich daraus eine neue, bewußtere Umgangsform ergibt.

Der Vernehmungsbeamte

Das Kontrolldrama des Vernehmungsbeamten ist aggressiver als die erstgenannten und dermaßen weitverbreitet, daß man es nur noch als tonangebend für den westlichen Kulturkreis bezeichnen kann. Bei dieser Taktik wird Kritik benutzt, um anderen die Energie zu stehlen.

In der Anwesenheit eines Vernehmungsbeamten haben wir das eindeutige Gefühl, überprüft zu werden. Gleichzeitig kommt es uns vor, als würde uns die Rolle des Unzulänglichen zugewiesen – als wären wir nicht ganz zurechnungsfähig und könnten unsere eigenen Lebensaufgaben nicht ohne Hilfe meistern.

Wir werden in eine Realität hineingezogen, in der unser Gesprächspartner die einzig fähige Person weit und breit ist und die Fehler aller anderen korrigieren muß. Zum Beispiel sagt der Vernehmungsbeamte: »Weißt du, für deine berufliche Position bist du nicht gut genug angezogen«, oder: »Mir ist aufgefallen, daß du keine sonderliche Ordnung in deinem Haus hältst.« Die Kritik kann sich auf alles erdenkliche beziehen, unsere Arbeitsweise, Ausdrucksweise, auch persönliche Merkmale und Eigenschaften. Die Einzelheiten sind unwesentlich. Alles funktioniert, solange die Kritik uns aus dem Gleichgewicht bringt und verunsichert.

Die unbewußte Strategie des Vernehmungsbeamten besteht darin, andere auf etwas hinzuweisen, das sie übersehen haben, und sie damit stutzig zu machen. Kaum steigen wir auf diese Kritik ein, verlieren wir unseren inneren Halt, und wenn das geschieht, fangen wir an, die Situation durch die Augen des Vernehmungsbeamten zu betrachten, sein Weltbild zu übernehmen. Letztlich geht es dem Vernehmungsbeamten darum, sich als oberster Richter zu etablieren, so daß alle sich seinem Urteil von vornherein fügen und ihm damit einen konstanten Energiestrom zuführen.

Wie jedes Kontrolldrama, beruht auch dieses auf nach außen projizierten inneren Überzeugungen über die Welt. Der Vernehmungsbeamte nimmt das Universum als ein gefahrvolles Chaos wahr, in dem nichts glatt oder ordnungsgemäß verläuft, es sei denn, er überprüft das Verhalten oder die Wertvorstellungen aller anderen und nimmt die notwendigen Korrekturen vor. In dieser Welt fungiert er als rettender Held: Er ist der einzige, der aufpaßt und dafür sorgt, daß alles sorgfältig und perfekt erledigt wird. Gewöhnlich kommt der Vernehmungsbeamte aus einer Familie, in der die Elternfiguren fehlten oder ihm nicht genug Zuwendung erwiesen haben. In diesem haltlosen Energievakuum hat er (oder sie) die Aufmerksamkeit und Energie anderer auf die einzig mögliche Art auf sich gezogen: indem er auf Irrtümer hingewiesen und das Benehmen der Familienmitglieder kritisiert hat.

Jeder Heranwachsende schleppt seine kindlichen Energiegewinnungsstrategien in die Erwachsenenwelt hinein und schafft sich die entsprechenden Realitäten auch im späteren Leben.

Der Umgang mit Vernehmungsbeamten

Im Kontakt mit einem Vernehmungsbeamten muß man zunächst einmal zentriert genug bleiben, um ihm in aller Ruhe sagen zu können, was man in seiner Gegenwart empfindet. Auch hier ist es ausschlaggebend, daß wir nicht selber defensiv werden, sondern liebevolle Wärme ausstrahlen, während wir ihm erklären, warum wir uns unter ein Mikroskop gelegt und zurechtgewiesen fühlen.

Danach stehen der Person verschiedene Reaktionen offen. Sie kann bestreiten, daß sie uns kritisiert hat, selbst wenn Beispiele genannt werden. Auch hier müssen wir bedenken, daß wir eine Zurechtweisung aus ihren Worten herausgehört haben könnten, die nicht so gemeint war. Wenn wir unserer Sache ganz sicher sind, können wir unsere Position lediglich noch ausführlicher erklären und hoffen, daß ein echter Dialog daraus entsteht.

Bei der zweiten Reaktion dreht der Vernehmungsbeamte den Spieß herum und wirft uns vor, daß wir ihn kritisiert haben. Also fragen wir uns, ob er recht hat. Wenn feststeht, daß es uns nicht darum geht, ihm Vorhaltungen zu machen, sondern Klarheit zu schaffen, müssen wir das Gespräch erneut auf den Punkt bringen und erklären, was wir in seiner Gegenwart empfinden.

Bei der dritten Reaktion erkennt der Vernehmungsbeamte unsere Kritik als durchaus berechtigt an, weist uns jedoch sofort darauf hin, daß wir unsere eigenen Mängel tunlichst übersehen. Auch hier müssen wir sehen, ob er recht hat, doch wenn wir unserer Sache völlig sicher sind, können wir ihm anhand von Beispielen vor Augen führen, daß seine Kritik unnötig oder unangebracht war.

Daß andere Leute Dinge tun, die scheinbar nicht in ihrem besten Interesse liegen, fällt jedem auf. Manchmal spüren wir den Drang, einzugreifen und Leute auf ihren Irrtum aufmerksam zu machen. Ausschlaggebend hierbei ist die Art, wie wir uns einmischen – möglichst ohne Anmaßung, wenn man mich fragt. Da es uns nicht ansteht, die Richterrolle zu spielen, machen wir lieber nur Vorschläge, wie z. B.: »Wenn meine Reifen so weit abgefahren sind, kaufe ich mir neue«, oder: »Als ich in einer ähnlichen Situation war wie du, habe ich meinen Job aufgegeben, bevor ich einen anderen gefunden hatte, und das habe ich noch lange bereut.«

Es gibt Möglichkeiten, die Artgenossen auf ein Versehen aufmerksam zu machen, ohne ihnen den Teppich dabei unter den Füßen wegzuziehen und ihr Selbstvertrauen abzugraben, wie es der Vernehmungsbeamte tut, und dieser Unterschied muß dem Vernehmungsbeamten erklärt werden. Nun kann es auch hier sein, daß die Person uns lieber nie wiedersieht, als uns anzuhören, aber dieses Risiko müssen wir eingehen, wenn wir uns selbst treu bleiben wollen.

Der Einschüchterer

Das aggressivste Kontrolldrama ist die Einschüchterungstaktik. Wir spüren das Energiefeld eines solchen Menschen, weil wir uns in Minutenschnelle nicht nur ausgelaugt oder peinlich berührt fühlen, sondern alarmiert, vielleicht auch bedroht. Alles wirkt plötzlich unheimlich, gefahrvoll, unkontrollierbar. Ein Einschüchterer will uns darauf aufmerksam machen, daß wir ihm nichts anhaben können. Womöglich prahlt er mit Geschichten über Leute, die er »fertiggemacht« hat, oder demonstriert das Ausmaß seines Zorns, indem er destruktiv mit der näheren Umgebung umgeht.

Einschüchterer setzen sich in den Mittelpunkt, indem sie eine Atmosphäre schaffen, in der andere sich dermaßen unsicher fühlen, daß sie sich ausschließlich auf die bedrohliche Person konzentrieren. Wenn jemand den Eindruck macht, als stünde er kurz davor, die Kontrolle zu verlieren und Gewalt anzuwenden, behalten wir diese Person unverwandt im Auge, und bei einer Unterhaltung ordnen wir uns ihrem Standpunkt meist freiwillig unter. Sobald alle sich angestrengt bemühen, sich in den Einschüchterer hineinzuversetzen, um im voraus zu wissen, was er wohl als nächstes macht (um sich selbst rechtzeitig in Sicherheit zu bringen), erhält er den Energieschub, den er so dringend braucht.

Diese Strategie der Energiegewinnung wird gewöhnlich in einer Umgebung entwickelt, in der man auf keine andere Weise an Zuwendung gelangen kann, meistens in Kindheitsbeziehungen zu anderen Einschüchterern, die dermaßen dominant und verletzend waren, daß keine andere Strategie funktioniert hat, um den permanenten Energieverlust wieder wettzumachen. Die Schuldzuweisungen eines »Armen Ichs« sind nutzlos – welchen Einschüchterer kümmert so was? Und wenn du den Unnahbaren spielst, ignoriert er dich. Auf Verhöre und Zurechtweisungen wird mit Wutausbrüchen oder brutaler Gewalt reagiert. Also bleibt einem nichts anderes übrig, als den Energieraub so lange zu ertragen, bis man groß und stark genug ist, um andere Leute einschüchtern zu können.

Für Einschüchterer ist die Welt unberechenbar explosiv und gewalttätig. Sie nehmen eine Realität wahr, in der jeder absolut auf sich selbst angewiesen ist, von allen zurückgestoßen wird und in der niemand Mitgefühl zeigt – was natürlich dazu führt, daß sich die Vorstellungen des Einschüchterers im Lauf seines Lebens immer wieder bewahrheiten.

Jede Konfrontation mit einem Einschüchterer ist ein Spezialfall. Wenn man offensichtlich in Gefahr schwebt, muß man sich sofort aus seiner Gegenwart entfernen. Befindet man sich in einer langjährigen Beziehung mit einem Einschüchterer, ist es ratsam, die Situation den zuständigen Behörden zu melden. Bei einer therapeutischen Annäherungsweise gilt, was auch bei anderen Kontrolldramen geraten wird. Zunächst kommt es darauf an, eine Atmosphäre zu schaffen, in der die Person sich sicher fühlt, weil ihr Energie zugeführt wird. Und nun muß ihr das Drama und seine Hintergründe bewußt gemacht werden. Leider können die wenigsten Einschüchterer die Hilfe annehmen, und so leben sie in alternierenden Zuständen der Angst und rasenden Wut weiter.

Viele landen eines Tages vor Gericht oder im Gefängnis. Sicher ist es richtig, bedrohliche Individuen von der Gesellschaft fernzuhalten, aber ein Justizsystem, das sie einsperrt und dann freiläßt, ohne ihr Verhaltensmuster addressiert, geschweige denn korrigiert zu haben, läßt das Problem in seiner Wurzel unangetastet.[3]

Die meisten von uns bekommen im Lauf ihres Lebens eine ganze Reihe von Beschwerden über bestimmte Verhaltensmuster zu hören. Wir neigen dazu, solche Bemerkungen zu ignorieren oder rationalisieren, damit wir unseren Lebensstil unbeirrt fortsetzen können. Selbst heute, nachdem selbstzerstörerische Scripts und Gewohnheiten hinlänglich bekanntgeworden sind, fällt es niemandem leicht, sein persönliches Verhalten auf objektive Weise zu betrachten.

Hartnäckige Kontrolldramen können mühsam im Lauf von Jahren gemachte Wachstumsfortschritte schlagartig außer Kraft setzen, weil die alten Reaktionsmuster, die man bereits überwunden glaubt, in Krisensituationen erneut in Kraft treten. Mittlerweile gehen viele professionelle Lebensberater sogar davon aus, daß echte Fortschritte mehr als den kathartischen Durchbruch verlangen, wie er im Lauf der Arbeit an frühkindlichen Traumata erfahren wird.[4] Heute wissen wir, daß der unbewußte Energiewettstreit nur beendet werden kann, wenn wir uns auf die tiefere, existentielle Grundlage des Problems besinnen und über intellektuelle Einsichten hinausgehen, um eine neue Quelle der Selbstsicherheit zu erschließen, die jederzeit angezapft werden kann, auch in extremen Streßsituationen.

Hier spreche ich von einem Durchbruch, auf den

die Mystiker aller Zeiten hingewiesen haben und über den wir neuerdings von den eigenen Bekannten informiert werden. Mit dem Wissen über die verheerenden Folgen des Energiewettstreits allein kommen wir nicht weiter. Wir müssen uns selbst eingehender betrachten, unser eigenes Lebensanschauungs-Paket untersuchen, auf dem unser spezielles Kontrolldrama beruht, denn damit öffnen wir uns gänzlich für eine inwendige Erfahrung, in der sich die größte aller Kraftquellen im eigenen Sein offenbart.

6
Die mystische Dimension erfahren

Im Westen wurde die Vorstellung von einer mystischen Realitätserfahrung in den späten fünfziger Jahren zum ersten Mal auf breiterer Basis aufgegriffen, weil einflußreiche Schriftsteller und Denker wie C. G. Jung, Alan Watts und T. D. Suzuki das Gedankengut der Hindus, Buddhisten und Taoisten in ihre populären Werke eingebaut hatten.[1] In den nachfolgenden Jahrzehnten wurde dann eine regelrechte Bewußtseinsexplosion ausgelöst, weil Geistesgrößen wie Paramahansa Yogananda, J. Krishnamurti und Ram Dass[2], um nur einige wenige zu nennen, einleuchtend erklären konnten, daß eine innere Vereinigung mit der Totalität der Existenz nicht nur möglich ist, sondern tatsächlich von vielen Individuen erfahren wird.

Zur selben Zeit verbreitete sich auch das Interesse an den weniger bekannten spirituellen Traditionen des Westens. Die Schriften von Franz von Assisi, Meister Eckhart, Emanuel Swedenborg und Edmund Bucke wurden mit neuem Eifer studiert, weil sie von einer individuell erfahrbaren, inneren Transformation sprachen, genau wie die Mystiker des Ostens.[3]

Meines Erachtens haben wir heute ein Stadium erreicht, wo die Idee von einer transzendentalen Erfahrung – verschiedentlich auch Erleuchtung, Nirvana, Satori, Transzendenz oder kosmisches Bewußtsein genannt – allgemein akzeptiert werden kann, einfach weil sie ein integraler Bestandteil unseres aufkeimenden, spirituellen Bewußtseins ist. Eine ganze Kultur hat begonnen, Vorstöße in die mystischen Seinsbereiche als realistische Möglichkeit zu verstehen, die jedem Menschen potentiell offensteht.

Von der Idee zur Erfahrung übergehen

Im westlichen Kulturkreis wurde der Übergang in die mystischen Bereiche, ganz generell gesprochen, mit endlosen intellektuellen Debatten eingeläutet. Wir mußten uns mit neuen Weltanschauungen vertraut machen und haben uns aufrichtig bemüht, fremdartige Konzepte in unser angelerntes Realitätsbild einzupassen, um sie persönlich verkraften zu können. Spekulative Diskussionen schürten die bereits vorhandene Faszination und warfen ein neues Licht auf bisher völlig abstrakt wirkende spirituelle Konzepte wie *Verbindung mit Gott, die Suche nach dem inwendigen Königreich* und *eine Wiedergeburt im Geiste*.

Die aus solchen Diskussionen gewonnenen Einsichten blieben allerdings weitgehend abstrakt, weil sie nur von der logisch denkenden, linken Gehirnhälfte akzeptiert wurden.[4] Obwohl viele intuitiv spürten, daß transzendente Erfahrungen im Be-

131

reich des Möglichen liegen, erlebten die wenigsten tatsächlich hin und wieder ein paar Momente der Transzendenz. Dennoch griffen immer breitere Schichten die neuen Ideen auf, und seitdem bewegen wir uns meiner Meinung nach auf einen kollektiven Vorstoß in die höheren Dimensionen zu. Heute wird uns nicht nur in Büchern oder Vorträgen beschrieben, was im einzelnen passiert, wenn jemand einen Durchbruch in die Seinsebene hinter der intellektuellen Ebene erlebt, nein, unsere eigenen Bekannten berichten davon. Und so werden abstrakte Ideen zunehmend zur persönlich erlebten Realität, von den Mitmenschen bestätigt und mit einer Konsistenz formuliert, die uns klarmacht, daß innere, transzendentale Erfahrungen real sind und von ganz realen Leuten erlebt werden.

All dies bringt uns der Wahrheit ein gutes Stück näher und läßt uns ehrlicher werden, besonders uns selbst gegenüber. Wenn wir in uns hineinschauen und erkennen, daß wir die authentische Erfahrung noch nicht gehabt haben, können wir unsere Suche danach zur Priorität erheben. Darüber hinaus erkennen wir jetzt in zunehmendem Maße, daß die innere Transformationserfahrung sehr unterschiedliche Formen annehmen kann und auf zahllosen Wegen erreicht wird.

Es geht nicht darum, welche Religion, Meditation oder Aktivität uns den Weg ebnet, sondern um die höhere Wahrnehmung, die das Ziel jedes Weges ist. Die direkte Erfahrung erweitert das Bewußtsein, weil sie uns mit einer Gewißheit, Liebe und Klarheit durchflutet, die man sich nicht vorstellen kann, solange man sie nicht selber erlebt hat.

Transzendente Erfahrungen beim Sport

Überall hört man jetzt von einem Durchbruch, der beim Sporttreiben und anderen physischen Aktivitäten stattfinden kann. Mit einemmal verlagert sich das Bewußtsein und tritt in eine andere »Zone« ein; es ist ein erhebender Zustand, der gewöhnlich von einer vollkommenen Versunkenheit in und Verschmolzenheit mit der jeweiligen Aktivität eingeleitet wird. Der Körper fühlt sich plötzlich anders an, er funktioniert wie geölt und bewegt sich mit einer anmutig strömenden Gelassenheit fort. Es ist, als befände er sich nun im tiefsten Einklang mit unserer Intention.

Anstatt sich als losgelöst von der jeweiligen Aktivität zu empfinden, wie ein Aufpasser, der die Handlungen beobachtet und dementsprechend reagiert, empfindet man sich als Teil einer Gesamtheit, die sich ungehindert fortbewegt, und dabei ist es, als wüßte diese Gesamtheit im voraus, was als nächstes passiert: wohin der Ball fliegt, was die Mitspieler im nächsten Moment tun werden. Wir reagieren spontan, aus einem orchestrierten Handlungsfluß heraus, und sind genau zur rechten Zeit am rechten Ort.

Oft verändert sich auch der Zeitfluß. Die Zeit verlangsamt sich. Im Normalzustand kommt uns das Spiel gewöhnlich zu schnell vor, weil wir ständig bemüht sind, etwas Versäumtes aufzuholen und das Kommende im voraus zu bedenken. Aber in der »anderen Zone« – oder bei einer Höhepunktserfahrung – verlangsamt sich die Zeit, während das Bewußtsein einen übergeordneten Standpunkt einnimmt. In diesem Zustand haben wir alle Zeit der Welt, um den Ball exakt genau zu treffen oder bei der Ballannahme an der richtigen Stelle zu stehen. Wenn wir Athleten beobachten, die ihre Kunst auf dieser Ebene betreiben, scheint es, daß sie länger in der Luft hängen, als eigentlich möglich ist, und Leistungen vollbringen, die sie augenblicklich in die Spitzenklasse ihrer Disziplin versetzen.

In den letzten beiden Jahrzehnten sind eine Menge Bücher über den inneren Aspekt nahezu jeder Sportart erschienen, die meisten über Golf. Michael Murphys Buch *Golf in the Kingdom* wurde in über einer Million Exemplaren verkauft, weil es die inwendige Erfahrung eines Golfers so haargenau beschreibt.[5] Ich glaube, daß die wachsende Popularität des Sports auf die einzigartigen Schwierigkeiten und Belohnungen für den Spieler zurückgeführt werden kann. Irgendwie muß ein Golfer lernen, einen kleinen, weißen Ball von knapp zwei Zentimetern Durchmesser mit einem langen Schlagstock zu treffen, dessen Kopf kaum größer als der

Ball ist. Anhänger behaupten, daß es aus diesem Grund kein schwierigeres Spiel gibt. Die Tatsache, daß ein ruhig daliegender Ball getroffen werden muß, ist eine zusätzliche Herausforderung: Du bist allein mit deinen Gedanken und stehst unter dem inwendigen Druck, den Ball mit genau der richtigen Schwungkraft auf eine relativ enge Bahn zu einem weit entfernten Ziel zu schicken. Bei anderen Spielen kann der Handlungsrhythmus und die Ballbewegung für Lockerheit sorgen und das Reaktionsmuster diktieren. Auf dem Golfplatz muß man tausend Ängste, Muskelspannungen und nutzlose Überlegungen ausschalten können, um zu einer vollkommen ruhigen Ausgangsposition zu gelangen, bevor man zum Schwung ausholt.

Vielleicht macht diese eingebaute Herausforderung das Spiel so attraktiv und die Durchbruchserfahrung beim Golf so unmißverständlich. Der Zustand, in dem der Körper die Kontrolle übernimmt und mühelos handelt, ist unverwechselbar, denn dabei scheint es, als würde eine übergeordnete Willensmacht den Ball mit exakter Genauigkeit zum Zielort befördern.

Tanzen und die asiatischen Kampfsportarten

Manchmal sieht man Tänzer, die wie von unsichtbaren Drähten gezogen durch die Luft schweben; desgleichen Meister der verschiedenen asiatischen

Kampfsportarten, deren blitzschnelle Bewegungen perfekt koordiniert sind. Solche Aktivitäten repräsentieren einen anderen Zugang zum transzendenten Erfahrungsbereich. Die wirbelnden Derwische der islamischen Sufi-Tradition berichten von einem Durchbruch in höhere Dimensionen, wenn sie sich stundenlang im Kreise drehen, aber es gibt viele Tanzformen, die uns mit einem erweiterten Bewußtsein verbinden.

Viele Tänzer erzählen von einer euphorischen Loslösung, bei der sämtliche Muskeln perfekt zusammenarbeiten, ohne willentlich dazu gezwungen zu werden, oft auch von einer Art Ekstase beim freien, planlosen Tanzen, die so erhebend sein kann, daß man die Schwerkraft zu überwinden meint, weil alle Gedanken weit in den Hintergrund gedrängt werden. In solchen Momenten ist der Tänzer zum Tanz geworden und verleiht einem innewohnenden Aspekt Ausdruck, der sich wie ein göttlicheres, wahreres Selbst anfühlt.

Für die asiatischen Kampfsportler sind derartige Erfahrungen das Merkmal des gesteigerten Energieniveaus, das sie durch disziplinierte Praxis zu einem unschlagbaren Gegner machen kann. Fortgesetzte Übungen dieser Art bringen uns ebenfalls an den Punkt, an dem wir unsere altgewohnte Lebensart eines Tages bewußt loslassen können.

Gebete und Meditationen sind zwei traditionell anerkannte Wege zu einer echten inneren Transformation. Jede Religion der Welt benutzt mindestens eine dieser Kommunikationsformen mit dem göttlichen Prinzip. Beim Beten wenden wir uns normalerweise aus einem bestimmten Grund an einen Schöpfer oder eine höhere Macht. Wir bitten aktiv um Hilfe, Führung oder Vergebung und wünschen uns etwas Bestimmtes. Aber viele beten auch nur, um die Kommunion oder innere Verbundenheit mit der höheren Macht zu erleben.

Im letzteren Fall ähnelt das Beten der Meditation: Der Geist beruhigt sich, das Geplapper des Egos tritt in den Hintergrund, und man wendet sich der Gotteskraft zu. In manchen Religionen werden Mantras benutzt (wiederholte Wortlaute, auf die man sich konzentriert), um den Verstand stillzulegen. Steigen irgendwelche anderen Gedanken auf, so läßt man sie vorüberziehen und besinnt sich erneut auf das Mantra und die dahinterliegende Stille. Irgendwann lassen die Gedanken nach, und der Meditierende versinkt in immer tieferer Entspannung, bis das normale Ich-Empfinden überwunden und die transzendente Seinsebene erfahren wird.

Sowohl aktives Beten wie Meditation kann zu einem inwendigen Durchbruch führen, bei dem die

Verbindung mit der Gotteskraft so akut wahrgenommen wird, daß wir in eine ekstatische Einheit
mit der gesamten Schöpfung übergehen.

Heilige Stätten

Die Tatsache, daß sich das Bewußtsein eines Menschen allein durch seine Anwesenheit an einem bestimmten Ort verändern kann, ist eines der faszinierendsten Phänomene in diesem Zusammenhang. Nun sind natürlich alle Plätze auf dieser Erde
heilig, und eine Verlagerung des Bewußtseins kann
überall stattfinden, aber bestimmte Orte haben
sich trotzdem von jeher als besonders hilfreich erwiesen.

Meistens haben heilige Stätten bestimmte, physische Merkmale. Erstens sind sie nahezu immer
atemberaubend schön; womöglich gibt es einen
oder mehrere Wasserfälle, oder es handelt sich um
einen majestätischen alten Wald oder eine Wüsten-
landschaft mit bizarren Felsformationen. Vielleicht
sind es Ruinen oder alte Weihestätten, in denen die
Energie eines längst vergangenen Volkes weiter-
lebt. Was immer es sein mag, etwas von der Schönheit und physischen Präsenz des Ortes eröffnet uns
spürbare Weiten und Erlebnistiefen.

Wir müssen nichts anderes tun, als an solche
Plätze zu gehen, denn wenn wir auch nur die ge-
ringste Empfänglichkeit mitbringen, verändert sich

unser Bewußtsein von selbst, und wir dehnen uns aus. Die Einheit des Menschen mit allem ringsumher wird jetzt körperlich spürbar: Die gesamte Schöpfung ist in uns enthalten, und sie erfüllt uns von innen her mit Geborgenheit, Liebe und Weisheit.

Wo findet man heilige Stätten?

Die meisten von uns kennen die weltberühmten Plätze, wie Stonehenge, die Pyramiden, den Grand Canyon und Machu Picchu, aber heilige Stätten müssen nicht weltbekannt sein. Wir finden sie in jedem Staat und jeder Nation. Viele sind von den Einheimischen entdeckt und in ihre Volkslegenden und Handwerkskünste integriert worden. Aber es gibt Plätze, über die wir heute keine Berichte mehr finden, heilige Stätten, die noch immer unberührt in den wenigen naturbelassenen Gegenden der Erde liegen.

Und so müssen wir sie wiederentdecken, Sie und ich, um sie unter unsere Fittiche zu nehmen und vor der Vernichtung zu schützen. Meistens lebt noch jemand, der zum mindesten ahnt, wo sie versteckt liegen. Wenn Sie nicht wissen, ob sich derartige Plätze in Ihrer Umgebung befinden, können Sie die örtlichen Seniorengruppen fragen oder ältere Menschen in Ihrem Bekanntenkreis. Nicht selten stößt man dabei auf eine Fundgrube an Informationen, manchmal sogar Erlebnisberichte über die transformierende Kraft eines Platzes in nicht allzu weiter Ferne. Oft bekommt man dabei natürlich auch nur traurige Geschichten über die vorsätzliche Zerstörung solcher Stätten im Zuge von Waldrodungen und rücksichtslos geplanten Bauprojekten zu hören.

Heilige Stätten können bei einer Wanderung durch den Wald oder das nächstgelegene Naturschutzgebiet entdeckt werden. Hinter dem ersten Bergkamm finden Sie womöglich einen Platz, der eine transformierende Wirkung auf Sie hat. Bleiben Sie ein Weilchen dort, um zu sehen, was passiert.

Darüber hinaus kann man sich aktiv für die Erhaltung solcher Gebiete einsetzen, denn sie werden überall mit Höchstgeschwindigkeit dezimiert. Der amerikanische Kongreß zum Beispiel gestattet multinationalen Konglomeraten weiterhin, auch die letzten volkseigenen Wildregionen niederzuwalzen – oft herrliche Gegenden, teilweise mit Baumbeständen, die Hunderte, manchmal sogar Tausende von Jahren alt sind. Die meisten Bürger sind sich nicht bewußt, daß dieses staatlich geförderte System der Industriewohlfahrt das Erbteil unserer Kinder kostet.

Maßstäbe für die mystische Erfahrung

Während sich unsere Wahrnehmung um die intuitive Ebene erweitert, muß man aufpassen, daß der Weg zur direkten Erfahrung nicht zum rein intellektuellen Gedankenflug entartet. Die Faszination mit der Vorstellung von einem transformierenden Durchbruch, die Sehnsucht danach und das informierte Interesse daran sind ein unerläßlicher erster Schritt, aber kein intellektuelles Verständnis reicht an das tatsächliche Erlebnis heran, wie jeder sehr bald einsehen muß.

Ich erwähne dies noch einmal, weil wir gelernt haben, die Dinge permanent vom alten, materialistischen Blickpunkt zu betrachten, also über sie nachzudenken, sie zu analysieren und angelernte Maßstäbe anzulegen. Selbstverständlich ist niemand qualifiziert, Ihr Innenleben zu beurteilen und zu sagen, ob Sie eine tatsächliche Öffnung für die höhere Macht erfahren haben, außer Ihnen selbst. Nicht umsonst ist die Erfahrung bis heute so fragwürdig und geheimnisumwittert geblieben. Was wir suchen, ist mehr als eine intellektuelle Nachempfindung der Schönheit einer Landschaft, mehr als die angenehme Entspanntheit beim Beten und Meditieren, mehr als die Hochstimmung nach einem gewonnenen Spiel.

Es geht uns um eine Erfahrung, die taufrisch und neu ist, bei der sich unser Seinsgefühl von innen her ausdehnt, unser Selbstverständnis erneuert wird und wir uns spürbar für die Intelligenz hinter dem Universum öffnen. Hier betreten wir absolutes Neuland, und darum müssen wir uns gedulden, bis wir die Erfahrung selber machen, denn vorher ist uns nicht wirklich klar, woraus sie besteht. Und bis dahin gibt es nirgends ein Beispiel für die Auswirkungen dieser Erfahrung auf unsere Person.

Dennoch halte ich das zunehmend öffentlich geführte Gespräch über die transzendente Erfahrung in vieler Hinsicht für hilfreich. Die Mystiker aller Zeiten betonen, daß die absolute Einheits- oder Gotteserfahrung, die formuliert werden kann, nicht die wahre Erfahrung ist, und dem stimme ich zu. Andererseits gibt es so etwas wie universell gleichbleibende Wegweiser, die uns als Maßstab bei der inneren Entfaltung dienen und verdeutlichen können, ob wir die Erfahrung tatsächlich gemacht haben.

Das Gefühl der Schwerelosigkeit

Ein anwendbarer Maßstab für die mystische Erfahrung ist das Gefühl der Leichtigkeit und Mühelosigkeit. Bei einer direkten Erfahrung stellt sich das Gefühl ein, daß wir nicht länger mühsam gegen die Schwerkraft ankämpfen und uns beim Aufstehen oder Laufen mit den Füßen von der Erde abstoßen müssen, sondern eher in einem rasch nach unten gleitenden Fahrstuhl sitzen. Das Schweregefühl verringert sich, und es kommt uns vor, als schwebten wir beinahe.

Diese Leichtigkeit stellt sich offenbar bei mystischen Erfahrungen aller Art ein, sei es beim Beten, Meditieren, Tanzen oder anderen Annäherungsweisen. Wir haben eine Yoga-Position eingenommen oder praktizieren Tai Chi oder bewegen uns auf eine überwältigend schöne Aussicht zu – und plötzlich verändert sich unser Körpergefühl. Wir spüren eine Kraft, die uns allmählich von innen her erfüllt und dabei alle Muskelspannungen löst. Das Zentrum, von dem unsere Bewegungen ausgehen, verlagert sich ebenfalls. Anstatt das Gefühl zu haben, daß einzelne Muskelpartien Druck ausüben müssen, um uns vom Boden abzuheben, wird der Gesamtkörper von einem Mittelpunkt im Torso gesteuert und fortbewegt.

Wenn wir jetzt aufstehen oder herumlaufen, kostet es uns viel weniger Mühe, die Arme und Beine zu bewegen, weil die dazu benötigte Energie von der zentralen Kraftquelle geliefert wird. Die Schwungkraft dieser Quelle ist so groß, daß sie uns das Gefühl des Abgehobenseins verleiht, als schwebten wir tatsächlich ein Stück über dem Boden. Das erklärt, warum Körperübungen wie Yoga, Tanzen und die asiatischen Kampfsportarten so häufig zu inneren Durchbruchserfahrungen führen. Sie lassen uns die Schwerkraft bis zum gewissen Grad überwinden, öffnen die inwendigen Schleusen, und wenn die Energie dann mit voller Macht zu strömen beginnt, fühlen wir uns dermaßen leicht und weit, daß unsere Körper von selbst die perfekte Position einnehmen. Der Kopf wird angehoben und als nahtlose Verlängerung der Wirbelsäule empfunden. Der Rücken fühlt sich kräftiger an, von der Gotteskraft selbst gestützt und geradegehalten, nicht von absichtlich bemühten Muskeln.

Also ist das Gefühl der Leichtigkeit oder Schwerelosigkeit ein klares Indiz für eine mystische Erfahrung. Es ist etwas Meßbares, an das wir uns halten können. Wir wissen, daß wir die mystische Dimension betreten haben, wenn wir uns unbeschwert fühlen, leichter und losgelöster, als würden wir von innen her mit spirituellem Helium aufgepumpt.

Das Gefühl der Nähe und Verbundenheit

Eine andere Veränderung im Lauf der direkten Erfahrung äußert sich darin, daß wir anfangen, uns auf innigere Weise mit der Umwelt verbunden zu fühlen. Mit Verbundenheit meine ich, daß uns alles ringsumher plötzlich näher und präsenter vorkommt. So etwas kann bei jeder vorher erwähnten Annäherungsweise an die mystische Dimension geschehen, aber die Wirkung wird spürbarer, wenn wir in die Ferne blicken.

Eine Wolke hoch am Himmel tritt plötzlich prominent in Erscheinung. Sie ist kein Bestandteil eines flachen Hintergrunds mehr, der uns nichts angeht, sondern tritt deutlicher und eindringlicher zutage als gewöhnlich. Es ist, als wäre die Wolke unserem Bewußtsein so nahe gekommen, daß wir nur die Hand heben müssen, um sie vom Himmel zu pflücken. In diesem Zustand wirken auch andere Dinge, als seien sie uns nähergerückt – ein Berg in der Ferne, Bäume auf seinem Abhang, Flüsse unten im Tal – all diese Objekte haben eine akute Präsenz, trotz ihrer Entfernung. Sie springen geradezu in uns hinein und beanspruchen unsere volle Aufmerksamkeit.

Mit dieser Wahrnehmung kann auch die von Mystikern beschriebene Empfindung des Einsseins mit allen Dingen einhergehen. Während wir unsere Umgebung anschauen, ist es, als wäre alles, was sich in unserem Bewußtsein befindet, ein Teil von uns selbst, wenn auch nicht in dem Sinne, daß wir uns in die Dinge hineinversetzen und die Welt quasi durch ihre Augen betrachten. Nein, wie Alan Watts schon sagte, bei dieser Erfahrung spüren wir, daß alles ringsumher Teil eines größeren, kosmischen Selbst ist, das jetzt durch unsere Augen blickt.[6]

Das Gefühl der Sicherheit, Ewigkeit und Liebe

Wie bereits erwähnt, sind sowohl die Mystiker wie die Tiefenpsychologen zu einer Reihe von übereinstimmenden Untersuchungsergebnissen gelangt. Eins davon ist, daß der Mensch dazu neigt, sich unsicher und verängstigt in der Welt zu fühlen, abgeschnitten von der inneren Quelle seines Seins. Wenn wir den nackten, ungeschminkten Tatsachen ins Auge sehen, ist das Leben auf der Erde ja auch wirklich völlig ungewiß, unheimlich geradezu, ständig vom Tode bedroht. Im Angesicht dieser angsterregenden Realität hat die Menschheit zwei historische Umgangsformen gewählt. Die eine besteht darin, Teile des Bewußtseins auszuschalten und die Wahrnehmung der existentiellen Unsicherheit so weit wie möglich in den Hintergrund zu drängen, indem eine florierende Kultur mit tausend sogenannten Lebensnotwendigkeiten und Ablenkungsmöglichkeiten geschaffen wird, denen man eine heroische Bedeutung beimessen kann. Aus diesem Grund haben wir uns in den letzten Jahrhunderten so besinnungslos auf rein weltliche, materielle Belange gestürzt und alles, was uns an die Rätselhaftigkeit unserer Existenz erinnern konnte, rundweg verleugnet.

Auf der persönlichen Ebene wollten wir der existentiellen Ungewißheit entkommen, indem wir andere Menschen dominiert haben, sei es auf passive oder aggressive Weise, und nur, weil wir an das, was wir inzwischen als spirituelle Energie einer Person erkannt haben, herankommen wollten: Die Vitalkraft, die uns ein vorübergehendes Gefühl der Erfüllung und inwendigen Sicherheit verleiht. Die Mehrzahl von uns ergattert sich diese Energie mit den Taktiken der vier meistbenutzten Kontrolldramen. Aber wir müssen uns klarmachen, daß diese Dramen nur aufgeführt werden, weil wir uns vom großen, unerschöpflichen Versorgungsquell abgeschnitten haben und unter den Folgen des daraus entstehenden Energiemangels leiden.

Eine inwendige Öffnung für die große Kraftquelle beendet unsere existentielle Unsicherheit. Deshalb ist ein subtiles Gefühl der Geborgenheit und Euphorie eins der wichtigsten meßbaren Zeichen für den Eintritt in den mystischen Erfahrungsbereich. Im Verlauf der Öffnung für die göttliche Kraft in uns selbst wird uns das Wissen gegeben, daß das Leben eine ewige Geisteskraft ist. Dieses Wissen entspringt der direkten Erkenntnis, daß unsere Person ein Bestandteil der universellen Ordnung ist. Wir sind nicht nur ewig, sondern eine unmittelbare Manifestation der unerschöpflichen Geisteskraft, liebevoll eingebettet in den großen Plan des Lebens auf Erden, zu dem wir unseren einzigartigen, vielleicht sogar unabdingbaren Beitrag leisten wollen. Und wenn wir dieses seelenruhige Wohlbefinden, das in uns hineinströmt, genauer betrachten, sehen wir, daß wir uns sicher und geborgen fühlen, weil wir mit einer mächtigen Aufwallung erfüllt werden, die alle anderen Gefühle verdrängt. Wir werden von der großen Liebe durchflutet.

Liebe ist der beste Maßstab für innere Transzendenz, kein Zweifel. Doch diese Liebe ist anders als die menschliche, allgemein bekannte Liebe. Jeder von uns hat die Art der Liebe erfahren, die ein Objekt braucht, auf das sie sich richten kann: Eltern, Ehepartner, ein Kind oder Freund. Die Liebe, die ein Maßstab für die transzendente Öffnung ist, gehört in eine andere Kategorie. Sie ist eine Macht, die sich objektlos und richtungslos verströmt und mit der Zeit zur Konstanten wird; diese Liebe bleibt bestehen und rückt alle anderen Emotionen mit der Zeit ins rechte Verhältnis.

Die Erlebnisse in Erinnerung halten

Aus zwei Gründen halte ich diese identifizierbaren Maßstäbe für die transzendente Erfahrung für wertvoll: Erstens helfen sie uns bei der Suche nach der authentischen Erfahrung. Nicht im voraus, weil wir den Intellekt hinter uns lassen, bevor wir die mystische Dimension betreten; aber nachher, wenn wir zurückblicken, um festzustellen, ob wir wirklich einen Durchbruch in höhere Bewußtseinsebenen erlebt haben.

Zweitens können diese Maßstäbe uns die Integration der Erlebnissse in unser tägliches Leben erleichtern. Mystische Erfahrungen sind nicht haltbar und verflüchtigen sich so schnell, wie sie auftauchen. Danach müssen wir eine Disziplin praktizieren, irgendeinen Weg nehmen, der auf der Euphorie des erweiterten Zustands aufbaut und uns erneut Zugang zu ihm verschafft, wie regelmäßiges Beten, Meditieren und die vorher besprochenen körperlichen Annäherungsweisen.

Jeden Tag müssen wir uns ins Gedächtnis rufen, wie wir uns dabei gefühlt haben, jede Maßnahme er-*innern*, sie inniglich neu erleben, uns bewußt zu ihr hinwenden und sie ins jetzige Verhalten integrieren. Wie wir später noch sehen werden, können wir nicht mit den alteingesessenen Manipulationstaktiken und Kontrolldramen ringsumher fertig werden, solange wir nicht genug Energie und Sicherheit in uns selbst gefunden haben. Diese Stärke kann nur aus der mystischen Erfahrung bezogen werden, und wenn sie verklungen ist, müssen wir sie innerlich herbeizitieren.

Schon bei der ersten Bewegung am Morgen können wir uns die Maßnahmen vor Augen halten, die zu der Öffnung geführt haben, und dem erweiterten Bewußtsein damit so nahe wie möglich kommen. Vergegenwärtigen Sie sich die Leichtigkeit und mühelose Koordination Ihres Körpers, das Gefühl der Nähe und Einheit, die Woge der inneren Kraft und Sicherheit. Am wichtigsten ist die Erinnerung an das inwendige Aufwallen der göttlichen Liebe. Mit etwas Übung können wir das Gefühl wieder heraufbeschwören, bis wir von Liebe erfüllt sind und von ihr durch den Tag getragen werden.

Wenn diese Liebe präsent ist, wissen wir, daß wir uns für die göttliche Energiequelle geöffnet haben, die immer in uns selbst existiert. Was natürlich nicht bedeutet, daß wir die negativen Emotionen der Wut, Eifersucht oder Verachtung nie wieder fühlen müssen. Es bedeutet lediglich, daß die Konstante der Liebe die negativen Gefühle daran hindert, uns bei ihrem Auftauchen zu überwältigen und unser Bewußtsein vollends zu besetzen. Negative Aufwallungen werden aus einer vernünftigen Perspektive heraus betrachtet, bei der wir sie fühlen und loslassen können, um unsere Aufmerksamkeit dann gleich wieder auf die Liebe zu richten, die unsere Gesamtheit mit Energie versorgt.

Vielleicht müssen wir uns noch einmal klarmachen, daß wir nur individuell die Intention haben können, derartige Maßnahmen zum Bestandteil unseres täglichen Lebens zu machen. Nach einer mystischen Erfahrung liegt es an uns, sie zu integrieren, und das erfordert Disziplin. Die Nähe von Menschen mit einem höheren Bewußtsein kann uns vorübergehend in den Zustand zurückversetzen, aber letzten Endes müssen wir selbst zur Quelle gehen und aus dem vollen schöpfen, ganz bewußt. Nur dann spiegeln diese Maßnahmen sich auch zunehmend in unserem Alltagsleben wider.

Wenn wir uns endgültig dafür entscheiden, das Energieniveau der inwendigen Öffnung beizubehalten, sind wir bereit, den nächsten Schritt zu tun. Auf dieser Stufe fällt uns auf, daß sich die Fügungen häufen und immer nahtloser ineinander übergehen, denn von nun an nehmen wir unseren einzigartigen, nie dagewesenen Schicksalsweg ungleich viel deutlicher wahr.

7
Entdecken, wer wir sind

Haben wir die transzendente Erfahrung einmal gemacht und uns für den unerschöpflichen spirituellen Kraftstrom geöffnet, geschieht etwas Bemerkenswertes. Wir betrachten unsere Person und ihr Verhalten immer häufiger aus einer übergeordneten Perspektive und fangen an, den Standpunkt unseres energiegeladenen, höheren Selbst auch im täglichen Leben einzunehmen. Unser Identitätsgefühl geht jetzt über die unsteten Reaktionen des Egos hinaus und nimmt die Sichtweise eines stillen Zeugen ein, der sich mit der gesamten Schöpfung identifiziert und fähig ist, unser gesellschaftlich definiertes Selbst mit einer neuen Objektivität zu betrachten.

Das erste, was uns dabei eklatant ins Auge sticht, ist die Art und Weise, wie wir uns in Streßsituationen verhalten. Zum erstenmal erkennen wir die eigenen Kontrolldramen mit glasklarer Deutlichkeit. So was kann uns überall passieren – bei der Arbeit, im Supermarkt oder im Gespräch mit einem guten Freund. Anfänglich leben wir unsere neuentdeckte Offenheit noch voll und ganz aus und fühlen uns prächtig, aber plötzlich sagt der andere etwas … die Situation wird unangenehm, wir fühlen uns bedrängt ... und schon fallen wir in unser altgewohntes Rollenspiel zurück.

Jetzt ringen wir darum, das Energieniveau unseres höheren Selbst beizubehalten, die Gelassenheit des stillen Zeugen zu bewahren, aber ein Teil von uns setzt das defensive Verhalten automatisch fort. Wenn wir unser Benehmen jetzt von innen her beobachten, können wir eine Reihe von Offenbarungen haben. Es kann sein, daß uns die Kommentare anderer Leute über unsere Verhaltensmuster jäh in den Sinn kommen – Kommentare, die wir damals noch vehement angefochten haben, nun aber plötzlich sehr zutreffend finden. Vielleicht möchten wir sogar laut sagen: »Aha, so reagiere ich also wirklich, wenn ich mich angegriffen fühle.«

Von Fall zu Fall sehen wir entweder das Schuldzuweisungsdrama des »Armen Ichs«, das »Hasch-mich-wenn-du-kannst«-Spiel des Unnahbaren, das Kritisierspiel des Vernehmungsbeamten oder die Bedrohungstaktiken des Einschüchterers. Was immer es sein mag, wir erkennen so genau wie noch nie, mit welchen Methoden wir anderen Menschen die Lebenskraft absaugen.

Machtkämpfe in der Kindheitsfamilie

Irgendwann erhebt sich die Frage: »Woher kommt dieses Verhalten, und was können wir dagegen tun?«

Und damit gelangen wir zu den bahnbrechenden Untersuchungen auf dem Gebiet der Familiendynamik, die in den sechziger und siebziger Jahren vorgenommen wurden. Jeder weiß, daß die Familie, besonders das Elternpaar, dem Kind den allerersten Eindruck von der Welt vermittelt. (In der Abwesenheit der leiblichen Eltern übernehmen andere Personen die Elternrolle). Die Elternfiguren führen uns ein Benehmen vor, das wir imitieren, und so werden uns die frühesten Vorstellungen über die Welt eingeflößt.

Wie der Psychologe James Hillman in seinem neuen Buch *The Soul's Code*[1] erklärt, kommen wir alle mit angeborenen Charakterzügen und einer Berufung zur Welt, aber der Geburtsvorgang vernebelt dieses mitgebrachte Selbstverständnis, und der nun beginnende Lebenskampf kann ungeheuer intensiv und furchteinflößend für ein Kind sein. An irgendeinem Punkt verlieren wir unsere permanente Verbindung mit dem göttlichen Energie- und Liebesquell und sind plötzlich bewußt auf physische Nahrungsquellen angewiesen, abhängig von dem Schutz und der Sicherheit, die uns von anderen gewährt wird.

Oft erhalten wir beim Aufwachsen nicht genug Zuwendung, weil unsere Eltern keine Kraftreserven übrig haben und ihrerseits auf Kontrolldramen zurückgreifen, um Energie auf sich selbst zu lenken. Manche Eltern verleiben sich die Aufmerksamkeitsenergie ihrer Kinder unbewußt ein, worauf diese sich gezwungen sehen, eigene Methoden der Gegenwehr zu entwickeln. Ein »Armes Ich« zum Beispiel, kann seinem Kind die Energie stehlen, indem es ihm Schamgefühle einflößt, weil es sich nicht als nützlich genug erweist, oder ihm sogar die Schuld für unlösbare Probleme zuschieben, indem Dinge verlautbart werden, wie: »Wenn du nicht gekommen wärst, hätte ich inzwischen Karriere gemacht.« Eine unnahbare Elternfigur distanziert sich und impliziert damit, daß man ständig um ihre Zuneigung ringen muß. Ein Vernehmungsbeamter hebt die Unzulänglichkeit des Kindes hervor. Und ein Einschüchterer erzeugt eine beklemmende, bedrohlich angespannte Atmosphäre.

Als Kinder steigen wir zunächst einmal auf die Dramen ein und lassen uns die Lebenskraft rauben. Aber an irgendeinem Punkt werden unsere Verteidigungsinstinkte wach, und nun fangen wir an, unsere eigenen Taktiken zu entwickeln, um den Energie- und Selbstwertverlust zu stoppen. Für die »Armen Ichs« und die Unnahbaren entwickeln wir gewöhnlich die Haltung des Vernehmungsbeamten, der Schuldzuweisungen mit Retourkutschen bekämpft oder den Panzer von Unnahbaren mit einer scharfen, genau beobachteten Kritik durchbohrt. Vernehmungsbeamte können wir mit ihren eigenen Taktiken schlagen, indem wir ihre Mängel hervorheben oder uns in die Gleichgültigkeit des Unnahbaren hüllen.

Bei Einschüchterern werden die Gegenreaktionen komplexer. In beängstigenden und bedrohlichen Familiensituationen parieren die meisten Kinder zunächst mit dem Drama des »Armen Ichs«. Reagiert der Einschüchterer mit Schuldbewußtsein und der damit einhergehenden Zuwendung, erhalten wir die verlorene Energie von ihm zurück, und damit endet dieser Akt. Aber wenn Mitleiderregung nicht funktioniert, bleibt uns nichts anderes übrig, als selbst irgendwann zu explodieren und unseren gewalttätigen Zorn über den lebensbedrohlichen Kraftraub abzulassen – manchmal an den Personen, die uns eingeschüchtert haben, aber ebensohäufig an den Geschwistern und sonstigen Lebewesen, die kleiner und schwächer sind als wir.[2]

Befreiung durch Vergebung

Mit unserem jetzigen, gehobenen Energieniveau können wir die nächste Hürde auf unserem Entwicklungsweg in Angriff nehmen. Wenn wir die Dynamik unserer frühen Familie genauer betrachten, wollen wir nicht auf Schuldurteile und Haß zurückgreifen, so traumatisch die Umstände auch gewesen sein mögen. Wie wir später noch sehen werden, gelangt unser fortschreitendes Bewußtsein bald an einen Punkt, an dem wir unseren gesamten Lebenslauf aus der Perspektive der jenseitigen Dimension betrachten können und aus eigener Erfahrung wissen, daß wir uns die Lebensumstände unserer frühen Kindheit schon vor der Geburt ausgesucht haben. Es kann sein, daß wir andere Ergebnisse beabsichtigt haben, aber wir wollten unser Leben genau so beginnen, wie es angefangen hat.

Wenn unser Bedürfnis, die Eltern oder Geschwister oder sonstige Autoritätspersonen aus der Kindheit für unsere Misere verantwortlich zu machen, einfach nicht verschwinden will, liegt es gewöhnlich daran, daß Anklagen zu unserem Kontrolldrama gehören. Wir wärmen die alten Geschichten über die Schandtaten, die uns angetan wurden, immer wieder auf, um Sympathie oder Aufmerksamkeitsenergie zu gewinnen, oder wir benutzen solche Geschichten, um unsere Unnahbarkeits- bzw. Vernehmungsstrategien rational zu begründen. Darum können wir uns nicht vollends auf die Energieverbindung mit der göttlichen Quelle konzentrieren, solange wir die Vergangenheit nicht zu den Akten gelegt haben. Wir können kein Stück weiterkommen und unsere Energie nicht weiter anheben, weil Schuldzuweisungen uns immer wieder in das alte Drama zurückkatapultieren.

Nur Vergebung kann uns loseisen und das inwendige Potential freisetzen, das uns über diese ewig wiederholten, zeitraubenden Scripts hinausträgt, und wenn man mich fragt, muß diese Vergebung ausgedrückt und demonstriert werden, um uns restlos zu befreien. Viele Therapeuten raten ihren Patienten, einen Brief an jeden Menschen, dem sie Vorwürfe machen, zu schreiben und die

Person um Vergebung zu bitten – was allerdings nicht bedeutet, daß man Zeit mit dieser Person verbringen muß. Solche Aktivitäten sind lediglich der Schlußakt eines Dramas, mit dem die Luft gereinigt und ein neues Leben begonnen wird. Vergebung löst die letzten Fesseln und etabliert uns auf der höheren Warte, auf der wir uns ansonsten schon angesiedelt haben. Der Schlüssel zur Vergebung liegt in dem simplen Zugeständnis, daß jeder damals das Beste getan hat, das ihm oder ihr zur Zeit möglich war.[3]

Unser Kontrolldrama loslassen

An diesem Punkt kann unser Kontrolldrama endgültig aufgegeben werden. Wenn wir eine gewisse Disziplin aufbringen und über die fixen Ideen hinausgehen, die uns in ein festgelegtes Verhaltensmuster drängen, fangen wir an, unser spirituelles Selbst zu integrieren und geben die alte, von der Gesellschaft definierte Identität auf.

Von nun an fällt es uns viel leichter, die Position des Zeugen einzunehmen, der unser Benehmen beobachtet und alle Ereignisse auf unserem Lebensweg mit einer vertrauensvollen Objektivität und einem leicht amüsierten Sinn fürs Abenteuerliche betrachtet. In dieser Position können wir die Botschaften der Fügungen am besten verstehen und ihnen bewußt folgen, denn dies ist die Position, in der wir am ehesten wach und einsatzfähig bleiben, selbst in den schlimmsten Krisensituationen.

Stellen Sie sich folgendes Szenenbild vor: Sie sind damit beschäftigt, Ihren angenehm erweiterten Bewußtseinszustand zu bewahren, und dann kommt jemand daher, der eine spontane Abwehrreaktion in Ihnen auslöst. Wenn Sie das Kontrolldrama des Vernehmungsbeamten entwickelt haben, erinnert die Person Sie womöglich an all die Unnahbaren oder »Armen Ichs« aus Ihrer Vergangenheit und stachelt Ihre Kritiksucht auf. Unverzüglich landet Ihr Blick auf den auffallendsten Unzulänglichkeiten der Person, worauf Sie Ihr Mißfallen auf irgendeine Art demonstrieren, um den anderen aus dem Gleichgewicht zu bringen und von vornherein sicherzustellen, daß er Ihnen keine Energie mit seinem Unnahbarkeitsgetue oder »Ich-leide-im-Stillen«-Gesichtsausdruck abziehen kann.

In dem Moment haben Sie Ihre übergeordnete Zeugen-Position verlassen und sich wieder auf den Energiekrieg eingelassen, weil Sie versucht haben, den anderen aus dem Gleis zu bringen und sich mindestens einen Teil seiner Energie selbst einzuverleiben. Da wir diese unbewußten Abwehrreaktionen jetzt reduzieren und schließlich vollends loswerden wollen, müssen wir uns immer früher dabei ertappen. Allein das erfordert eine bewußte Intention, die gepflegt und von regelmäßigen Meditationen oder anderen Arten der Selbstbesinnung unterstützt werden muß. Wenn wir unsere übergeordnete Zeugen-Position eine Zeitlang diszipliniert aufrechterhalten und gesehen haben, wie unser einmaliges, selbstgebasteltes Kontrolldrama Gestalt annimmt, müssen wir weiterhin wach bleiben, absichtlich bewußt, um schon die ersten Anzeichen eines einsetzenden Kontrolldramas wahrzunehmen.

Erwischen wir uns bei jedem Mal selbst, ist das Muster durchbrochen worden, denn nun stoppen wir das Drama, bevor es anfängt, damit wir konstant in der übergeordneten Position des höheren Selbst existieren können.

Unsere höheren Lebensziele erkennen

Wenn man die meiste Zeit in der höheren Bewußtseinsposition verbringt, steigert sich das Energieniveau und Freiheitsgefühl in einem Maße, daß sofort wieder neue Fragen auftauchen. Fragen wie: »Was soll ich mit meinem Leben anfangen, wenn ich keine zeitraubenden Kontrolldramen mehr ausagiere? Was will ich eigentlich hier?«

Für mich sind solche Fragen ein unmittelbarer Ausdruck eines charakteristischen Merkmals der inneren Verbindung zum höheren Selbst, die sich in der Ahnung äußert, daß jeder von uns etwas Bestimmtes im Leben bewirken will. Diese Intuition erzeugt den Drang, eine höhere Warte einzunehmen und so einen Überblick über unseren potentiellen Schicksalslauf zu gewinnen. Und dazu gehört auch das dringende Bedürfnis, die persönliche Vergangenheit neu zu interpretieren.

Was wissen wir wirklich über unsere Vorfahren? Wo haben sie gelebt und wie? Und schließlich richtet sich unser Augenmerk wieder auf die eigenen Eltern und frühe Familie, und an diesem Punkt kann der Akt der Vergebung sich wirklich bezahlt machen, weil wir jetzt über den alten Groll hinausgehen und die Vergangenheit von einem objektiven Standpunkt betrachten können.

Im Hinblick auf unsere frühesten Familienerfahrungen ist die dringendste Frage meines Erachtens diese: »Warum habe ich mir ausgerechnet diesen Platz und diese Familie für meine Geburt ausgesucht? Was habe ich mir eigentlich dabei gedacht?!«

Die Botschaft der Kindheitsfamilie

Bei solchen Fragen geht es darum, ein umfassenderes Verständnis für unsere Kindheitserlebnisse zu finden. Wie gesagt, die frühe Familie hat die Umgebung geschaffen, in der wir unsere ersten Eindrücke von der Welt empfangen und uns beigebracht wird, was man von uns erwartet. Ein Kind muß alles lernen, nicht nur die Namen sämtlicher Objekte in seinem Universum, auch die Bedeutung, die diese Objekte im menschlichen Leben schlechthin haben. Um dieses Wissen aufzuschnappen, mußten wir permanent darauf achten, welche Signifikanz unsere Familie den Dingen in diesem riesenhaften Kosmos beimaß, was bedeutet, daß wir das erste Jahrzehnt auf Erden damit verbracht haben, die Welt durch die Augen unserer Erzieher zu betrachten, gefiltert also, von ihren Beschreibungen, emotionalen Reaktionen und Ansichten gefärbt. Diese Identifikation formt und strukturiert unser anfängliches Weltbild.

Und so ist es einleuchtend, daß wir den spirituellen Grund für unsere Geburt bei ausgerechnet diesen Eltern am ehesten entdecken, wenn wir uns tiefer denn je in sie hineinversetzen und begreifen, mit welchen Augen sie die Welt betrachtet haben, und – was vielleicht noch wichtiger ist –, indem wir ihre Wunschträume betrachten, sowohl die verwirklichten, wie die unverwirklichten.

Die Mutter betrachten

Die Mutter vermittelt uns normalerweise den allerersten Eindruck über die Beschaffenheit der Welt. Hat sich die Nähe und Berührung Ihrer Mutter (oder Ersatzmutter) liebevoll angefühlt, kraftspendend und gut? Oder eher desinteressiert, vielleicht sogar unheilvoll?

Psychologen erklären, daß die ersten fünf Lebensjahre das fundamentale Weltbild eines Kindes etablieren und ihm zeigen, ob es darauf vertrauen kann, daß die Welt seine Bedürfnisse erfüllt und po-

sitive Erfahrungen bereithält. Sind die Grundbedürfnisse von der Mutter befriedigt worden, so
kann man davon ausgehen, daß ein grundsätzlich
positives Weltbild resultiert. Aber was, wenn diese
Rechnung in unserem Fall nicht aufgeht? Was,
wenn unsere frühe Kindheit durchaus positiv war,
wir aber weiterhin von Angstzuständen geplagt
werden und uns mit einem inneren Hang zur Negativität herumschlagen? In diesem Fall müssen
wir herausfinden, ob solche negativen Prägungen
einer noch früheren Zeit in unserem Dasein entspringen, zum Beispiel einem Geburtstrauma oder
womöglich gar einem früheren Leben.

Mir ist bewußt, daß die Realität der Wiedergeburt von vielen bezweifelt wird. Sind Sie skeptisch?
Dann rate ich Ihnen, die Bücher von Dr. Brian Weiss
zu lesen, ein renommierter Psychologe, der die Erinnerungen seiner Patienten dokumentiert und
dem Phänomen der Reinkarnation weltweite Beachtung verschafft hat.[4] Wenn wir den Einfluß der
frühesten Kindheit auf unseren Schicksalsweg erkennen wollen, müssen wir in vielen Fällen auch
die Möglichkeit in Betracht ziehen, daß manche
von unseren tiefsitzenden Eindrücken aus einer
früheren Existenz stammen könnten.

Die Mutter gibt uns natürlich weit mehr als unseren ersten Eindruck vom zwischenmenschlichen
Austausch auf den Weg. Sie vermittelt uns eine spezielle, zum Teil einmalige Art, die Welt zu interpretieren. Um den Gesichtspunkt Ihrer Mutter

verstehen zu können, müssen Sie sich so gut es geht in sie hineinversetzen, sich die Zeit nehmen, die Eltern Ihrer Mutter zu betrachten, die kulturelle Konditionierung, die Ihre Mutter beim Aufwachsen geprägt hat, und nachvollziehen, auf welche Weise dieses Klima Ihre Mutter bei der Verwirklichung ihrer Wunschträume behindert oder unterstützt hat.

Die Mütter der meisten von uns wurden zwischen 1940 und 1980 erwachsen, in einer Zeit, die vielen Frauen nie dagewesene Möglichkeiten eröffnete. Die Tatsache, daß Frauen sich zum Beispiel als Arbeitskräfte in Fabriken und im Rüstungswesen zur Zeit des Zweiten Weltkriegs bewährten und Berufstätigkeiten übernahmen, die vorher nur Männern vorbehalten waren, veränderte die Ansicht über das Potential der Frauen überall auf der Welt. Dennoch litten einzelne Frauen in ihrem individuellen Familienkreis weiterhin unter der fortgesetzten Unterdrückung ihrer Aspirationen, und aus diesem Grund müssen Sie das Leben Ihrer Mutter auch unter diesem Gesichtspunkt betrachten.

Welche Wertvorstellungen hat Ihre Mutter über Dinge wie das Familienleben und die Arbeitsmoral zum Ausdruck gebracht? Inwiefern haben sich diese Werte von den allgemein gängigen Werten in Ihrer Kindheit unterschieden? Haben sich die Ansichten Ihrer Mutter über tiefere, spirituelle Zusammenhänge mit fortschreitendem Alter geändert? Welche Vision hatte Ihre Mutter auf der Ebene ihres höheren Selbst über die korrekte Lebensweise? Und inwieweit konnte sie diese übergeordnete Vision tatsächlich verwirklichen?

Ebenso wichtig ist, sich zu vergegenwärtigen, was Sie als Kind über die Lebensanschauungen und Wertvorstellungen Ihrer Mutter gedacht haben. Haben Sie intuitiv gespürt, daß sie recht hatte, oder war das Gegenteil der Fall? Was denken und empfinden Sie jetzt, nachdem Vergebung die Luft gereinigt hat und Sie Ihre jugendliche Auflehnungsphase überwunden haben?

Meiner Meinung nach geht es in erster Linie darum, das Leben der Mutter intuitiv zu durchleuchten und es insgesamt aus einer höheren Warte zu betrachten. Fragen Sie sich, was Sie tun würden, wenn Sie den Lebenslauf Ihrer Mutter ändern und folgenschwere Entscheidungen im nachhinein beeinflussen könnten. Und fragen Sie sich zu guter Letzt, inwiefern diese Rückschau auf das Leben Ihrer Mutter Ihre eigenen Zukunftsentscheidungen beeinflußt.

Den Vater betrachten

Die Analyse der Vaterfigur folgt denselben Richtlinien. Schauen Sie sich genauer an, mit welcher Einstellung Ihr Vater durchs Leben gegangen ist, besonders, wie er sich anderen Menschen gegenüber verhalten hat, und was seine spirituelle Ausrichtung war. Welche Philosophie hat er mit Worten und Taten vertreten? Welche Fähigkeiten hat er Ihnen beigebracht oder Ihnen ans Herz gelegt? Welche Traumziele hat er für seine eigene Person verfolgt, und inwieweit hat er diese verwirklichen können?

Machen Sie sich bewußt, daß Ihr Vater einen wesentlichen Beitrag zu Ihrem generellen Realitätsbild geleistet hat, ob es Ihnen gefällt oder nicht. Sein Einfluß äußert sich auch heute noch in der Art und Weise, wie Sie mit Kollegen und Partnern umgehen, in Ihren geschäftlichen Verhandlungstaktiken, wie Sie Einkommen erzeugen und Pflichten aller Art erfüllen. Er hat Ihnen eine ganz spezielle Weisheit und Voreingenommenheit vermittelt, und so müssen Sie sich fragen, warum Sie die Welt am Anfang Ihres Lebens aus diesem speziellen Blickwinkel betrachten wollten. Auf welche Thematik wollten Sie von Beginn an aufmerksam gemacht werden?

Wie vorher, geht es darum, unsere intuitive Reaktion auf den Vater zu analysieren. Haben Sie seine Ansichten, Ziele und Umgangsformen zum Teil gutgeheißen? In welchen Punkten hat er sich Ihrer Meinung nach geirrt? Haben Sie das Leben Ihres Vaters als erfolgreich oder mißglückt empfunden, und wie sehen Sie es heute? Würden Sie von Ihrem jetzigen Standpunkt aus in sein Leben eingreifen und seine Entscheidungen ändern, wenn Sie könnten?

Die Realitätsbilder verschmelzen

Bei der eingehenden Betrachtung des Lebens unserer Eltern fällt uns oft auf, daß wir uns zu zwei völlig andersartigen Leuten mit unterschiedlichen Weltanschauungen, Interessen und Wertvorstellungen gesellt haben. Was bedeutet es, daß wir von diesem Duo gesellschaftsfähig gemacht worden sind? Zweifellos haben wir die Konflikte mitbekommen, die enstanden sind, als unsere Eltern versucht haben, ihre verschiedenen Lebenseinstellungen irgendwie in Einklang zu bringen. Als Sprößlinge dieses Duos haben wir ureigene Einsichten über den Versöhnungs- oder Anpassungsprozeß entwickelt. Beim Heranwachsen standen wir zwischen zwei einzigartigen Menschen und haben die Realitätsauffassungen beider im Lauf unserer Sozialisierung integriert.[5]

Die Herausforderung besteht nun darin, beide Perspektiven auf einen Nenner zu bringen und eine Synthese zu schaffen, die ein möglichst wahrheitsgetreues Gesamtbild ergibt. In meinem Fall wollte der Vater die Welt permanent als lustigen Abenteuerspielplatz betrachten. Er lebte in einer sinnlich-materiellen Oberflächenwelt ohne jede ausgelebte Form der Spiritualität, und sein Spieltrieb führte zu aberwitzigen Fehlentscheidungen mit ernsten Folgen. Beim Aufwachsen sah ich dieses Muster und erkannte die Notwendigkeit einer umsichtigeren Annäherungsweise ans Abenteuerliche. Meine

Mutter war völlig anders; für sie hatte alles einen zutiefst spirituellen Hintergrund, aber sie lebte ihre Spiritualität auf eine hochheilige und selbstverleugnende Weise aus. Sie opferte ihre persönlichen Wunschträume auf dem Altar des Allgemeinwohls und lebenslangen Dienstes am Nächsten.

Was bedeutet es, daß ich mich mit meiner Geburt zwischen diese beiden Extreme gesetzt habe? Der Anpassungsprozeß meiner Eltern verlief ziemlich problematisch. Meine Mutter wollte meinen Vater fortwährend domestizieren und zum Einsatz im spirituellen Dienst bewegen. Er rebellierte immer, weil er intuitiv ahnte, daß es in diesem Leben darum ging, seinen Horizont zu erweitern, obwohl er nicht recht wußte, wie er das bewerkstelligen sollte. Während ich mir diese Tatsachen deutlich vor Augen führte, wurde die goldene Mitte offensichtlich für mich: Man kann ein spirituelles Leben führen, zu dem auch ein tatkräftiger Einsatz in Sachen Weltverbesserung gehört, wie meine Mutter ihn bewiesen hatte, aber dieses Leben durfte zugleich auch eine humorvolle Abenteuerreise sein, bei der man die allertiefste Inspiration aus den mitgebrachten Anlagen und Traumzielen bezieht. Ich erkannte, daß mein Thema grundsätzlich darin besteht, die höheren Formen der Spiritualität zu begreifen.

Mit dieser Synthese entstand auch ein Gefühl, daß ich den Lebenszweck meiner Eltern erfülle, wenn ich das Beste aus ihrer Mitgift herausdestilliere, daß ich ihnen damit in gewisser Weise sogar helfe, sich selber auch heute noch fortzuentwickeln. Am interessantesten war die Entdeckung, daß diese Synthese der elterlichen Ansichten haargenau mit meinen intuitiven Ahnungen von dem Leben, das ich schon immer führen wollte, übereinstimmte. Es kam mir vor, als hätten meine Erfahrungen mit ihnen als Vorbereitung und zugleich auch als Weckruf für mich gedient.

Fortschritt im Lauf von Generationen

Bis zu einem gewissen Grad kann man das neue spirituelle Bewußtsein darauf zurückführen, daß immer mehr von uns völlig neue Erklärungen für ihre frühe Familiensituation entdecken. Aus diesem Grund haben wir uns in den siebziger Jahren intuitiv dazu entschlossen, massenhaft in Therapie zu gehen. Wir wußten, daß wir unser Bewußtsein erweitern, wenn wir unser frühes Familienleben aus anderen Blickwinkeln betrachten als bisher. Mittlerweile sind viele an den Punkt gekommen, an dem vollends klar wird, daß unsere Geburt bei diesen Eltern kein Zufall war, denn die Weisheit und die noch unvollständigen Realitätsbilder der Eltern haben uns letztlich genau die Stimulanzen geliefert, die wir brauchten, um unsere eigene Sichtweise zu finden und den uns entsprechenden Lebensweg gut ausgerüstet zu beschreiten.

Und so entwickelt jede Generation die Realitäts-auffassung der vorangegangenen in dem Maße fort, in dem sie den wahren, spirituellen Hinter-gründen näherkommt, wie ich in späteren Kapiteln noch ausführen werde. Auf diese Art beteiligen wir uns an der fortschreitenden geistigen Evolution, die jetzt von so vielen Denkern als Gegebenheit er-kannt wird. Wir machen uns diesen Vorgang ledig-lich immer bewußter.

Freunde, Ausbildung und erste Anstellung

Selbstverständlich bilden unsere frühen Kindheits-erfahrungen nur den Ausgangspunkt. Als Jugend-liche haben wir sehr bald eigene Richtungen ein-geschlagen. Denken Sie beispielsweise an all die anderen Einflüsse in Ihrer Kindheit zurück, angefan-gen mit den Geschwistern. Was haben Sie für ihre Brüder und Schwestern empfunden? Was haben Sie gelernt? Warum haben bestimmte Personen Ihre Aufmerksamkeit angezogen, während Sie andere als abstoßend empfanden? Warum haben wir uns mit manchen Menschen angefreundet und andere ignoriert? Und warum wurde diese Auswahl genau zu dem Zeitpunkt und keinem anderen getroffen?

Haben Sie bestimmte Lehrer zu Ihren Lieblingen auserkoren? Warum? Jeder von uns hat Mentoren gehabt, die uns irgendwie gefesselt haben, worauf wir ihre Fachgebiete sehr viel ernster nahmen als andere und oft sogar nach dem Unterricht noch im Klassenzimmer blieben, um ein persönliches Gespräch anzuzetteln und auf einer tieferen Ebene von diesen Menschen zu lernen. Was wollten wir von diesen Lehrern zu dem Zeitpunkt? Auf welche Talente haben sie uns aufmerksam gemacht?

Ebenso signifikant sind die Interessengebiete, die uns von vornherein fasziniert haben. Welche Phantasievorstellungen haben Sie schon als Kind von Ihrem späteren Leben gehabt? Welche Fachgebiete und Themen haben Sie geliebt? In welchem Bereich haben Sie ein mitgebrachtes Naturtalent entdeckt?

Wichtig sind auch die Gelegenheiten, die sich beruflich ergeben haben. Mit welchen Tätigkeiten haben Sie sich als Schüler ein Taschengeld verdient; worum ging es bei den ersten Jobs, die Sie als Student angenommen haben? Haben diese Tätigkeiten Ihre spätere Berufswahl beeinflußt und Ihnen klargemacht, was Sie später wirklich tun wollten?

Bei einer solchen Rückschau geht es darum, eine höhere synchronistische Bedeutung für den Verlauf unseres bisherigen Lebens zu finden. Ausgehend von der Annahme, daß jeder die unverwirklichten Hoffnungen seiner Eltern verarbeitet und bis zu einem gewissen Grad erfüllt, können wir noch größere Klarheit finden, wenn wir uns auf das Wissensgebiet besinnen, zu dem wir uns im Lauf des Heranwachsens spontan hingezogen fühlten. Freunde und Lehrer haben uns zusätzliche Perspektiven eröffnet oder unterschiedliche Lebensweisen vorgeführt, die wir ebenfalls verarbeitet haben, um den Extrakt dann in unser einzigartiges Selbst zu integrieren.

Worauf sind wir vorbereitet worden?

Wenn wir unseren persönlichen Werdegang von der frühesten Kindheit bis zum jetzigen Moment unter diesen Gesichtspunkten betrachten, gelangen wir zu einem sehr aufschlußreichen Verständnis. Weitere Teile des Puzzles werden bis an unser Lebensende noch an ihren Platz fallen, aber schon jetzt können Sie auf alles bis heute Vorgefallene zurückblicken und sich fragen: Worauf haben mich all die Einflüsse, Schicksalsfügungen, Irrwege, Sackgassen und Erfolge seit meiner frühesten Kindheit vorbereitet? Welche Einsichten kann ich, und nur ich allein, jetzt auf meine ganz eigene Art an andere weitervermitteln? Was ist es, das ich so gründlich und tief verarbeitet habe, daß ich die Welt ein wenig reicher und sinnvoller mache, wenn ich es ausdrücke?

Um diese Erkenntnis geht es bei der Lebensrückschau. Wir können gefühlsmäßig erfassen, wofür wir stehen und welche Botschaft wir mit Worten und Taten weitergeben sollen. Die von uns mitgeteilte Wahrheit muß nicht kompliziert oder bahnbrechend sein. Die kleinsten und einfachsten Botschaften sind oft die wichtigsten. Essentiell ist meiner Meinung nach, daß wir unsere momentane Wahrheit erkennen und bereit sind, sie mutig vorzutragen, wann immer es angebracht ist. Dabei stellt sich heraus, daß Menschen uns nicht zufällig über den Weg laufen, sondern weil sie unsere Wahrheit hören wollen. Ganz gleich, wie unbedeutend Sie Ihre Einsichten finden mögen, ein Körnchen Wahrheit kann weitreichende, vielleicht sogar globale Folgen haben, je nachdem, welche Menschen davon berührt werden und wie sie die daraus gewonnene, eigene Wahrheit in die Welt hinaustragen.

Die Evolution unserer Wahrheit

Wenn wir uns von den synchronistischen Ereignisfolgen in unserem Leben leiten lassen, entwickelt sich unser Realitätsbild nicht sporadisch oder unmerklich fort, sondern sprunghaft und spürbar. Und dabei stoßen wir zwangsläufig auf die Frage, was wir mit unseren Erkenntnissen anfangen sollen. Wie sollen wir sie anderen mitteilen? Sollen wir eine Karriere aus unserem neugewonnenen Weltverständnis machen, oder ist es besser, beim derzeitigen Beruf zu bleiben und die Verbreitung unserer Wahrheit als persönliche Berufung zu betrachten?

Ganz wichtig ist, daß wir anderen die Gelegenheit geben, ehrlich auf unsere Wahrheit zu reagieren und nicht nur auf Leute hören, die ihre Zustimmung bekunden. Die beste Realitätsbeschreibung entsteht durch den freimütigen Austausch mit anderen. Erkenntnisse über eine erfüllendere Lebensweise bleiben wirkungslos, wenn sie in eine allzu komplizierte Form gekleidet werden oder eine Philosophie anbieten, für die andere keinen Referenzrahmen haben. Außerdem sollten wir uns klarmachen, daß unsere Wahrheit nicht ausdrücklich spirituell sein muß. Letztlich trägt jede Wahrheit zur Anhebung des spirituellen Niveaus der Menschheit bei, aber was wir zu sagen haben, kann sich auch ganz speziell auf ein Betätigungsfeld beziehen, in dem wir bereits Einfluß gewonnen haben. Man kann eine Wahrheit auf dem Gebiet der Konfliktlösung anzubieten haben; bei einer anderen Wahrheit mag es sich um eine neue Umgangsform mit der Computertechnik handeln, die der Menschheit auf ihre ureigene Weise mehr Freiheit verschafft.

Eins ist sicher: Wenn wir unbeirrt auf unsere Wahrheit fokussiert bleiben und unser Energieniveau bewahren, stellen wir fest, daß die Fügungen sich häufen und bedeutsamer denn je werden.

8
Bewußtes Weiterwachsen

Hier sollten die Etappen des neuen Bewußtseins vielleicht noch einmal zusammengefaßt werden. Also: Zuerst haben wir schicksalhafte Fügungen als ernstzunehmende Wegweiser auf unserem einmaligen Lebensweg begriffen und damit ihre Realität anerkannt.

Beim zweiten Schritt sind wir der Todesstarre des alten Weltbilds entronnen, indem wir die psychologischen Hintergründe verstanden haben, die uns die Mysterien der Existenz jahrhundertelang verleugnen ließ. Wir erkannten den Wert all der materiellen Errungenschaften der Menschheit und wußten zugleich auch, daß das Universum weitaus mehr beinhaltet. Und darum ist nun eine Zeit gekommen, in der wir den Blick über alles bisher Erreichte hinausschweifen lassen, einfach, weil wir jetzt keine Angst mehr davor haben und uns darauf verlassen können, daß unsere aufkeimende spirituelle Wahrnehmung ein kollektives Erwachen von historischer Signifikanz repräsentiert.

Wenn wir nun erkennen, daß wir in einem lebendigen, dynamischen Universum existieren, dessen Energie auf unsere Intentionen und Vorstellungen reagiert, und anfangen, diese Erkenntnis auszuleben, integrieren wir den dritten Schritt.

Und damit ist der Boden für den vierten Schritt geebnet worden, bei dem wir lernen, in dieser Energiewelt zu navigieren. Auf dieser Stufe überwinden wir die existentielle Verunsicherung, die zu dem zwischenmenschlichen Wettkampf um Energie führt. Das menschliche Unsicherheitsproblem kann nur individuell gelöst werden, nur, indem jeder einzelne von uns die transzendente Erfahrung macht, von der die Mystiker aller Zeiten sprechen und die der fünfte Schritt ist. Diese Erfahrung gibt uns eine Kostprobe von dem höheren Bewußtsein und öffnet eine innere Verbindung, auf die wir uns zurückbesinnen können, während wir mit einer gewissen Diszipliniertheit daran arbeiten, die Energie auf dem höheren Niveau zu halten und unsere Sicherheit zunehmend aus der inneren Kraftquelle beziehen.

Empfänglichkeit für den Urquell aller Energie transportiert uns auf die sechste Stufe, wo wir alles Hinderliche über Bord werfen. Hier wird jedes Kontrolldrama aufgegeben, weil uns aufgegangen ist, wer wir in Wirklichkeit sind. Gleichzeitig wird uns ein Weltverständnis eröffnet, das wir auf ureigene, nie dagewesene Weise auf andere übertragen. Auf dieser Stufe leben wir immer mehr in dem erweiterten Bewußtsein, das uns synchronistische Ereignisfolgen glasklar vor Augen führt und uns in zunehmendem Maße an der Gestaltung unseres gemeinsamen Schicksals beteiligt.

Die Wahrnehmung ausdehnen

Jetzt sind wir reif für den siebten Schritt. Von nun an geht es darum, den Fügungen mit größerer Geschicklichkeit zu folgen.

Ich werde an einem Beispiel erklären, was ich meine: Stellen Sie sich vor, Sie hören einen öffentlichen Vortrag über ein Thema, das Sie interessiert und denken dabei: »Dieser Mensch weiß sehr viel über Dinge, die mich faszinieren. Ich würde gern noch mehr hören.« Danach gehen Sie zum Abendessen in ein Restaurant und sehen die Person, die den Vortrag gehalten hat, an einem Nebentisch sitzen. Allein.

Offensichtlich haben Sie gerade eine bedeutsame Fügung erlebt. Doch in Wirklichkeit hat die Synchronizität schon lange vorher begonnen. Warum haben Sie sich beispielsweise entschieden, ausgerechnet diesen Vortrag zu besuchen? Wie sind Sie darauf aufmerksam gemacht worden? Vielleicht ist Ihnen eine Anzeige aufgefallen, als Sie die Zeitung durchgeblättert haben. Aber was hat Sie bewogen, dann tatsächlich an jenem Abend dort hinzugehen? Wie kommt es, daß sich diese Synchronizität ergeben hat?

Die Lebensfragen entdecken

Nachdem wir die Wahrheit, die wir in diesem Leben zum Ausdruck bringen wollen, zum ersten Mal deutlich wahrgenommen haben, entwickelt sie sich ihrerseits weiterhin fort und nimmt immer klarere Formen an. Vielleicht ist uns zum Beispiel aufgegangen, daß Pflanzen uns von jeher besonders am Herzen gelegen haben und wir unsere fundamentale Wahrheit ausdrücken, wenn wir die Botschaft verbreiten, daß die Pflanzenwelt der Erde beschützt werden muß. Aber diese Offenbarung genügt uns natürlich nicht, jetzt wollen wir Einzelheiten wissen. »Soll ich meine Ausbildung fortsetzen? Soll ich meine momentane Stellung aufgeben und mir einen Beruf suchen, bei dem ich mehr Einfluß auf den Umweltschutz habe?«

Wenn wir auf unser erweitertes Bewußtsein hören, wird uns die zur Zeit relevanteste Frage eingegeben. Manchmal entdecken wir sie spontan. Oder der Bereich, in dem wir eine Kette von Fügungen erleben, zeigt uns, welche Frage momentan lebenswichtig ist. Nehmen wir einmal an, daß es bei dem Vortrag, den Sie besucht haben, um die Rettung der letzten unberührten Waldbestände in Ihrem Heimatland ging, worauf der Sprecher die wirkungsvollsten Bürgerinitiativen erwähnt und auf angemessen bezahlte berufliche Positionen bei diesen Initiativen hingewiesen hat.

Obwohl man daraus noch keine eindeutigen Schlüsse ziehen sollte, kann eine längere Kette von Fügungen, die immer wieder auf Betätigungsmöglichkeiten auf dem erwünschten Gebiet hinweist, bedeuten, daß dies unsere momentan dringendste Frage ist. In dem vorher erwähnten Fall kann man die Tatsache, daß der Sprecher am Nebentisch im Restaurant sitzt, als Bestätigung auffassen, daß ein Berufswechsel angebracht ist.

Also müssen wir bei der Interpretation der Fügungen in unserem Leben zu allererst herausfinden, welche Lebensfrage momentan am dringlichsten ist. Diese Frage zeigt uns die Richtung, in die sich unsere Wahrheit fortentwickelt und läßt uns die Bedeutung der einzelnen Fügungen leichter erkennen.

Intuition

Was geschieht, nachdem wir eine Lebensfrage als solche erkannt haben? Um bei unserem Beispiel zu bleiben: Wie ist Ihnen klargeworden, daß Sie den Vortrag besuchen sollen, und das an ausgerechnet diesem Abend? Bei eingehender Betrachtung handelt es sich um eine uralte Fähigkeit des Menschen, die wir jetzt vollends zur Geltung bringen: unsere Intuition.

Zu jeder Zeit hat der Mensch von Ahnungen und spontanen Einfällen gesprochen, die seine lebenswichtigen Entscheidungen nicht nur beeinflußt, sondern bestimmt haben. Nur das mechanistische Weltbild ordnet solche Erlebnisse in die Kategorie der Sinnestäuschungen oder Halluzinationen ein oder reduziert sie auf das unbewußte Aufschnappen von sozialen Hinweisen.[1] Im Angesicht der kulturellen Ablehnung haben die meisten von uns solche Gefühle zwar weiterhin halbbewußt benutzt, aber möglichst wenig darüber verlauten lassen. Erst in den letzten Jahrzehnten wurde die Macht der Intuition in den westlichen Nationen wieder anerkannt und offener zur Sprache gebracht.

Meines Erachtens liegt die Herausforderung für uns nun darin, diesen subtilen Empfindungen mehr Beachtung zu schenken und den Unterschied zwischen Eingebungen und gewöhnlichen Gedanken zu erkennen. Da dies eine Frage der inwendigen Wahrnehmung ist, muß jeder sein eigenes Unterscheidungsvermögen zu Rate ziehen. Dennoch gibt es ein paar Richtlinien, über die viele von uns sich mittlerweile einig geworden sind.

Eine Eingebung ist eine Vorschau auf ein Zukunftsereignis, ein Vorauswissen, das erwiesenermaßen zu den Anlagen des Menschen gehört.[2] Dieses Vorauswissen kann uns selbst oder andere Personen betreffen; in nahezu jedem Fall ist es positiv und entwicklungsfördernd. Handelt es sich um ein negatives Gedankenbündel oder Bild – zum Beispiel einen bevorstehenden Unfall oder einen Ort, der vermieden werden soll –, müssen wir entscheiden, ob wir lediglich von alten Schreckensvorstellungen im Zusammenhang mit irgendeinem Kontrolldrama heimgesucht werden, oder ob das negative Bild eine echte intuitive Warnung ist.

Wie gesagt, der Unterschied muß von jedem individuell ausgearbeitet werden, aber meines Erachtens können wir davon ausgehen, daß furchterregende innere Bilder zumeist auf generellen Ängsten beruhen und sich nicht auf spezielle Ereignisse beziehen. Im Fall unseres Beispiels kann es also sein, daß Sie Angst davor haben, den Vortrag zu besuchen, weil Sie schon immer davor zurückgeschreckt sind, ohne Begleitung zu öffentlichen Veranstaltungen zu gehen. Diese Art von Angst taucht immer wieder auf, und so kann sie als generelle Angst erkannt werden. Aber wenn Sie spontan Angst vor dem Vortrag am Abend bekommen, obwohl Sie sich eigentlich darauf freuen, kann es sich um eine echte intuitive Vorwarnung handeln, nach der Sie sich richten sollten.

Außerdem müssen wir Eingebungen von obsessiven Tagträumen unterscheiden. Wenn wir uns eine frühere gesellschaftliche Interaktion bildhaft durch den Kopf gehen lassen und uns dabei ein paar treffende Entgegnungen für jemanden einfallen, der uns erzürnt oder gekränkt hat, spinnen wir lediglich ein privates Kontrolldrama aus. Solche Einfälle sind nur insofern sinnvoll, als sie uns klarmachen, daß wir derartige Wettkämpfe lieber seinlassen.[3]

Die meisten Eingebungen enthalten ein Bild von einer zukünftigen Aktivität, durch die wir unserem Leben eine neue positive Richtung geben können, und versprühen die Funken der Inspiration.

Jetzt haben wir ein umfassenderes Bild von der Synchronizität. Die Ereignisfolge beginnt mit unserer Lebensfrage, bewußt oder unbewußt, und setzt sich dann sprunghaft fort. Bei unserem Beispiel geht es um die Frage, ob Sie den Beruf wechseln und eine Beschäftigung finden sollen, die mehr mit dem Pflanzenschutz zu tun hat.

An diesem Punkt kommt die Intuition ins Spiel. Wenn wir unsere Gedanken aufmerksam verfolgen, enthalten sie eine Auskunft, die uns sagt, was wir tun und wo wir hingehen sollen. Sie kann sehr verschwommen und verwirrend sein, ist jedoch eine echte Vorschau auf ein potentielles Zukunftsereignis. Bei unserem Beispiel spukt Ihnen vielleicht ein Bild von Ihrer Teilnahme an dem abendlichen Vortrag durch den Kopf. Oder Sie empfangen einen generellen Eindruck von den geschäftlichen Möglichkeiten im Zusammenhang mit Umweltschutzbelangen.

Wenn Sie nun die Zeitung aufschlagen und auf die Anzeige stoßen, die den Vortrag über die Rettung der Pflanzenwelt ankündigt, geht Ihnen bereits ein Licht auf. Sie erkennen sofort, daß Sie einen synchronistischen Moment erleben und fühlen sich inspiriert. Also besuchen Sie den Vortrag, und während Sie dem Sprecher zuhören, wird Ihre Vorahnung mit jedem Satz bestätigt. Daß der Sprecher dann hinterher allein im Restaurant am Nebentisch sitzt, ist ein Hammer.

Zusammenfassend kann man sagen, daß die meisten Synchronizitäten auf folgende Art verlaufen: Wir beginnen mit einem unterschwelligen Gefühl für die Wahrheit, die wir in diesem Leben ausdrücken wollen – eine Wahrheit, die zunehmend klarer wird und sich zunächst in Form einer Grundsatzfrage oder momentan dringendsten Lebensfrage bemerkbar macht. Danach haben wir einen Einfall; oft empfangen wir ein mentales Bild von einer Aktivität, die wir ausführen, um der Antwort auf unsere Frage nachzugehen. Wenn wir aufpassen, stellen wir fest, daß sich Situationen ergeben, die unserem intuitiven Zukunftsbild ähneln, und uns die Antworten in synchronistischen Ketten zutragen.

Während diese Antworten unsere ursprüngliche Frage lösen, verändern sich unsere Lebensumstände, was zwangsläufig zu wieder neuen Fragen führt. Und so setzt sich der Prozeß fort: Frage, Eingebung, synchronistische Antwort, neue Frage.

Träume

Wie an anderer Stelle schon ausgeführt, können Träume eine wichtige Rolle in diesem Prozeß spielen, weil sie eine obskure Form der Intuition sind. Obwohl Träume uns oft sehr seltsame Charaktere und unwahrscheinliche Handlungsfolgen vorführen, enthalten die Bilder fast immer Elemente, die uns Einsicht in verborgene Aspekte unserer momentanen Lebenslage gewähren. Im zweiten Kapitel haben wir gesehen, wie die Handlung eines Traums analysiert und dann auf die bisherige Lebensgeschichte übertragen wird. Dabei können wir auch immer eine Beziehung zu jetzigen oder zukünftigen Ereignissen entdecken.[4]

Handelt der Traum beispielsweise von einem Kampf, so fragen wir uns, ob wir in irgendeinem Sinne gegen eine Entwicklung in unserem täglichen Leben ankämpfen. Ist dies der Fall, müssen wir schauen, ob unser Traum uns eine bessere Verhaltensweise vorführt, auf die wir ansonsten vielleicht nie gekommen wären. Wenn wir diese Verhaltensweise nun an den Tag legen, ergibt sich unter Umständen eine Kette von lebensverändernden Synchronizitäten, genau wie aus unseren intuitiven Eingebungen.

Der Schlüssel zur Traumdeutung liegt entweder in unserer Grundwahrheit oder einer momentanen Lebensfrage. Wenn wir uns diese vor Augen halten, betrachten wir die Bedeutung eines Traums aus einem relevanten Blickwinkel. Also fragen wir uns: »Inwiefern bezieht sich die Traumgeschichte auf Fragen, mit denen mich das Leben im Moment konfrontiert?«

Der intuitive Schimmer

Es gibt Plätze oder Gegenstände, die unsere Aufmerksamkeit unwillkürlich auf sich ziehen, weil sie sich mit einer ganz eigenartigen Leuchtkraft von ihrer Umgebung abheben. Es ist, als hätten sie eine stärkere Präsenz als alles andere ringsumher,[5] und wenn wir das inwendige wie äußerliche Aufblitzen beachten, folgen wir unserer intuitiven Wahrnehmung.

Im Fall einer Landschaft kann es sein, daß die Farben der Bäume, Felsen oder Erdschichten plötzlich hervortreten, als leuchteten sie von innen her. Der »intuitive Schimmer« reicht nicht ganz an den Moment der Transzendenz heran, bei dem alles ringsumher plötzlich vor Lebendigkeit strahlt und scheinbar nahtlos in uns übergeht, was ein Gefühl der Einheit mit allem produziert; nein, der »Schimmer« oder Geistesblitz beschränkt sich auf etwas ganz Spezielles, als sollte uns für einen Augenblick verdeutlicht werden, daß wir eine tiefere, vielleicht auch ältere Verbindung zu dem jeweiligen Objekt oder Platz haben als uns vielleicht bewußt ist.

Der Schimmer wird sehr oft auf Reisen oder Wanderungen erlebt, wenn wir uns für eine bestimmte Richtung entscheiden müssen. Allein diese Tatsache kann das alte, materialistische Weltbild erschüttern, denn gewöhnlich gehen wir davon aus, daß derartige Entscheidungen auf Landkarten, Zeitplänen und anderen logischen Kalkulationen beruhen. Schließlich hat Logik sich erfahrungsgemäß als durchaus effizient erwiesen und ist uns in Fleisch und Blut übergegangen.

Aber nun, da wir über das logische Denken hinausgehen und lernen, die Intuition in unsere Entscheidungsprozesse einzubeziehen, handeln wir auf längere Sicht sogar noch effizienter. Die Intuition kann uns eingeben, eine geographisch längere und schwierigere Strecke zu wählen, doch unterwegs werden uns womöglich ein paar schicksalhafte Informationen gegeben, die wir erst viel später erhalten hätten, wären wir den rein logischen Methoden gefolgt.

Oft wissen wir nur, daß eine Strecke irgendwie attraktiver wirkt als die anderen. Man kann dieses Gefühl überprüfen, indem man die anderen Wege unvoreingenommen betrachtet und ihre Leuchtkraft dann mit der verlockend wirkenden Strecke vergleicht. Vermitteln alle Wege das gleiche inwendige Gefühl? Leuchtet einer so stark wie der andere, oder wirken manche grauer als der, der uns zuerst aufgefallen ist? Jeder muß den Wert solcher Wahrnehmungen selbst beurteilen, aber wenn ein Weg danach immer noch besonders anziehend wirkt, sollten Sie ihn nehmen.

An heiligen Stätten kann der intuitive Schimmer die Suche nach den Stellen mit der größten Energie erleichtern. Wie gesagt, gewisse Plätze können eine Bewußtseinserweiterung hervorrufen, bei der sich die Tore zur innewohnenden Urkraft öffnen. Oft müssen die Orte mit der stärksten Energie intuitiv entdeckt werden, weil wir keine anderen Anhaltspunkte als Gerüchte oder vage Kommentare haben.

Also lassen wir uns von dem Schimmer an den richtigen Platz führen, besonders, wenn wir uns in einem riesigen, unüberschaubaren Gelände befinden. Oft sticht uns schon beim Ausschauhalten ein ferner Bergkamm ins Auge, oder es ist eine Baumgruppe oder ein Gewässer, das besonders hell funkelt und geradezu nach uns zu rufen scheint. Nachdem wir dem inneren Aufruf gefolgt sind, kann derselbe Prozeß uns an eine ganz bestimmte Stelle führen, die spontan als herausragend und einladend empfunden wird. Diese Stelle ist ein Meditationsplatz.

Den Sitzplatz wählen

Der intuitive Schimmer kann uns auch bei der Wahl eines geeigneten Sitzplatzes in einem Restaurant oder einem Konferenzsaal behilflich sein, um nur zwei Beispiele zu nennen. Wenn wir genau aufpassen, fällt uns beim Betreten eines Lokals oder dergleichen sofort ein Platz auf, der uns anlockt. Vielleicht müssen wir jetzt mit dem Ober verhandeln, der seine eigenen Vorstellungen von einem geeigneten Sitzplatz für uns hat, aber es lohnt sich, weil der richtige Platz ein Gefühl der Geborgenheit und Inspiriertheit hervorruft, das sehr wichtig sein kann, wenn wir in einer Gruppe sind und wichtige Dinge besprechen müssen.

Im ungünstigsten Fall führt die Wahl des geeigneten Sitzplatzes zu einer angenehmen Mahlzeit; im Idealfall ergibt sich eine schicksalhafte Begegnung mit einem korrekt plazierten Gegenüber oder Tischnachbarn. Mir selbst hat dieser Prozeß schon oft eine synchronistische Unterhaltung beschert. Bei der Arbeit an diesem Kapitel habe ich eine Fügung dieser Art erlebt.

Frühmorgens bin ich einem Mann beim Joggen nicht weit von meinem Haus begegnet. Wir unterhielten uns kurz, und er erwähnte, daß er von einem experimentellen Luftfilter und Ionisator gehört hatte. Aus Zeitmangel stellte ich keine weiteren Fragen, was ich im nachhinein bereute, weil mir aufging, daß der von ihm beschriebene Ionisator meine Arbeit an einem Projekt erleichtern konnte, für das ich mich unlängst eingesetzt hatte. Da ich den Jogger auf keine erdenkliche Weise kontaktieren konnte, vergaß ich die Begebenheit und fuhr zum Frühstück in die Stadt. Als ich Irenes Café betrat, schaute ich mich um und fühlte mich sofort zu einem Fenstertisch auf der rechten Seite hingezogen. Die Bedienung wollte mich woanders plazieren, aber das Licht an diesem Tisch glühte förmlich.

In der Nische daneben saß eine Gruppe von Leuten und unterhielt sich, was mir nicht weiter auffiel, weil ich mich vollkommen auf den Tisch rechts davon konzentrierte. Lächelnd gestattete mir die Kellnerin schließlich, dort Platz zu nehmen, worauf ich es mir gemütlich machte und die Speisekarte las. Noch immer bemerkte ich kaum, was am Nebentisch vor sich ging, bis ich eine Stimme hörte, die mir bekannt vorkam. Ich warf einen Blick zur

Seite und sah den Jogger dort mit seinen Freunden sitzen.

Es erübrigt sich zu sagen, daß wir unsere Unterhaltung über den Ionisator fortsetzten und seine Auskünfte sich als sehr hilfreich bei meiner Arbeit erwiesen haben.

Bücher, Zeitschriften und die Medien

Das intuitiv wahrgenommene Aufleuchten verweist uns auch auf weiterführende Informationen in Büchern, Magazinen und Fernsehprogrammen. Zum Beispiel hört man immer wieder, daß Bücher auf unerklärliche Weise zur rechten Zeit ins Leben eines Menschen treten. Shirley McLaine erzählt eine häufig erlebte Variante dieser Geschichte in *Out on a Limb*: Sie war im Bodhi Tree-Buchladen in Los Angeles, als ein Buch, das sie zu der Zeit lesen sollte, buchstäblich vom obersten Fach eines Regals in ihren Schoß fiel.[6]

Fast genausohäufig wird berichtet, daß ein Buch plötzlich wie illuminiert wirkt – unwiderstehlich. Meines Erachtens ist dies eine Erfahrung, die jeder, der sein spirituelles Bewußtsein erweitert, von Zeit zu Zeit macht. Wir gehen in eine Buchhandlung, stöbern ziellos herum, und irgendwann zieht ein bestimmtes Buch unser Augenmerk auf sich, obwohl wir uns womöglich auf der anderen Seite des Raumes befinden. Irgendwie schimmert es und wirk distinguierter. Unter Umständen können wir den Titel und Autorennamen selbst aus einem Abstand erkennen, der solche Wahrnehmungen normalerweise unmöglich macht.[7]

Selbstverständlich beschränkt sich der Schimmer nicht auf Bücher. Auch Zeitschriften und Fernsehprogramme können den verheißungsvollen Schimmer in uns auslösen. In einem Stapel fallen uns oft bestimmte Magazine auf, die irgendwie herausragen. Beim Durchblättern stoßen wir gewöhnlich auf Artikel oder Bilder, die synchronistische Informationen für uns enthalten.

Beim Fernsehen gilt das gleiche. Inzwischen gibt es dermaßen viele Kanäle, daß wir oft nur lustlos durch sämtliche Programme klicken, weil wir nicht wissen, was wir anschauen sollen. Wenn wir uns nun von dem Phänomen des intuitiven Schimmers leiten lassen, stoßen wir nahezu immer auf etwas, das Aufmerksamkeit erregt und echtes Interesse verdient.

Wo unser Blick unwillkürlich hinfällt

Manchmal sticht uns irgend etwas spontan ins Auge, sei es eine Person, ein Platz oder ein Objekt. Das Phänomen wird zur Zeit in vielen spirituellen Diskussionen erwähnt und unterscheidet sich insofern von dem intuitiven Schimmer oder Geistesblitz, als unsere Aufmerksamkeit unvermittelt abgelenkt wird und der Blick auf etwas Spezielles fällt, während wir in Gedanken mit etwas völlig anderem beschäftigt sind.

Wenn wir uns spontan umdrehen und feststellen, daß jemand uns anschaut, ist es ein Beispiel für diese Erfahrung. In solchen und vergleichbaren Fällen sollten wir uns hinterher fragen: »Warum habe ich genau in dem Moment aufgeschaut?« Oder: »Warum habe ich ausgerechnet jenes Haus oder den Park da drüben ins Auge gefaßt?«

Obwohl diese Mitteilungen unseres Körpers zunächst recht kapriziös wirken, stellt sich manchmal ein ahnungsvolles Gefühl ein, daß wir dem Vorfall nachgehen sollen. Oft führen ein paar Minuten der Empfänglichkeit für die Eingebungen unserer Intuition zu einem neuen Abenteuer oder einer schicksalhaften Begegnung.

Die Bedeutung der positiven Einstellung

Ich kann nicht stark genug betonen, wie wichtig eine positive Auslegung von synchronistischen Ereignisfolgen ist. Wenn wir die göttliche Energie im eigenen Inneren angezapft, unsere Grundwahrheit gefunden und die momentanen Lebensfragen erkannt haben, nehmen wir zusammenhängende Ereignisketten immer deutlicher wahr und interpretieren ihre Bedeutung oft blitzschnell. Aber an jedem Punkt bietet sich eine negative Auslegung an, die in einem horrenden Energieverlust resultiert.

Wie ich vorher schon erwähnt habe, bin ich im Lauf meiner Arbeit an *Die Prophezeiungen von Celestine* viele Male an einen Punkt gelangt, den ich nicht anders als »gestorben« bezeichnen kann. Eine Weile wurde ich vom Fluß der Synchronizitäten getragen, und dann – Zack! – passierte etwas, das mir klarmachte, daß ich mich die ganze Zeit schon auf dem Holzweg befunden hatte. Jedes Mal wollte ich endgültig aufgeben. Ich konnte nicht verstehen, warum ein Projekt, das ich für eine meiner Lebensaufgaben hielt, sang- und klanglos in einer Sackgasse geendet war.

Immer wieder kam ich an den Punkt, an dem ich das Buch für »gestorben« hielt, bis mir aufging, daß ich negative Schlüsse aus der simplen Tatsache zog, daß für meine Begriffe nicht immer alles schnell genug vonstatten ging. Doch irgendwann kommt jeder von uns aus eigener Erfahrung zu dem Schluß, daß es auf der Ebene unseres höheren Selbst keine negativen Ereignisse gibt. Sicher, das Leben kann eine tragische Wende nehmen, und Menschen lassen sich zu schrecklichen Taten hinreißen, manchmal extremen Greueltaten. Aber bei tieferer Betrachtung erweist sich das Negative als Anlaß zur Weiterentwicklung und die schlimmsten Situationen als sinnvolle Herausforderung, wie Victor Frankl in seinem Klassiker *Man's Search for Meaning*[8] ausführlich erklärt. Jede Krise, jede Sackgasse auf unserem Weg enthält eine Botschaft und bietet uns die Gelegenheit, eine andere Richtung einzuschlagen. Anfangs sträubt sich das Ego wahrscheinlich dagegen, aber unser höheres Selbst erkennt den Schritt, der uns von jedem Hindernis genaugenommen erleichtert wird.

Man kann nicht übertreiben, wie wichtig es ist, nach der positiven Bedeutung eines sogenannten Rückschlags Ausschau zu halten. Viele Male habe ich gesehen, wie Leute anfangen, die Synchronizität der Ereignisse in ihrem Leben wahrzunehmen und ihr Selbstverständnis auszudehnen, um dann, ganz unvermeidlich, auf ein Ereignis zu stoßen, das sie negativ interpretieren und zum Anlaß nehmen, ihren Entwicklungsprozeß abzubrechen.

So geht es uns, wenn wir von der Annahme ausgehen, daß unsere weitreichendsten Fernziele sehr schnell erreicht werden können. Ergibt sich nicht alles nach unserem Zeitplan, verfallen wir auf die negative Auslegungsweise und geben entweder uns selber oder anderen die Schuld, oder wir kommen auf die Idee, daß das ganze Unternehmen sich nicht lohnt. In Wahrheit weist eine Sackgasse gewöhnlich nur darauf hin, daß wir nicht genug Energie haben oder ein Kontrolldrama noch nicht vollends aus dem Weg geräumt wurde. Die Synchronizitäten in unserem Leben stoßen uns immer wieder auf Themen, die noch nicht restlos verarbeitet worden sind und helfen uns, zur inneren Liebe und Seelenruhe zurückzufinden. Nur von diesem ursprünglichen Ausgangspunkt können wir Egobedürfnisse transzendieren und eine objektive Bedeutung für die Fügungen finden.

Die Entwicklungsstrategie

Wir müssen uns vor Augen halten, daß es bei dem neuen spirituellen Bewußtsein immer um eine Balance zwischen dem rationalen und dem intuitiven Selbst geht. Wir verzichten keineswegs auf unser mühsam errungenes, rationales Unterscheidungsvermögen, sondern bringen es in ein Gleichgewicht mit dem höheren Aspekt unseres Seins. Als ausgewogene Wesen betreten wir ein Universum, das uns den besten Weg mit einer konstanten Zufuhr von kleinen Wundern zeigt.

Der Schlüssel ist: Offenbleiben und sich vom Strom der Fügungen tragen lassen, ohne vorschnelle Schlüsse zu ziehen. Jedes rätselhafte Ereignis ist eine Botschaft. Wenn wir ein hohes Energieniveau wahren und uns auf die Wahrheit besinnen, die wir in dieser Welt ausdrücken wollen, setzt sich der synchronistische Ereignislauf fort – vielleicht nicht auf die Art, wie wir es uns gewünscht haben, aber er setzt sich fort. Unsere momentanen Fragen lösen intuitive Bilder von angebrachten Handlungsweisen aus, und wenn wir anfangen, diese Handlungen auszuführen und dabei für Neuentdeckungen empfänglich bleiben, reißt der Strom der Fügungen niemals ab.

Sobald wir uns dem synchronistischen Ereignisstrom vollends anvertrauen, werden wir auf die nächsthöhere Bewußtseinsebene getragen. Erneut stellen wir fest, daß die Einsichten anderer Men-

schen uns fast immer die wichtigsten Schlüsseler-
lebnisse vermitteln, und wenn wir anfangen, die
Mitmenschen nun auf neue Art zu behandeln, kann
der spirituelle Entwicklungsprozeß aller auf einer
höheren Ebene fortgesetzt werden.

9
Die neue Ethik

Eine Nebenwirkung der weltweiten Medienexplosion bestand darin, daß uns die Erde plötzlich immer kleiner vorkam, wie Marshall McLuhan in seinem richtungweisenden Buch *The Medium is the Message*[1] schon erklärt hat. Radio, Fernsehen und schließlich die Computertechnik haben eine einst unüberschaubar wirkende Welt zu einem »globalen Dorf« gemacht, in dem wir mit einem Tastendruck an Ereignissen teilnehmen können, die auf der anderen Seite des Planeten stattfinden.

Der internationale Informationsaustausch führte zu einer Angleichung des Wortschatzes und einer sehr viel akkurateren Interpretation des Gedankenguts anderer, selbst fremdsprachiger Völker. In einer immer kleiner werdenden Welt gleichen wir uns zunehmend an und vertiefen unser Verständnis voneinander.

Vor wenig mehr als 120 Jahren wurden Duelle in einigen Teilen von Amerika noch gesetzlich erlaubt. Eine versehentliche Bemerkung oder ein Schimpfwort, das in einem Teil des Landes als durchaus akzeptabel galt, wurde in einer anderen Gegend als ehrenrührig aufgefaßt und mit einem völlig legalen Mord geahndet. Fehlzündungen solcher Art wer-

den jetzt immer seltener, weil wir uns über Kulturkreise und Landesgrenzen hinwegsetzen und ein
klareres Bild voneinander entwickeln als je zuvor in
der Geschichte der Menschheit. Kritiker mögen den
Verlust unserer volkstümlichen Eigenheiten bekla-
gen – und in gewissem Sinne ist dies ein Problem –,
doch die modernen Massenmedien haben uns auch
auf die universellen Gemeinsamkeiten hingewiesen, uns intimer miteinander vertraut gemacht.
Während wir uns weltweit über die Bedeutung der
von uns benutzten Worte einigen, tauschen wir uns
geistig auf nie dagewesene Weise miteinander aus,
vertiefen unseren Dialog und steigern die Rate der
Synchronizitäten.

Das Spirituelle an normalen Gesprächen

Die meisten synchronistischen Botschaften kommen von anderen Leuten. Ein populärer, spiritueller Spruch sagt: »Wenn der Schüler reif ist, kommt
der Lehrer.« Eine moderne Ausdrucksweise wäre:
Wenn wir offen und wachsam sind, taucht jemand
zur rechten Zeit mit einer Wahrheit auf, die wir
hören und annehmen sollen. Der Schlüssel ist Empfänglichkeit. Wir gehen derartigen Begegnungen jedesmal auf den Grund, was natürlich nicht bedeutet, daß wir uns unnötigen Gefahren aussetzen.
  Schicksalhafte Begegnungen können sich zu jeder Zeit ereignen, aber gewöhnlich müssen wir die

Initiative selbst ergreifen. Zum Beispiel: Im vorherigen Kapitel haben wir angenommen, daß Sie einer Eingebung folgend zu einem Vortrag über den Pflanzenschutz gegangen sind und berufliche Möglichkeiten auf dem Gebiet entdeckt haben. Nach dem Vortrag sehen Sie den Redner erstaunlicherweise beim Abendessen in einem Lokal wieder.

Was machen Sie nun? Wie oft finden synchronistische Zusammentreffen statt, ohne daß einer oder beide Beteiligten diese vielleicht einmalige Gelegenheit nutzen? Viel zu oft. Aber ich glaube, daß unsere wachsende Fähigkeit, einander zu verstehen, die Situation jetzt allmählich umkehrt. Da immer mehr von uns die Realität der Bewußtseinsevolution wahrnehmen, wird der Austausch unserer persönlichen Erkenntnisse auch immer mehr zur Priorität erhoben.

Um auf die Situation in dem Restaurant zurückzukommen: Sie sitzen am Tisch neben dem Sprecher, und nun besteht der nächste logische Schritt für Sie darin, so ehrlich und freimütig wie möglich auszudrücken, was sich gerade ereignet hat, ohne aufdringlich oder fordernd zu werden. Sie können direkt auf den Punkt kommen und sagen: »Ich habe Ihren Vortrag heute abend gehört und ihn sehr interessant gefunden, weil ich gerade darüber nachdenke, ob ich mich vollberuflich für die Erhaltung von bedrohten Grünflächen einsetzen soll.«

Nun kann die Antwort des Sprechers einen weiterführenden Tip für Sie enthalten, weil er mög-

licherweise sagt: »Ich gebe jeden Monat ein Rund-
schreiben mit dem Titel *Botanische Neuigkeiten* heraus, in dem Stellenangebote auf dem Gebiet veröffentlicht werden.« Zweifellos gehen Sie der Fügung
daraufhin nach, und zwar, indem Sie sich das neue-
ste Exemplar des Rundschreibens besorgen, das
dann mit größter Wahrscheinlichkeit die gewünschten Informationen enthält.

Die Energie anderer anheben

Aber was, wenn wir einer synchronistischen Begegnung mit einem Menschen einfach keine Botschaft entnehmen können? Wahrscheinlicher ist,
daß wir die Botschaft übersehen haben, weil der
Austausch von Angst oder einer Reaktion auf unser
Kontrolldrama blockiert wurde. Also blicken wir
zunächst einmal in uns selbst hinein und heben unser Energieniveau an, indem wir uns auf Liebe,
Leichtigkeit und die spürbare Verbindung mit der
Welt ringsumher konzentrieren.

In diesem Zustand können wir die Person, mit
der wir gesprochen haben, völlig neu betrachten. Wie vorher schon erwähnt, konfrontieren wir
ein Kontrolldrama, indem wir uns die Person
klar vor Augen führen und ihr anfänglich einfach
nur liebevolle Energie schicken. Dabei vermitteln wir ihrem höheren Selbst eine spirituelle
Kraft, die ihr gestattet, die rigiden Ansichten, aus

denen ihre Kontrolldrama-Reaktionen bestehen, fallenzulassen.

Die mystischen Traditionen erklären diesen Vorgang genau.[2] Die Konturen eines Gesichts mit seinen Schatten- und Lichtflächen ähnelt einem Tintenfleck, wie er bei psychologischen Tests benutzt wird. In ein Gesicht können wir ebenfalls alle möglichen Dinge hineinprojizieren, je nach der Einstellung, die wir mitbringen. Wenn wir dem Diktat unseres Kontrolldramas folgend erwarten, daß die meisten Leute sich bedrohlich oder dumm oder desinteressiert verhalten, wird dieser Eindruck überall bestätigt. Es ist tatsächlich so, daß die Person, mit der wir sprechen, oft plötzlich selbst anfängt, sich so vorzukommen, wie wir es erwartet haben, und vielleicht unwillkürlich in eine bedrohliche oder dümmliche oder desinteressierte Ausdrucksweise verfällt, um dann später kopfschüttelnd zu sagen, daß sie sich in dem Gespräch mit uns von vornherein in diese Rolle gedrängt fühlte.

Wie gesagt, das Universum mit allem, was darin ist, reagiert auf unsere Intentionen. Unsere Gedanken und unbewußten Überzeugungen fliegen wie magnetische Gebete durch die Welt, worauf die Umgebung versucht, uns zu geben, was wir offenbar so dringend haben wollen. Also müssen wir einen hohen Energielevel wahren und die Macht unserer Intentionen auf positive Weise einsetzen.

Aber wie genau machen wir das? Wie applizieren wir die neue Sichtweise im Umgang mit anderen Menschen? Worauf konzentrieren wir uns, wenn wir jemandem ins Gesicht schauen?

Die Antwort ist, daß wir die komplette Gesamtheit des Gesichts in Augenschein nehmen, und dabei schlicht und einfach offenbleiben. Während der andere spricht, achten wir darauf, wie das höhere Selbst der Person sich bemerkbar macht, auf welche Weise der Bewußtseinsfunke mit seinem unermeßlichen Wissensschatz uns in diesem Gesicht entgegentritt. In den verschiedenen religiösen Traditionen heißt es dann, daß du die Glorie im Antlitz des anderen siehst, oder den Christus oder das Genie. Egal, wie wir es ausdrücken, wenn wir anfangen, dieses höhere Selbst, diesen Genius, zu addressieren und gleichzeitig Liebe auf unser Gegenüber projizieren, kommt die Person im Verlauf des Gesprächs in Kontakt mit ihrem erweiterten Bewußtsein, und dies vielleicht sogar zum ersten Mal.

So heben wir die Energie anderer Menschen an und begegnen ihnen vom Standpunkt einer höheren Ethik. Ich glaube, daß dieser Prozeß jetzt ganz bewußt an die Stelle der alten Moralvorstellungen im Umgang mit anderen gesetzt wird. Seit Jahrtausenden wissen wir, wie wichtig es ist, die Mitmenschen zu lieben und wie transformierend ein herzlicher, gutgemeinter Austausch sein kann. Heute lernen wir die Details bei der Übertragung der Liebesmacht kennen und integrieren dieses Wissen in unser Verhalten.

Ausschlaggebend ist, daß es bei der Übertragung unserer Liebe nicht nur um Nettigkeit oder Schmeicheleien geht. Bei dieser Transmission wenden wir eine präzise, psychologische Methode an, die mit klar definierten Absichten ausgeführt wird. Dabei handeln wir letzten Endes nur aus Eigennutz, weil wir jedesmal mehr aus einem Austausch dieser Art herausholen, als wir investiert haben. Wenn wir uns bemühen, andere Menschen zu beflügeln, kommen sie viel leichter an das Wissen ihres höheren Selbst heran und finden eher, was sie uns in Wahrheit zu sagen haben. Und so fällt ihnen spontan ein Thema ein, das eine synchronistische Botschaft für uns enthält, manchmal sogar genau die Information, die wir schon jahrelang herbeigesehnt haben.

Zudem erhöhen wir unser eigenes Energieniveau mit dieser Verhaltensform. Solange wir andere mit Liebesenergie versorgen, lassen wir uns von einer Kraft erfüllen, die der göttlichen Quelle entspringt, und dann sind wir wie ein Wasserglas, das irgendwann überquillt und seinen Inhalt auf andere ergießt. In Momenten der innerlichen Zerrissenheit finden wir unsere eigene Kraftquelle oft am schnellsten wieder, wenn wir die Energie der Menschen ringsumher anheben.

Das Niveau von Gruppen anheben

Praktizieren wir diese Verhaltensform in einer Gruppe, so schwingt sich die Energie in ungeahnte Höhen. Stellen Sie sich vor, was passiert, wenn sämtliche Teilnehmer sich von vornherein auf diese Weise behandeln, wenn jeder sich auf das Beste, das Geniale, das Leuchten in den Gesichtern aller anderen konzentriert, und alle anderen den Liebesdienst zur selben Zeit entgegnen.

Wie gesagt, man muß sich bewußt für diese Verhaltensform entscheiden und in den ersten Sekunden des Treffens schon damit anfangen. Während die erste Person zu sprechen beginnt, konzentriert jeder andere sich darauf, den Ausdruck des höheren Selbst im Gesicht des Sprechers zu finden und Liebe und Energie abzustrahlen. Das Resultat ist, daß die Person den Kraftstrom auffängt, der ihr von den Mitgliedern der Gruppe zugeführt wird und sich von Minute zu Minute wohler, zuversichtlicher, angeregter fühlt. Oft entsteht dann eine Art Treibhauseffekt, weil der Sprecher die von der Gruppe empfangene Energie zu seiner eigenen hinzufügt und die gesammelte Energie dann wieder auf die anderen abstrahlt, worauf diese noch mehr Kraft erhalten, die sie wiederum zurückschicken können. Auf diese Weise erhöht sich die Gruppenenergie in einer ständig steigenden Spirale der Inspiration.

Diese systematische Steigerung der Energie jedes einzelnen ist das höhere Potential jeder Versammlung. Deshalb treffen wir uns. Auf dieses Phänomen weist der Bibelspruch hin, wenn es heißt: »Wo zwei oder drei in meinem Namen versammelt sind, weile ich mitten unter ihnen.« Der tiefere Sinn jeder

Zusammenkunft besteht darin, sich mit der göttlichen Energie zu verbinden und das Ausmaß, in dem sie erlebt wird, für alle Beteiligten zu erhöhen. Ganz gleich, ob die Gruppe eine Kirchengemeinde oder ein technisches Arbeitsteam ist, die vorher beschriebene Verhaltensform hebt die Kreativität jedes einzelnen Mitglieds auf höchst erstaunliche Weise an.

Ideales Gruppenverhalten

Nehmen wir einmal an, daß jeder in einer idealen Gruppe versteht, welche Energieebenen potentiell erreicht werden können. Zu Beginn des Treffens würde jede Person sich vergewissern, daß er oder sie zentriert ist und innerlich mit der göttlichen Liebeskraft verbunden. Außerdem würde jeder seine Grundwahrheit und die momentanen Lebensfragen kennen und in einem Zustand der Empfänglichkeit für die Botschaften der nächsten Fügung existieren.

Sowie jemand zu sprechen beginnt, würden sich alle anderen vollbewußt auf die Ausdrucksform des höchsten Selbst im Gesicht der Person, die sie wahrnehmen können, konzentrieren. Damit wissen sie, daß sie Liebe und Energie aussenden, um den Sprecher zu unterstützen. Nachdem der erste geendet hat, verlagert sich die Energie von Natur aus auf eine andere Person. Während diese Verlagerung stattfindet, spüren die meisten Gruppenmitglieder, daß die Energie absinkt. Es tritt eine Stimmungsflaute ein, aber die Person, die als nächstes sprechen soll, bekommt einen inspirierenden Energieschub, weil ihr gerade etwas Hervorragendes einfällt.

Natürlich hat jeder von uns diese Erfahrung schon oft gemacht. Plötzlich haben wir etwas zu sagen, und wenn die Gruppe im Einklang ist, räumt sie uns den Platz ein, damit wir unseren Beitrag stiften können. In unserer Idealgruppe fühlen die Teilnehmer intuitiv, wer als nächstes an der Reihe ist und verlagern ihre Aufmerksamkeit ganz bewußt auf diese Person.

Häufige Probleme in Gruppen

Der Übergang von einem Sprecher zum nächsten kann trickreich sein, weil oft zwei Leute gleichzeitig das Wort ergreifen. In solchen Fällen glaube ich, daß einer der Sprecher sich ausgeklinkt hat, womöglich gar nicht mehr genau zuhört und versucht, eine Idee, die ihm schon vorher eingefallen ist, einzuwerfen. Wenn jemand eine zeitlich unpassende Idee ins Gespräch bringt, fühlt die Gruppe eine Energieflaute und empfindet den Einwurf als unangebracht. Zu jedem Zeitpunkt gibt es einen Sprecher, der die passendste Bemerkung hat, die perfekte Eingebung, die dem Gesprächsthema eine inspirierende, konstruktive Richtung gibt.

Andere Probleme können die Gruppe ebenfalls aus dem Gleis bringen. Effekthascherei äußert sich darin, daß ein Sprecher die Aufmerksamkeit aller ungebührlich lange an sich fesselt. Gewöhnlich geschieht dies auf folgende Weise: Die Gruppenenergie fließt ungehindert dahin; jeder Teilnehmer hat die gute Absicht, allen anderen soviel Energie zuzuführen wie nur möglich. Jemand spricht gerade, und kurz darauf verlagert sich die Energie von Natur aus auf die nächste Person, aber der momentane Wortführer merkt es nicht und fährt fort, seine Ansichten kundzugeben, obwohl die Aufmerksamkeit der Gruppe zusehends abwandert.

Jetzt spüren die anderen Teilnehmer, daß die Gruppe ihre erhebende Schwungkraft verloren hat und fangen an, rastlos zu werden. Im schlimmsten Fall degeneriert der Austausch daraufhin zu einem Machtkampf der größten Egos, weil die allgemeine Ruhelosigkeit mehrere Teilnehmer veranlaßt, sich Gehör zu verschaffen und jeder denkt, daß er oder sie etwas Besseres zu sagen hat.

Gewöhnlich reflektiert Effekthascherei einen Mangel an Selbstsicherheit. Solange die Person das Wort führt, wird sie mit der Gruppenenergie vollgepumpt und fühlt sich »high«. Wenn die Person diesem Zustand nicht allein, ohne Mitwirkung von anderen, nahekommen kann, will sie ihn so lange wie möglich auskosten, denn die ungeteilte Aufmerksamkeit anderer fühlt sich von Natur aus berauschend an. Ein Effekthascher will den Rausch noch etwas länger hinauszögern und hofft, die Aufmerksamkeit der Gruppe mit weiteren Einfällen an sich fesseln zu können. Dieses Unsicherheitsproblem ist sehr weit verbreitet und bedeutet lediglich, daß die Person noch etwas bewußter daran arbeiten muß, den Kontakt mit ihrer innewohnenden Kraftquelle zu festigen und anderen Menschen Energie zu spenden, anstatt zu versuchen, Energie auf sich zu lenken.

Das Problem der Effekthascherei wird durch schlagartige Erkenntnis aus dem Weg geräumt, das ist der Schlüssel. Wenn jeder sieht, was gespielt wird, kann eine Konfrontation vermieden werden, bei der alles auseinanderfällt. Im Idealfall erkennt der Sprecher an der Reaktion anderer, was er gerade treibt und hört von selbst damit auf. Wenn nicht, kann jemand anders, der spürt, daß die Energie jetzt auf ihn übergegangen ist, eine diplomatische Bemerkung einwerfen und beispielsweise sagen: »Können wir auf den Punkt zurückkommen, den du vorhin angesprochen hast? Ich möchte etwas dazu sagen.« Will der Effekthascher sich nicht von seinem Redefluß abbringen lassen, so können andere Mitglieder sich ebenfalls einschalten, um die Aufmerksamkeit dann schließlich auf die Person zu lenken, die als nächstes an der Reihe ist.

Oft wird die Gruppendynamik aus dem Gleis gebracht, weil ein Teilnehmer sich inwendig sperrt und den Energiefluß blockiert – ein Problem, das ebenfalls auf mangelnde Selbstsicherheit und Selbstgenügsamkeit zurückgeführt wird. Manche Leute ziehen Aufmerksamkeit auf sich, indem sie immer eine konträre Haltung einnehmen, ganz egal, was gesagt wird. Meistens wird eine Bemerkung von jemandem in der Gruppe über ein bestimmtes Thema als Vorwand benutzt, um einen Widerspruch anzumelden, oder ein Aspekt der Persönlichkeit eines Teilnehmers, ruft Abwehrreaktionen in dem Blockierer hervor, die er jetzt auf verbrämte Weise kundgibt, indem er die Person angreift.[3]

Die Unterhaltung fließt angeregt dahin, bis jemand den momentanen Redner unterbricht und einen Widerspruch anmeldet, was durchaus angebracht sein kann, wenn es dem natürlichen Energiefluß und dem Wahrheitsempfinden der Gruppe entspricht. In solchen Fällen verlagern die Teilnehmer ihre Aufmerksamkeit auf den neuen Sprecher und nehmen seinen Standpunkt bereitwillig auf. Eine Blockierung erkennt man daran, daß jemand seine Korrekturen und Bedenken vorträgt, obwohl die Gruppenenergie sich nicht auf ihn konzentriert hat – ein Umstand, den die anderen als unwillkommene Unterbrechung empfinden.

Wenn mehrere Teilnehmer nun ihre Unterstützung für den ersten Sprecher kundgeben, der

Blockierer jedoch unbeirrt weiter argumentiert und seinen Standpunkt womöglich mehrfach wiederholt, ist es ein weiteres Anzeichen für ein altes Verhaltensmuster. Nun kann man davon ausgehen, daß er sich immer wieder auf die gleiche Art einmischt und sein Ringen um die allgemeine Aufmerksamkeit nach demselben Muster fortsetzt, was zum ernstlichen Problem für die Gruppe werden kann, weil jedes Vorwärtskommen effektiv verhindert wird.

Man muß die Blockierer auf diplomatische Weise mit ihrem Verhalten konfrontieren, genau wie die Effekthascher. Bezieht sich die Blockierung nicht auf eine spezielle Person, so kann jeder das Wort ergreifen und den Blockierer auf sein Verhalten aufmerksam machen. Wird ein bestimmtes Gruppenmitglied auf diese Weise attackiert, so ist es selbst am ehesten dazu berechtigt, wenigstens am Anfang.

Wie jedes Kontrolldrama, muß auch diese Variante irgendwann vollends ins Bewußtsein gebracht werden. Ich rate Ihnen, einen Blockierer außerhalb der Gruppe bei einem Privatgespräch zu konfrontieren. Nur wenn das nicht funktioniert, sollte das Problem öffentlich diskutiert werden. Wenn das Bewußtsein der Mitglieder hoch genug ist, kann die Verhaltensstörung ohne Übertreibungen oder Schuldzuweisungen erörtert werden.

Ein anderes Gruppenproblem äußert sich darin, daß die Energie von selbst auf eine bestimmte Person übergeht, die dann kein Wort von sich gibt. Auch hier fühlen alle, daß die Energie merklich absackt und für eine Weile stagniert. Die Gruppe kann eine höchst anregende Unterhaltung über lange Zeit hinweg geführt haben, bis die Energie des momentanen Sprechers abflaut, was ganz normal ist, weil jemand anders an der Reihe ist – bloß schweigt diese Person sich aus und gibt nichts von ihrem Wissen preis. Die anderen werfen sich verwirrte Blicke zu, oder jemand, der spürt, wer als nächstes sprechen soll, schaut die Person dringend an, aber sie läßt keinen Ton verlauten.

Die meisten von uns wissen, wie es sich anfühlt, wenn man sich verweigert. Eine Weile lang haben wir uns am Gruppenprozeß beteiligt, aufmerksam zugehört, und plötzlich wallt die Energie in uns auf, weil wir einen Einfall gehabt haben, eine Einsicht oder passende Anekdote zu dem Thema, das besprochen wird. Jetzt entsteht eine Pause, in der die Energie sich auf uns verlagert, aber anstatt unseren Beitrag zu stiften, zögern wir – und geben dann auf.

In solchen Momenten wird die Gruppe daran gehindert, so effektvoll zu sein, wie sie könnte. Nur wenn jedes Mitglied seinen Beitrag zur rechten Zeit leistet, kann der Zweck einer Gruppe erfüllt werden. Eine einzige Person, die sich verweigert und aufgibt, kann das Endergebnis gravierend beeinträchtigen, besonders wenn es um ein kreatives Projekt geht. Das Problem beruht natürlich auch in diesem Fall auf fehlender Selbstsicherheit, oft auch mangelndem Vertrauen in die anderen Mitglieder der Gruppe. Der Rückzug in die Verweigerung läßt sich verhindern oder wenigstens auf ein Minimum beschränken, wenn von vornherein darauf geachtet wird, daß alle sich wohl in der Gegenwart der anderen fühlen. Manchmal geht es auch nur darum, den Austausch etwas zu verlangsamen.

Wenn viele sich ungeheuer inspiriert fühlen, kann das Tempo zu rasant werden, um jedem genügend Zeit zum Sprechen zu geben. Wird das Tempo nun bewußt reduziert, so haben auch stillere oder schüchterne Menschen, die nicht gewohnt sind, öffentliche Reden zu schwingen, eine Gelegenheit, ihre Eingebungen vorzutragen.

Jeder von uns hat sich zu Zeiten als Effekthascher, Blockierer und Verweigerer betätigt. Aber wenn immer mehr von uns diese Stolpersteine in der Gruppendynamik bewußt wahrnehmen, lernen alle, wie solche Probleme vermieden werden können. Jede Entgleisung in der Gruppendynamik wird überwunden, solange die Mitglieder wach bleiben und die von ihnen wahrgenommenen Schwierigkeiten offen diskutieren.

Viele unterstützen sich bereits gegenseitig in organisierten Selbsthilfegruppen,[4] die zumeist auch eine spirituelle Komponente haben und ein breites Spektrum ganz spezieller Probleme adressieren, vom Suchtverhalten (wie Alkoholismus, Drogenabhängigkeit, Co-Dependence, krankhaften Eßgewohnheiten oder Kaufzwängen), bis zur Verbesserung der Lebensqualität in einem bestimmten Bereich (wie bei Gruppen, in denen es um die Elternausbildung geht, das Alleinsein, den Umgang mit Sterbenden und dem Tod, Getrenntleben, Ehescheidungen oder einen Berufswechsel).

Außerdem gibt es Selbsthilfegruppen, in denen es um generelle Unterstützung geht, wie die Förderung der Kreativität oder intuitiven Kräfte. Solche Gruppen bieten ihren Mitgliedern ein Forum, in dem sie ihre spirituellen Wahrnehmungen und Visionen einem Realitätstest unterziehen können. Das Ziel dieser Gruppen besteht darin, die Energie jedes Teilnehmers auf einem Niveau zu halten, das den Wachstumsprozeß aller beschleunigt, so daß das Bewußtsein gemeinsam erweitert werden kann.

Viele dieser Gruppen befassen sich unter anderem auch mit dem Gesundheitszustand der individuellen Mitglieder. In manchen Gruppen wird jeder irgendwann einmal in die Mitte genommen, worauf alle anderen ihre Energie wie einen Strom der Heilkraft auf die Person richten und sich dabei vorstellen, daß jedes Atom im Körper der Person in der perfekten, gottgewollten Schwingungsrate vibriert. Es ist wissenschaftlich erwiesen, daß die fokussierte Intention einer Gruppe die Heilkraft von Gebeten haben kann und Veränderungen bewirkt.

Wenn Sie sich bereits einer Gruppe angeschlossen haben, rate ich Ihnen, diese Prozedur zu übernehmen und regelmäßig anzuwenden. Man setzt sich einfach im Kreis hin und läßt einen nach dem anderen in der Mitte sitzen, während die anderen ihre heilsamen Absichten ausstrahlen. Natürlich dürfen solche Praktiken nicht als Ersatz für einen Arztbesuch betrachtet werden, doch inzwischen wissen wir, daß dieser Heilprozeß die Energie auf einem gesunden Stand hält.

Die richtige Gruppe finden

Wenn Sie zur Zeit nicht von Gleichgesinnten unterstützt werden, kommen Sie vielleicht irgendwann an den Punkt, an dem Ihre momentane Lebensfrage lautet: »Wie finde ich eine geeignete Gruppe?« Bleiben Sie wach, und halten Sie die Augen offen, dann wird Ihnen ein synchronistischer Hinweis gegeben. Allerdings darf man nicht vergessen, daß man andere nicht als primäre Energiequelle benutzen darf, weil man dann mehr aus ihnen herausholen will, als man selber zu geben hat. Wenn jemand seinen eigenen Energiehaushalt vernachlässigt und sich auf die Zuwendung anderer angewiesen fühlt, erfahren die Gruppenmitglieder diese Abhängigkeit als ein Absaugen ihrer Energie.

Im Rahmen einer Gruppe können Kontrolldramen bewußtgemacht und generelle Grundwahrheiten entdeckt werden, vorausgesetzt, die Mitglieder sind ernstlich daran interessiert. Außerdem sind Gruppengespräche hilfreich, wenn wir unsere momentanen Lebensfragen untersuchen wollen, Eingebungen auf den Grund gehen, Träume interpretieren und die Bedeutung einer speziellen Synchronizität wissen wollen.

Sobald wir reif sind und ein gewisses Energieniveau wahren können, glaube ich, daß uns die beste Gruppe gezeigt wird. Gelegentlich habe ich Leute getroffen, die allem Anschein nach reif sind und trotzdem keine Gruppe finden. Ich bin immer der

Ansicht gewesen, daß jemand, der reif ist und dennoch keine geeignete Gruppe findet, die Aufgabe hat, selbst eine Gruppe ins Leben zu rufen. Das mag nach Arbeit klingen, aber ich glaube, daß wir uns lediglich selbst als Gruppe deklarieren und dann offenbleiben müssen, mehr nicht. Bald darauf kommen wir nämlich im Gemüseladen nebenan oder in einem Einkaufszentrum ins Gespräch mit jemandem, der beiläufig erwähnt, daß er oder sie ebenfalls nach einer Gruppe sucht. Und damit ist eine Gruppe entstanden.

Romantische Beziehungen

Was die neue, zwischenmenschliche Ethik betrifft, so gibt es wohl kein dringenderes Thema als unser Verhalten in romantischen Beziehungen. Das höhere Bewußtsein sucht nach neuen Antworten auf die urältesten Fragen. Wichtige Fragen wie: »Wie machen wir unsere Liebesbeziehungen dauerhaft? Warum endet die romantische Liebe so schnell und degeneriert zu einem ausweglosen Ringkampf?«

Die meisten Romanzen fangen mühelos an. Wir schauen uns um, und bumm! Der Traumpartner steht vor uns. Das erste Gespräch bestätigt die verheißungsvolle Aufwallung. Es handelt sich nicht um eine einseitige Attraktion, wie wir sie alle zur Genüge erlebt haben, nein, diese Anziehung ist echt, sie beruht auf Gegenseitigkeit. Wir stellen fest, daß wir zahllose Ansichten miteinander teilen und den gleichen Lebensstil bevorzugen.

Und oh, die Gefühlsaufwallungen! Die Liebe bricht sich Bahn, der Sex ist heißblütig und beseelt. Vielleicht konzentrieren wir uns in der nächsten Zeit exklusiv aufeinander, schmieden weitreichende Zukunftspläne und heiraten sogar. Zum ersten Mal seit vielen Jahren sind wir rundum zufrieden und erklären vielleicht lauthals, daß wir das fehlende Stück von uns selbst gefunden haben, die Person, die das Leben überhaupt erst lebenswert macht.

Und dann passiert etwas. Eines Tages schauen wir unseren Partner an, und dabei sticht uns etwas ins Auge. Die Person legt ein Benehmen an den Tag, das sich nicht mit dem Sinn der Romanze vereinbaren läßt. Sie widmet uns nicht die Aufmerksamkeit, mit der die Beziehung begonnen hat. Oder uns geht plötzlich auf, daß wir in unserem Überschwang übersehen haben, daß die Person uns in einem Bereich der Beziehung noch nie die Aufmerksamkeit gewidmet hat, die wir wirklich brauchten. Empörenderweise wird uns nun erzählt, daß unser Partner ebenfalls Beschwerden über unsere Schwächen und Verhaltensformen anzumelden hat. Wir fangen an, uns zu verteidigen, der Partner ebenfalls, und das ist der offizielle Beginn des typischen Machtkampfs.

Inzwischen ist uns klar, was sich hier abspielt. Die Liebe endet und entartet zu einem Machtkampf, weil wir uns von der Energiezufuhr des anderen abhängig gemacht haben, anstatt sie aus unserer eigenen Verbindung zum inneren Urquell zu schöpfen.

Wir müssen die sozialen Hintergründe erkennen, die dieses Problem in die Welt setzen. Wenn wir ganz generell von der althergebrachten Norm ausgehen, wird ein kleiner Junge liebevoll von der stets aufmerksamen Mutter umsorgt und so von Unbill aller Art ferngehalten. Der Vater fordert mehr: Schließlich muß der Sohn auf den Lebenskampf in dieser Welt vorbereitet und zum Mann gemacht werden. In den Augen des Sprößlings wird die Mutter nun zur magischen Figur. Vielleicht muß sie auf Armeslänge gehalten werden, weil sie sich zu gluckenhaft um sein Wohlergehen bemüht, aber er erwartet, daß sie jedes Mal für ihn da ist, im psychologischen Sinne, wenn sein Energielevel abgesunken ist.

Ein kleines Mädchen wird ebenfalls erst von der Mutter umsorgt, aber für Töchter ist auch die Mutter eine fordernde Autorität, weil sie sich noch am ehesten verantwortlich fühlt, den weiblichen Nachwuchs auf die Frauenrolle im späteren Leben vorzubereiten. Der Vater hingegen kann wenigstens in den ersten Jahren des Heranwachsens zum Magier werden, der seine Tochter verhätschelt und sie auf ein Podest setzt. In ihrer Phantasie ist dieser Zauberer nun immer für sie da und sorgt dafür, daß sie sich ganz sicher, permanent behütet fühlt.

Diese klischeehafte Rollentrennung mit all ihren Vorurteilen beeinflußt uns weiterhin. Wir können behaupten, daß geschlechtsspezifische Rollenverteilungen heutzutage bedeutungslos sind, aber im Lauf von Liebesbeziehungen werden unterschwellige Psycho-Programme ans Tageslicht gebracht, denn sie bilden die Grundlage des endlosen Ringkampfs um die Energie, der als Partnerschaft bezeichnet wird. Beide Partner fangen irgendwann an, das Augenmerk auf die Unzulänglichkeiten des anderen zu richten und immer unzufriedener zu werden, weil beide mehr von der anderen Person brauchen, als ihnen jemals gegeben werden kann.

Am Anfang einer Liebesaffäre verschmelzen unsere Energien auf eine Weise, die uns ein Gefühl der Vollständigkeit gibt. Der Partner ruft nicht nur die Erinnerung an den glorifizierten Elternteil wach, sondern vermittelt uns das inwendige Erlebnis, das die Vater- oder Mutterfigur vielleicht nur in Anklängen verheißen konnte. Unser Kindheitstraum scheint endlich in Erfüllung zu gehen, und so projizieren wir unsere Phantasie vom magischen Elternteil auf unsere allzu menschlichen Partner. Und so kommt es, daß die Wesenstiefen des Lebensgefährten in vielen Beziehungen niemals wirklich ausgelotet werden, weil wir nur sehen, was uns die Einbildung vorgaukelt.

Im Lauf der Beziehung verschwindet die ursprüngliche Liebe beider dann zusehends, weil keiner dem magischen Phantasiebild des anderen gerecht werden kann. Der Mann trifft finanzielle Fehlentscheidungen oder verliert seinen Job oder kommt zu spät nach Hause, weil er ein Länderspiel angeschaut hat. Die Frau ist nicht immer verständnisvoll und ein Born der Erquickung, wenn etwas schiefgeht. Die einst so herrlich schillernde Seifenblase ist am Platzen.

In manchen Fällen ist die Enttäuschung so groß, daß wir sofort andere Pläne machen: Wir brechen diese Beziehung ab und finden einen anderen Traumpartner, der uns nicht zu kurz kommen läßt. In solchen Fällen beginnen wir den Zyklus von vorn. In wieder anderen Fällen bleibt das Paar zusammen und hält sich gegenseitig in der Zwickmühle ihres Kontrolldramas gefangen.

Da wir dabei sind, unser Bewußtsein über alles Bisherige hinaus zu erweitern, haben wir eine andere Möglichkeit. Wir können uns dafür entscheiden, der Energiedynamik auf den Grund zu gehen, die unser Verhalten in Beziehungen diktiert.

Die inneren männlichen und weiblichen Kräfte integrieren

Bis jetzt haben wir transzendente oder mystische Erfahrungen im Sinne einer Energieaufwallung beschrieben, die aus der ungeteilten, puren Gotteskraft besteht und als Liebe-Leichtigkeit-Sicherheit empfunden wird, was durchaus richtig ist. Aber diese ungeteilte Kraft nimmt erfahrungsgemäß auch eindeutig männliche und weibliche Charakterzüge an, und wenn wir das volle Potential unseres transpersonalen Bewußtseins zum Tragen bringen wollen, müssen wir sowohl den maskulinen, wie den femininen Aspekt unseres höheren Selbst wahrnehmen und integrieren, wie Carl Jung und andere renommierte Psychologen in ihren Studien über die archetypische Wesensnatur der Psyche nachgewiesen haben.[5]

Um sich als Mann mit der inwendigen Energiequelle zu verbinden, muß man die feminine Energie der hingebungsvollen Empfänglichkeit und Fürsorgebereitschaft im eigenen Inneren finden, um sie werben und sich letztlich mit ihr vermählen. Als Frau muß man den maskulinen Versorger und Beschützer mit seiner risikofreudigen Standhaftigkeit in sich selbst finden.

Nehmen wir diesen Blickpunkt ein, so offenbart sich, was der maskulin/feminine Machtkampf in Wirklichkeit ist: Ein Symptom für ein gigantisches Problem, das die amerikanische Kultur mit dem Begriff *Co-Dependence* (Co-Abhängigkeit) zusammengefaßt hat.[6] Wenn zwei Menschen sich verlieben und auf vielen Ebenen zusammenkommen, verkoppeln sie ihre Energiefelder, so daß sie buchstäblich ineinandergreifen und jedem der fehlende Teil, sei er männlich oder weiblich, hinzugefügt wird. Beide lassen sich jetzt von der Energiequelle des Partners versorgen, aber im Lauf der Beziehung steigen Zweifel am anderen auf und bringen das Energie-Reservoir auf einen Nullpunkt, an dem beide auf ihre jeweiligen Kontrolldramen zurückfallen und alle Register ziehen, um wieder an die verlorene Energiequelle heranzukommen.

Wer dauerhafte Liebesbeziehungen erfahren will, nicht nur vorübergehende Waffenstillstände in einem kalten Krieg, muß die Grundregeln der Energiedynamik verstehen, bevor er oder sie eine Romanze beginnt. Wir alle müssen die andersgeschlechtliche Energie in uns selbst finden, bevor wir jemandem sagen, daß wir reif für eine dauerhafte Beziehung sind. In gewissem Sinne kennzeichnet diese Balance zwischen dem inneren Mann und der inneren Frau den Übergang von der Adoleszenz zum vollends Erwachsenen und ist wie ein Hochschulabschluß oder die Genehmigung, Auto zu fahren. Keiner von uns kann eine Qualitätsbeziehung aufrechterhalten, solange wir nicht inwendig komplett und spirituell ausgewogen sind.

Allein sein können

Woran merken wir, daß wir die männlichen/weiblichen Energien im eigenen Inneren ausbalanciert und die inwendige Festigkeit gefunden haben? Ich glaube, ein Maßstab ist die Fähigkeit, erfüllt und produktiv zu sein, obwohl man alleine lebt. Das bedeutet, ohne Wohngemeinschaften, Gäste oder andere Menschen, auf die man sich den ganzen Tag lang bezieht. Es muß in Ordnung sein, sich selbst eine Mahlzeit zuzubereiten und sie dann nicht im Stehen herunterzuschlingen, sondern an einem elegant gedeckten Tisch, wo man allein sitzt und das Essen genießt. Es muß uns Spaß machen, uns hin und wieder selbst in ein gutes Restaurant auszuführen und die eigene Person zu verwöhnen, wie wir es mit jedem anderen Geliebten tun würden.

Zudem können wir unsere eigenen Finanzen regeln, Zukunftspläne schmieden, Geschäftsverhandlungen führen und unsere Freizeit nach eigenem Gutdünken gestalten, denn was uns vervollständigt ist keine andere Person, sondern das Unerschöpfliche, das wir in uns selber finden. Diese Abkehr von Abhängigkeitsverhältnissen kann nicht auf Selbstsucht zurückgeführt werden; diese Abkehr stellt keinen Rückzug vom Rest der Gesellschaft dar. Ich meine sogar, daß wir nur dann eine gesunde Beziehung zum Rest der Gesellschaft haben können, wenn wir die fehlenden Kräfte in uns selbst gefunden haben.

Erst dann sind wir reif für dauerhafte romantische Beziehungen. Wie der prominente Eheberater Harville Hendrix in seinen bahnbrechenden Büchern *Getting the Love You Want* und *Keeping the Love You Find*[7] erklärt: Solange wir unsere Lebensenergie bei anderen Leuten suchen, bleiben wir in Beziehungen stecken, die nicht mehr als Arenen sind, in denen wir unsere Machtkämpfe austragen.

Ich glaube, daß Beziehungen, in denen wir unsere Energiegewinnungsstrategien erst ausagieren, um sie dabei endlich ganz genau wahrzunehmen, synchronistische Fügungen sind. Ich halte solche Beziehungen für heilig, wie das Buch *A Course in Miracles* schon sagt.[8] Die Sehnsucht nach einem gegenseitigen Abhängigkeitsverhältnis tritt uns immer wieder in Form von Menschen entgegen, mit denen wir uns so lange anlegen, bis wir die tiefere Botschaft endlich zur Kenntnis nehmen. Wir lassen uns auf solche Beziehungen ein, damit wir die Notwendigkeit solcher Beziehungen transzendieren können, so unromantisch das auch klingen mag, denn nur so werden wir oft genug auf uns selbst zurückgeworfen, nur so sehen zu guter Letzt ein, daß wir Liebe und Selbstsicherheit aus der inneren Kraftquelle beziehen müssen. Solange wir das nicht getan haben, tritt eine Person nach der anderen an uns heran, um herauszufinden, ob wir uns für ein gegenseitiges Abhängigkeitsverhältnis eignen. Aber aus häufigen Partnerwechseln kommt nichts Gescheites heraus. Nur wenn wir den Angeboten eine Zeitlang widerstehen, können wir unsere innere Verbindung festigen und auf ein Energieniveau kommen, das uns reif für einen echten Seelengefährten macht.

Momentane Beziehungen

In Anbetracht dieser Sachlage erhebt sich die Frage: »Was machen wir mit unseren momentanen Zweierbeziehungen?«

Meines Erachtens können die inneren männlich/weiblichen Energien auch im Rahmen einer Zweierbeziehung integriert werden, aber nur, wenn beide Partner die Energiedynamik verstehen und gemeinsam an ihren Problemen arbeiten. Arbeitet nur einer der Partner an sich selbst, wird es sehr viel schwieriger.

Die Lösung besteht darin, daß beide Partner sich sofort, in dem Moment, wo der Machtkampf beginnt, auf die innere Liebe zurückbesinnen. Also muß man schon die ersten Anzeichen eines dräuenden Machtkampfs wahrnehmen. Einer (oder beide) ist unzufrieden mit dem Verhalten des anderen, weil sein Benehmen dem in der Erinnerung gespeicherten Ideal vom magischen Elternteil nicht gerecht wird und die eigene Energie momentan zu schwach ist, um für Zufriedenheit zu sorgen. Vollautomatisch wollen wir die andere Person nun dazu bringen, unsere Idealvorstellung auszuleben, weil wir meinen, daß wir uns nicht entspannen können, solange wir uns nicht hundertprozentig auf den Partner verlassen können. Dieser Versuch, den anderen als Energielieferanten zu benutzen und ihn zu zwingen, uns als Ersatz für die unerschöpfliche Kraftquelle zu dienen, muß fehlschlagen. Er endet unweigerlich in einem Machtkampf.

Darum müssen wir bewußt zu der angeborenen Versorgungsquelle zurückkehren, auch wenn der Streit vom anderen fortgesetzt wird, und dem Partner all die Liebe und Seelenruhe entgegenbringen, die wir in uns haben. Um dazu fähig zu sein, muß man irgendwann einmal eine transzendente Erfahrung gehabt haben, auf die man sich jetzt zurückbesinnen kann. Mit anderen Worten, diese Rückkehr zur Liebe ist keine Idee, sondern eine echte Transformation, die wir in dem Moment herbeiführen, in dem wir in die Liebe und Ruhe zurücksinken, die der inneren, göttlichen Kraftquelle entspringt.

Inwieweit uns dies dann auch wirklich gelingt, ist natürlich immer eine Frage der Einschätzung. Der *Kurs in Wundern* erklärt, daß dieser Zustand inmitten einer heftigen Auseinandersetzung erreicht werden kann, wenn beide Partner fähig sind, tief genug in die Liebe einzutauchen. Aber es ist nicht leicht. In schwer angeschlagenen Beziehungen muß man vielleicht erst einmal Abstand vom Partner nehmen und mehr Zeit allein verbringen, was allerdings nur dann sinnvoll ist, wenn beide Partner in solchen Zeiten in sich gehen und sich für eine transzendente Erfahrung öffnen. Später kann diese

Fähigkeit dann in die Beziehung eingebracht werden und den Machtkampf schneller als bisher beenden.

Aber was, wenn wir im Grunde schon fühlen, daß wir ganz einfach an den falschen Partner geraten sind? Viele beenden eine Beziehung, um dem Machtkampf zu entrinnen, aber solange man keinen spirituellen Halt in sich selbst gefunden hat, werden die alten Muster auch bei der nächsten Liebesaffäre wiederholt

Woran merkt man, daß man reif für eine dauerhafte Beziehung geworden ist, weil die männlichen und weiblichen Kräfte im eigenen Inneren ausbalanciert wurden? Manche Therapeuten gehen davon aus, daß die Liebesfähigkeit und Seelenstärke jedes Menschen in Zweierbeziehungen auf eine Zerreißprobe gestellt wird – immer wieder, und ganz gleich, wie klar und inwendig erfüllt die beiden Partner ansonsten bereits sein mögen. Ich stimme ihnen zu, meine gleichzeitig aber auch, daß die Kraft und Sicherheit, die wir in uns selbst finden, ausschlaggebend für erfolgreiche Beziehungen ist.

Die Elternrolle

Keine Aktivität wird von dem neuen spirituellen Bewußtsein in ein grelleres Licht gerückt als die Kindererziehung, und in keinem Lebensbereich ist es wichtiger, die neue zwischenmenschliche Ethik anzuwenden. Je höher das Bewußtsein, um so deutlicher tritt das Ausmaß der elterlichen Verantwortung hervor. Wir haben uns die eigenen Eltern ausgesucht, um uns die Welt von ihnen zeigen zu lassen, und für unsere eigenen Kinder gilt dasselbe. Sie wollten sich unsere Lebenshaltung aneignen, mit allem, was dazu gehört: Wie wir Entscheidungen treffen, welche Reaktionen in verschiedenen Umständen angebracht sind, wie wir die Zukunft mental beeinflussen. Die Beziehung zwischen einer Generation und der nächsten ist der Mechanismus, mit dem sich die menschliche Evolution fortbewegt, und was die menschliche Gesellschaft letzten Endes erreichen wird, hängt zum großen Teil davon ab, wie bewußt jeder von uns an diesem Entwicklungsprozeß teilnimmt.

Um Fortschritte machen zu können, müssen wir unser eigenes Bewußtsein erweitern und das volle Spektrum dieses Bewußtseins dann auf unsere Kinder übertragen. Dabei können wir sehr leicht auf die Idee kommen, daß Kinder nicht imstande sind, unsere tieferen spirituellen Erlebnisse zu verstehen, weil ihre Komplexität das kindliche Fassungsvermögen übersteigt. Aber damit klammern wir die spirituelle Komponente des Lebens aus und legen das Schwergewicht auf die materiellen und sozialen Aspekte des Daseins, zum mindesten in den Augen unserer Kinder, was im Endeffekt bedeutet, daß wir sie mehr oder minder genau so erziehen, wie wir selbst erzogen worden sind.

Für meine Begriffe erfüllen wir den wichtigsten Teil der Elternrolle, wenn wir unseren Kindern mit einfachen Worten von unseren Wunschträumen und spirituellen Erfahrungen erzählen. Man kann selbst kleinen Kindern nahebringen, was wir über die göttliche Energiequelle im eigenen Inneren wissen, wie Kontrolldramen uns den Weg versperren, und daß man von einer Kette von Fügungen durchs Leben geführt werden kann. Wir müssen nur den Mut haben, es auszuprobieren.

Beim Maßregeln zentriert bleiben

Ein anderer Aspekt der Elternrolle kann jetzt ebenfalls aus einem neuen Blickwinkel betrachtet werden: das Maßregeln. Mittlerweile wissen wir, wie viele Kinder von Familienmitgliedern mißhandelt werden und verstehen auch, warum solche Übergriffe in der Vergangenheit geduldet wurden. Es gab eine Zeit, in der wir Scheuklappen angelegt haben; brutale Gewalt und selbst Inzest im Familienkreis wurde verdrängt, übersehen, nicht an die große Glocke gehängt, aber jetzt macht sich die Empörung der Allgemeinheit in aller Öffentlichkeit Luft. Heutzutage halten wir die Augen offen und erkennen schon die ersten Anzeichen eines Mißbrauchs der elterlichen Macht.

Wenn wir die Energiedynamik zwischen Eltern und Kindern wahrnehmen, offenbaren sich auch die subtileren Formen der Kindesmißhandlung. Allein schon die Art, wie wir mit ihnen reden, kann ihnen die Kraft rauben und nachhaltige Verhaltensstörungen hervorrufen. Insofern wandern wir einen sehr schmalen Grad entlang, denn wenn wir etwas in den letzten beiden Generationen gelernt haben, dann ist es, daß Kindern auch mit einer völlig straffreien Anti-Disziplin-Haltung geschadet wird. Kinder müssen in ihre Schranken verwiesen werden, wenn sie andere Lebewesen verletzen oder die gesellschaftlichen Realitäten ignorieren. Als Erzieher wird man gezwungen, eine Art von Liebe zu entwickeln, die gegebenenfalls sehr hart und unnachgiebig bleibt. Unsere Kinder wollen vernünftige Formen des Zusammenlebens von uns lernen; wir sind die Leute, von denen sie gesellschaftsfähig gemacht werden wollten, und wenn wir ihnen die notwendigen Lektionen vorenthalten, erweisen wir ihnen keinen guten Dienst. Kinder müssen lernen, daß jede Handlung Konsequenzen hat, ohne dabei geknechtet und geistig-seelisch gebrochen zu werden.

Für mich beginnt eine ausgewogene Erziehung mit der Bereitschaft, das eigene Energieniveau zu überprüfen. Vor jeder Interaktion mit unseren Kindern stellen wir fest, ob wir mit unserer inneren Energiequelle verbunden sind, denn nur dann können wir ihnen in jeder Situation ein Grundgefühl der Zuneigung vermitteln. Sonst fallen wir in Streßsituationen automatisch in unser altes Kontrolldrama zurück, beispielsweise, indem wir das Verhalten eines Kindes auf Beamtentour auf Schritt und Tritt überwachen, um seine ausgelassene Energie so auf uns selbst zu lenken. Das ist ein Energieraub, und damit zwingen wir das Kind lediglich, ein entsprechendes Kontrolldrama zu entwickeln, um sich zur Wehr zu setzen.

Wir müssen uns die Energiedynamik vor Augen halten. Wenn Kinder die Regeln mißachten und unbewußt voranpreschen, können wir sie stoppen und zurechtweisen, solange wir uns gleichzeitig auf das Genie in ihrem Gesicht konzentrieren und ihre Energie damit aufbauen. Beim Maßregeln geht es immer darum, ihnen folgende Botschaft so klar wie möglich zu vermitteln: Was du gerade getan hast, war unangebracht, aber du selbst bist von Grund auf gut.

Alles, was wir in dieser Hinsicht unternehmen, zielt darauf ab, den Kindern Kraft zu geben und sie mit einem funktionsfähigen Weltbild auszurüsten, zu dem auch die Überzeugung gehört, daß sie fähig sind, ihre eigenen Lebensziele zu verwirklichen und ihre ureigene Verbindung zur Gotteskraft eines Tages selber zu entdecken. Und wenn es so weit gekommen ist, müssen wir bereit sein, sie loszulassen, damit sie über uns hinausgehen können.

Warum sind unsere Kinder zu uns gekommen?

Wenn es stimmt, daß wir uns absichtlich bei unseren Eltern inkarniert haben, weil wir uns von diesem Pärchen auf unsere späteren Lebensaufgaben vorbereiten lassen wollten, wiederholen unsere Kinder denselben Vorgang mit uns. Wir sollen ihnen einen Erfahrungsschatz vermitteln, der ihnen gestattet, ihre eigene Wahrheit zu entdecken und in die Welt hinauszutragen. Also geben wir ihnen, was sie bei uns gesucht haben nur, wenn wir ihnen zeigen, wer wir wirklich und wahrhaftig sind.

Doch dürfen wir nicht von vornherein festlegen, auf welchen Beruf sie vorbereitet werden müssen oder worin ihre höheren Lebensziele bestehen. Dazu ist niemand fähig, außer ihnen selbst – an irgendeinem Punkt in der Zukunft. Für meine Begriffe machen wir einen groben Fehler, wenn wir präzise Vorstellungen von der Zukunft unserer Kinder entwickeln. Solche Vorurteile limitieren die Entwicklungsmöglichkeiten der Seelen, die sich uns anvertraut haben und führen womöglich zu jahrzehntelangen Ressentiments, weil unsere Kinder uns kein Verständnis für ihre volle Wahrheit zutrauen.

Womit ich allerdings nicht sagen will, daß Eltern kein intuitives Vorauswissen über den Lebensweg ihrer Kinder haben. Welche Mutter sieht nicht hin und wieder in einem Geistesblitz, was eines Tages aus ihrem Kind werden könnte? Manchmal wallt damit auch das eigenartige Gefühl auf, daß ihr gerade eine echte Zukunftsvision gezeigt worden ist. Eltern können sehr tiefe Einblicke haben, nicht nur über spätere Berufsmöglichkeiten, auch über problematische Anlagen, die ihre Kinder beizeiten wahrnehmen müssen, wenn sie ihre höheren Ziele erfüllen wollen.

Vielleicht sollte man es folgendermaßen ausdrücken: Wir können zwar intuitive Visionen über die Zukunft unserer Kinder haben, dürfen aber keine vorschnellen Schlüsse daraus ziehen oder ihnen Dinge prophezeien, die einen Erfüllungszwang schaffen. Damit nehmen wir unseren Kindern die Verfügungsgewalt über ihre eigene Zukunft, die auf jeden Fall vielschichtiger und synchronistischer sein wird, als unsere Vorahnungen je sein könnten.

Insofern können wir nicht mehr tun, als Kindern sagen, daß unsere Ahnungen letztlich nur Vermutungen oder Wunschvorstellungen sind, die sie nicht erfüllen müssen, und dann der Versuchung widerstehen, ihnen permanent über die Schulter zu blicken oder sie vor jeder Sackgasse zu bewahren. Oft lernen sie die Lektionen, die sich später als essentiell erweisen, aus selbständig gemachten Fehlern.

Die Elternrolle aus höherer Sicht

Ich glaube, daß wir Familienbeziehungen aus der höchstmöglichen Warte betrachten müssen, um die spirituellen Implikationen der Elternrolle vollends zu verstehen. Unsere Kinder wollen auf unserer Weltsicht aufbauen und dann darüber hinausgehen, und zu diesem Entwicklungsprozeß gehören auch unsere spirituellen Erlebnisse. Wie gesagt, nichts ist so wichtig wie Offenheit. Obwohl gewisse Themen erst ab einem bestimmten Alter erörtert werden können, führt Ehrlichkeit immer am weitesten. Wenn wir wollen, finden wir Ausdrucksformen, die Kindern auf jeder Altersstufe mitteilen, was wir durchmachen und welche spirituellen Entdeckungen uns beflügelt, vielleicht sogar innerlich befreit haben.

Problematisch wird es, wenn Eltern die Kindererziehung zum Lebenszweck erheben. Ich spreche nicht von Hausfrauen oder Hausvätern, die daheimbleiben und sich permanent geistig fortentwickeln, während der Partner Geld verdient, sondern von Müttern oder Vätern, die ihre eigenen Interessen und ihr inneres Wachstum aufgeben, weil sie sich ausschließlich auf ihre Kinder konzentrieren. Jeder Versuch, aus zweiter Hand zu leben, ist eine Regression.

Noch problematischer sind Eltern, die ihr Selbstwertgefühl und ihren gesellschaftlichen Status von den Leistungen eines Kindes abhängig machen, wie es in Familien geschieht, die den Siegen ihres kleinen Sporthelden oder ihrer kleinen Schönheitskönigin ein übertriebenes Gewicht beimessen. Wir müssen selber kreativ bleiben und unsere eigene Wahrheit bis zum Ende unserer Tage entfalten. Wir sind die Eltern von Seelen, die uns vor ihrer Geburt schon bewußt auserwählt haben, weil sie an unserer Entfaltung teilnehmen und auf unseren Wachstumsprozessen aufbauen wollten, nicht, um uns stagnieren zu sehen.

Natürlich beruht alles letzten Endes auf Gegenseitigkeit. Die Sprößlinge helfen uns, tiefere Zusammenhänge zu erkennen, wodurch wir ebenfalls immer weiter aufwachsen. Wenn wir zunächst einmal als freiwillige Kraftspender fungieren, fangen unsere Kinder sehr bald an, uns mit synchronistischen Botschaften zu versorgen. Am Anfang imitieren sie unser Verhalten, was allein schon sehr aufschlußreich für uns ist, denn unser Verhalten beinhaltet weit mehr als verbale Ausdrucksweisen und Angewohnheiten, aber im späteren Leben führen sie uns auch die Limitationen unserer liebgewonnenen Lebensanschauungen mit aller Deutlichkeit vor Augen.

Und so können wir uns allesamt darauf gefaßt machen, daß wir, wenn wir nicht beizeiten an unseren Kontrolldramen und negativen Tendenzen arbeiten, später erneut von ihnen heimgesucht werden – diesmal in Form eines Spiegelbilds, denn das Verhalten unserer großgewordenen Kinder reflektiert frühere Versäumnisse. Auf der psychologischen und soziologischen Ebene werden die »Sünden der Väter« wirklich auf die Kinder und Kindeskinder übertragen, ganz konkret, wie ich in einem späteren Kapitel noch ausführen werde. Allein diese Tatsache sollte uns den Anstoß geben, die Verbindung zur inneren Kraftquelle noch bewußter als bisher zu festigen, im eigenen Stall zuerst zu kehren und unseren Kindern ein Leben vorzuführen, das auf keiner Bewußtseinsstufe steckenbleibt.

Die neue Ethik im Alltag

Wie wir gesehen haben, wirkt sich die neue Ethik in jedem Beziehungsbereich aus. Die Erkenntnis, daß uns die meisten synchronistischen Botschaften von anderen Personen vermittelt werden, bringt uns irgendwann an den Punkt, an dem wir gewillt sind, allen Menschen Energie zu spenden und sie damit anzuregen. Daß dies sowohl individuell als auch in Gruppen funktioniert und in romantischen Beziehungen unerläßlich ist, wissen wir. Liebesaffären werfen uns unwillkürlich aus dem Gleichgewicht, worauf sich der Partner als Ersatz für die Selbstsicherheit anbietet, die uns in Wahrheit nur aus der eigenen, inneren Kraftquelle erwächst. Deshalb kommen wir in allen Beziehungen am weitesten, wenn wir uns an die Grundregel der neuen Ethik halten, die besagt, daß wir Energie und Aufmerksamkeit geben, anstatt sie nehmen zu wollen. Inwieweit man dazu fähig ist, bestimmt, wie erfüllend eine Beziehung werden kann.

Im Umgang mit Kindern gilt dieselbe Grundregel: Energie geben, offen und ehrlich sein und führen, ohne übermäßig zu kontrollieren. Wenn man bei jeder Begegnung gibt, anstatt nehmen zu wollen, selbst bei scheinbar unwichtigen Zusammentreffen, werden wir mit einer Flut von synchronistischen Reaktionen und richtungweisenden Angeboten belohnt. Je mehr Liebe und Energie wir ausstrahlen, um so schneller kommen weiterführende Botschaften zu uns zurück, einmal ganz abgesehen davon, daß wir uns ohnehin schon sehr viel ausgefüllter und produktiver fühlen.

Ich glaube sogar, daß wir die neue Ethik aus noch tieferen Beweggründen praktizieren wollen. Im Grunde ist uns nämlich längst klar, was passiert, wenn eine kritische Masse von Leuten erreicht wird, die ein höheres Energieniveau wahren und den Grundregeln der neuen Ethik folgen: Die Erdbevölkerung wird auf ein paar Riesensprünge in ihrer Evolution vorbereitet.

10
Der Übergang in eine spirituelle Kultur

Der nächste Schritt in unserer gemeinsamen Bewußtseinsentwicklung beginnt mit einer intuitiven Vorschau auf die Zukunft. Welche Folgen hätte es, wenn jeder Mensch jetzt anfangen würde, das neue spirituelle Bewußtsein mit allem, was dazu gehört, im Alltag auszuleben? Inwiefern würde sich die Gesellschaft dadurch verändern?

Solche Fragen rufen innere Bilder wach, die uns das Schicksal der Menschheit bereits andeutungsweise vor Augen führen, zumal manche Aspekte unserer Kultur sich bereits in einem Umwandlungsprozeß befinden, der, wie ich glaube, für viele von uns auf eine ganz bestimmte Richtung abzielt.

Ein Zehntel des Einkommens abgeben

Es gibt ein universelles Gesetz des Gebens und Nehmens, auf das uns sämtliche Weisheitsschriften der Welt aufmerksam gemacht haben. Ob es: »Du erntest, was du gesät hast« heißt, wie in der Bibel, oder: »Das Karma, das dich ereilt«, wie bei den Hindus, ist unwesentlich. Alle spirituellen Traditionen lehren, daß die Intentionen und Handlungen jedes

Menschen letztlich auf ihn selbst zurückfallen, im Guten wie im Bösen. »Wie du in den Wald hineinrufst, so schallt es heraus«, ist eine jüngere Variante desselben Konzepts.

Viele moderne Denker haben das Universalgesetz von Ursache und Wirkung auch auf die Wirtschaftswelt bezogen und sind dabei auf die »Abgabe des Zehnten« zurückgekommen, wie sie schon in der Bibel empfohlen wird. Charles Fillmore, Napoleon Hill und Norman Vincent Peale erklärten einhellig, daß der Akt des Gebens, sei es in Form von Liebe, Energie oder Geld, unweigerlich dazu führt, daß noch mehr Liebe, Kraft und Geld zum Spender zurückfließt.[1] So weit ich weiß, wurde dieser Mechanismus bislang noch nicht formell untersucht, aber anekdotische Beweise häufen sich, weil immer mehr Geschäftsleute das Prinzip als zukunftsweisend erkennen und allmählich übernehmen.

»Die Abgabe des Zehnten« wurde schon vor Jahrhunderten praktiziert, vornehmlich von Katholiken. Aber da die Kirchen dem materialistischen Paradigma folgten, wiesen sie das Volk nur bei der jährlichen Kollekte auf den Lohn des Großmuts hin, worauf sich die Ansicht verbreitete, daß die Zehn-Prozent-Klausel den Kirchen diente, aber niemandem sonst. Erst in den letzten Jahrzehnten haben wir Einsichten gewonnen, die eine völlig neue Sichtweise zulassen. Wir wissen, daß der Akt des Gebens einen metaphysischen Prozeß in Gang setzt, der unsere Vorstellungen von einem resonanzfähigen Universum erneut bestätigt.

Früher erhob sich zunächst einmal die Frage, wem man den zehnten Teil des Einkommens geben sollte. Manche bestehen auch heute noch darauf, daß nur Kirchen, die eine bestimmte Glaubensrichtung am Leben erhalten, eine derartige Stiftung verdient haben. Andere weisen darauf hin, daß jede Spende eine Form der Abgabe des Zehnten ist, auf die das mitschwingende Universum dementsprechend reagiert. Wenn man mich fragt, wird der Akt des Gebens von synchronistischen Ereignisfolgen diktiert. Mit anderen Worten, wir merken, wann und wieviel wir geben sollen, weil es sich spontan aus der jeweiligen Situation ergibt.

Aus dieser Sicht gibt es zwei Arten von Stiftungen. Bei der ersten geben wir einem Menschen oder einer Organisation Geld, weil wir uns innerlich dazu aufgerufen fühlen. Einer meiner Freunde läßt sich von folgender Frage leiten: »Was hätte Gott in dieser Situation getan, wenn er dich an diese Stelle gesetzt hätte, weil er nicht kommen konnte?« Letztlich geben wir einfach, weil wir zur rechten Zeit zur Stelle sind. Wer sonst erkennt eine Notlage und greift rechtzeitig ein?

Mit der zweiten Möglichkeit treiben wir zudem auch noch den gesellschaftlichen Transformationsprozeß voran, denn hier stiften wir den Leuten, die uns synchronistische Botschaften zukommen lassen, einen Teil unseres Einkommens. Da kirchliche und andere spirituelle Organisationen synchronistische Botschaften vermitteln können, werden sie auch in Zukunft durch Spenden unterstützt, aber nicht ausschließlich. Wir wissen, daß uns die wichtigsten Botschaften fast immer von anderen Individuen zugetragen werden, die uns damit jahrelange Irrwege und Enttäuschungen ersparen. Warum unterstützen wir solche Menschen nicht mit finanziellen Beiträgen, um unsere Dankbarkeit zu zeigen?

Stellen Sie sich nur einen Augenblick vor, was passiert, wenn jeder spirituell orientierte Mensch jetzt anfängt, dieses Prinzip in die Tat umzusetzen. Wir würden einen ganz neuen Wirtschaftszweig in die Welt setzen, wenn wir die Menschen, die uns die Richtung weisen, mit spontanen Spenden belohnen und zugleich auch selbst von Individuen unterstützt würden, denen wir synchronistische Botschaften zukommen lassen.

Damit schaffen wir eine zusätzliche Einkommensquelle, die auf synchronistischen Fügungen beruht und erneut bestätigt, daß logische Vorausberechnungen und planmäßige Strategien zwar wichtig sind, aber nicht der einzig ausschlaggebende Faktor im Geschäftsleben. Also geben wir unsere Berufe, Unternehmen und Geschäftsverbindungen nicht auf, sondern fügen der Wirtschaft ein spontanes Element hinzu und sorgen dafür, daß die globale Ökonomie den Sprung auf eine höhere Ebene der Produktivität tun kann.

Mit Hilfe von synchronistischen Spenden können wir uns auch leichter an ein paar besorgniserregende Wirtschaftstendenzen anpassen, wie die weltweit steigende Arbeitslosenrate im Zuge der »Gesundschrumpfung« vieler Industriezweige und die Einkommensstagnation in hochentwickelten Nationen.

Bei einer Gesundschrumpfung müssen die wenigen verbleibenden Angestellten einer Firma ihre Produktivität steigern, was Computer und neuentwickelte Kommunikationssysteme tatsächlich auch zulassen. Dazu kommt, daß viele Entwicklungsländer jetzt fleißig daran arbeiten, der Produktivitätsrate der westlichen Nationen näherzukommen, und so können wir mit einem immer härteren Konkurrenzkampf rechnen, bei dem einer die Preise des anderen unterbietet und Arbeitslöhne sinken. Dieser Trend ist nicht aufzuhalten. Wir müssen uns anpassen, was wiederum nicht heißen soll, daß die Entwicklungsländer unsere gröbsten Fehler noch einmal wiederholen müssen, weil wir stillschweigend zuschauen, wenn sie ihre Ressourcen und Arbeitskräfte ausbeuten. So teuer es uns auch zu stehen kommen mag, ich glaube, daß die meisten von uns jedem Land der Erde das Recht einräumen, an der Weltwirtschaft teilzunehmen.

Wie werden wir mit all diesen Trends fertig? Zuerst müssen wir uns einen Überblick verschaffen.[2]

In den USA wird die Wirtschaftslage in erster Linie an der Produktivität der einzelnen Arbeitskraft ermessen, also der Summe der Güter oder Dienstleistungen per Arbeitskraft. Steigende Produktionsraten halten wir für ein Zeichen, daß unsere Volkswirtschaft gesund ist und ständig weiterwächst. Doch nun müssen wir uns fragen, wie lange diese Steigerung noch anhalten kann und wo sie enden soll, denn mit jedem Jahr werden immer mehr Güter und Dienstleistungen von immer weniger Arbeitskräften erstellt.

Auf kürzere Sicht wirken die Aussichten ausgesprochen negativ, aber wenn wir etwas weiter in die Zukunft blicken, erkennen wir die Vorteile dieser Entwicklung, die uns eines Tages vollends von wirtschaftlichen Zwängen befreien kann. Meines Erachtens gehören unsere Anfangsschwierigkeiten zu einer vorherbestimmten sozio-ökonomischen Evolution, die wir uns jetzt schon in großen Zügen bewußt machen.

Zunächst müssen wir uns umstellen, denn mit der fortschreitenden industriellen Automatisierung, haben wir die besten Aussichten nicht bei der Herstellung von Konsumgütern, sondern der Verbreitung von Informationen. Statistiken beweisen unser Anpassungsvermögen. In den Vereinigten Staaten steigt die Zahl der freien Unternehmer mit jedem Monat, und nicht, weil immer mehr Leute Produkte herstellen oder Läden aufmachen, die ein hohes Startkapital benötigen. Die meisten Freischaffenden arbeiten in ihrem eigenen Wohnzimmer, als Experten auf einem spezialisierten Wissensgebiet. In Amerika betreiben etwa 46 Millionen Leute bereits ein flexibles Home-Business dieser Art und beziehen die meisten ihrer Aufträge aus dem Informationssektor.[3]

Auf längere Sicht können wir uns darauf gefaßt machen, daß wir eines Tages vollautomatisch mit sämtlichen Konsumgütern versorgt werden und unser Wirtschaftsleben nahezu ausschließlich von dem Austausch zeitgemäßer Informationen bestimmt wird. Am Anfang dreht sich dieser Austausch garantiert um das Know-how im fortlaufenden Automatisierungsprozeß, aber unterdessen steigt auch die Nachfrage nach weiterführenden, spirituellen Informationen, und so wird der Informationsaustausch auch unseren kulturellen Übergang in eine spirituell orientierte Gesellschaft reflektieren.

Für mich ist offensichtlich, daß wir uns die Umstellung erleichtern, wenn wir ein Zehntel unseres Einkommens auf die vorher besprochene Weise in das Wirtschaftssystem einbringen. Im Verlauf der Umstellung werden persönliche Einkünfte dadurch aufgestockt, und dann wird das alte System, bei dem wir Festpreise für unsere Dienste verlangt haben, allmählich durch ein System ersetzt, bei dem wir unsere Wahrheit im Zuge synchronistischer Begegnungen verbreiten und dafür von den Empfängern mit einer Zehn-Prozent-Spende belohnt werden. So utopisch diese Idee vom Standpunkt des alten Paradigmas klingen mag, sie beruht auf dem kapitalistischen Prinzip von Angebot und Nachfrage und überträgt diese Grundregel auf ein nahezu vollautomatisiertes Wirtschaftsgefüge.

Wenn der Mensch wirklich nicht anders kann, als eine Marktlücke finden und sie dann füllen, ist dies die einzig mögliche Zukunft für unsere Wirtschaft, wie ich später noch ausführen werde. Um ein solches System einzuleiten, müssen jedem Bürger Anteile an den Erträgen der automatisierten Industrien gesetzlich zugesichert werden, vielleicht in Form von Börsenanteilen, die jeden Staatsangehörigen mit einer Existenzgrundlage versorgen. Zusätzliche Einkünfte werden durch den Austausch synchronistischer Informationen und andere Dienstleistungen erworben. Mit einem solchen System können wir eines Tages vollkommen auf harte Währung verzichten, genau wie die Visionäre des Science-fiction-Genres es der Menschheit vorausgesagt haben, wobei ich natürlich voraussetze, daß das neue spirituelle Bewußtsein zur Realität einer sehr breiten Masse geworden ist.

Außerdem gehe ich davon aus, daß wir weiterhin bahnbrechende technologische Fortschritte machen und eine rentable, nahezu unerschöpfliche Energiequelle für den weltweiten Elektrizitätsbedarf entdecken. Wir stehen kurz davor. Laut Dr. Eugene F. Malloy werden mehrere neue Energiequellen demnächst funktionsfähig, unter anderem auch die überall diskutierte kalte Fusion.[4] Wenn eine billige Form der Stromversorgung in die Weltwirtschaft integriert werden kann, ist die Vollautomatisierung nicht mehr aufzuhalten.

Vielleicht ist es ausschlaggebend, daß wir jetzt schon damit anfangen, dieses System in die Wege zu leiten. Werden wir dabei auf Schwierigkeiten stoßen? Jawohl. Wenn der Finanzexperte William Greider mit seinem Buch *One World, Ready or Not* [5] recht hat, können wir uns auf mehrere größere Wirtschaftsschwankungen gefaßt machen – alle das Resultat der momentanen Finanzspekulationen. Laut Greider steht die Weltwirtschaft am Rande der Situation, die 1929 von den Amerikanern konfrontiert wurde, weil zu viele hochverschuldete Leute ihr Geld in nutzlose Wertpapiere investiert hatten. 1929 platzte die Blase dann mit einem Schlag: Es gab kein Bargeld mehr, weil die Banken, die ihren Kunden hochverzinste Unsummen zum Spekulieren geliehen hatten, bankrott gingen und ihre Türen schlossen. So verloren zahllose Amerikaner ihre Lebensersparnisse.

Infolgedessen wurde die Höhe von Anleihen innerhalb der Vereinigten Staaten gesetzlich geregelt, und die Banken mußten Guthaben bis zu einer bestimmten Höhe mit einer Garantiesumme versichern, was viele andere Regierungen ebenfalls durchsetzten. In den letzten Jahren hat sich der Weltmarkt allerdings wieder als dermaßen verlockend erwiesen, daß viele Nationen mehr oder minder unregulierte Auslandsinvestitionen erlaubt und sich an internationalen Spekulationen beteiligt haben, ähnlich wie die amerikanische Wirtschaft kurz vor dem Zusammenbruch im Jahre 1929. Heutzutage ist die Stabilität jeder Landeswährung von dem Ausgang weltweiter Spekulationen abhängig, und keine einzelne Regierung kann viel dagegen tun. Riesige Summen werden in einem Land geborgt und dann ohne glaubhafte Garantien in ein anderes Land investiert. Können Fehlinvestitionen eine Währung, vielleicht auch das Finanzsystem einer Reihe von Nationen in die Knie zwingen? Selbstverständlich.

Globale Probleme solcher Art beweisen uns erneut, daß wir die Marktwirtschaft vor Ort stärken müssen, anstatt Exzessen Vorschub zu leisten, was uns allen durch eine synchronistische Lebensweise und die Abgabe des Zehnten an den nächsten synchronistischen Botschafter erleichtert wird.

Synchronizität und Energie

Auf welche kulturellen Veränderungen können wir uns sonst noch gefaßt machen? Mit zunehmendem Bewußtsein wird die Energie des einzelnen ständig angehoben, und da immer mehr Individuen jetzt direkte mystische Erfahrungen machen, steigert sich ihr Energieniveau systematisch und überträgt sich auf immer weitere Kreise. Mit anderen Worten, mehr und mehr Menschen werden imstande sein, auf immer höheren Ebenen des Bewußtseins zu existieren und den Lauf der Dinge von dort aus mitzubestimmen.

Und ist dies nicht der Prozeß, der die Menschheit seit Urzeiten Stück für Stück vorangetrieben hat? Soweit wir wissen, wurde die Entwicklungsstufe und Lebensdauer jeder Generation von der nächsten übertroffen. Mit fortschreitender Zivilisation wurden zudem auch immer mehr sogenannte Universalgenies hervorgebracht, die unschätzbare Beiträge zur Anhebung des allgemeinen Lebensstandards leisteten. Heute führt ein größerer Prozentsatz der Erdbevölkerung als jemals zuvor in unserer Entwicklungsgeschichte ein kreatives, energiegeladenes Leben. Früher hätten wir solche Fortschritte aus der materialistischen Perspektive betrachtet und sie auf gesündere Verpflegung, bessere Hygieneverhältnisse und die Fortschritte in der Medizin zurückgeführt.

Aber, wie wir wissen, wird das alte, materialistische Denkschema ebenfalls fortentwickelt und verwandelt sich jetzt in ein Realitätsbild, in dem es in Wirklichkeit keine Materie gibt. Selbst die Atome, aus denen unsere Körper bestehen, gehen in einer puren Energiewelt unter, werden zu einem Muster von Vibrationen, das seine Formen auf verblüffende Weise ändern und auf neue Art rekonstituieren kann. Wie sonst erklären wir spontane Heilungen, bei denen Tumore plötzlich verschwinden oder verwundetes Gewebe praktisch über Nacht geheilt wird?[6] Der Fortschritt der Generationen ist ein Fortschritt des Bewußtseins und Selbstvertrauens, bei dem wir uns auf immer höheren Energieebenen etablieren.

Was der Sport uns lehrt

Bei tieferen Gesprächen mit Sport- und Gymnastikenthusiasten stellt sich sehr bald heraus, daß es den meisten nicht in erster Linie um den kurzen Siegesrausch oder ihre äußerliche Fitneß geht, sondern die anhaltende, inwendige Euphorie. Beim Rennen und anderen aerobischen Übungen durchbrechen sie die sogenannte »Schallmauer«, das Gefühl, daß man einfach nicht mehr weiterkann. Im Moment des Durchbruchs ist alle Anstrengung vorbei; man fängt an, sich immer leichter zu fühlen, ruhiger, besser koordiniert und flüssiger in allen Bewegungen.

Wir trainieren, um an größere Energiemengen heranzukommen, und weil wir uns auch danach noch eine Zeitlang viel besser fühlen, geistig reger sogar. Interessant ist, daß mit jedem Jahr höhere Leistungen in allen Bereichen vollbracht werden: Bodybuilding, Laufen, den asiatischen Kampfsportarten, Tennis, Eiskunstlaufen, Springen, Golf, Schwimmen, Gymnastik und so fort. In jeder Disziplin werden die alten Rekorde ein ums andere Mal gebrochen und frühere Höchstleistungsgrenzen überschritten.

Das alte Denkschema, das unsere Körper auf Muskeln, Knochen und Sehnenstränge reduziert, kann solche Fortschritte nicht erklären. Wenn du einen eingefleischten Materialisten fragst, wohin diese Leistungssteigerung letzten Endes führen wird, erklärt er dir, daß der menschliche Körper irgendwann sein volles Potential erreicht, wonach ein Läufer unmöglich noch schneller rennen, ein Gewichtheber kein weiteres Pfund liften und ein Tennisspieler den Ball nach soundsovielen Runden einfach nicht mehr rechtzeitig erwischen kann. Doch jede sogenannte Leistungsgrenze wird genauso unbekümmert überschritten wie die Vier-Minuten-Meile. Wir hören nicht auf, noch schneller zu werden, noch präziseres Timing und noch mühelosere Koordination zu entwickeln.

Wo hört diese Steigerung nun wirklich auf? Die einzige, den Tatsachen entsprechende Antwort ist, nirgends. Früher oder später werden unsere besten Hundertmeterläufer ihre Körper einem Willen unterstellen, der weiß, welche Geschwindigkeit erreicht werden kann, und ihre Form blitzschnell verändern. Beim Rennen werden sie wie pure Lichtblitze an uns vorüberzischen.

Was die Yogis wissen

Zu allen Zeiten haben die asiatischen Länder Yogis mit ähnlich verblüffenden Fähigkeiten hervorgebracht. In seinem richtungweisenden Werk, *The Future of the Body*, hat der Autor Michael Murphy eine Kollektion von dokumentierten Fällen der physischen Transformation zusammengetragen, in denen Menschen beispielsweise in der Luft schwebten, ihre Körperform spontan veränderten und übermenschlich wirkende Kräfte demonstrierten.[7] Viele Denker und Forscher halten solche Fähigkeiten für ein Resultat langjähriger Yogaübungen und Meditationspraktiken und erklären weiterhin, daß derartige Kräfte zwar immer noch relativ selten entwickelt werden, aber im Grunde genommen zu den menschlichen Anlagen gehören.

Seit Jahrhunderten hat der Westen mit Kopfschütteln auf derartige Informationen reagiert. Obwohl die Bibel berichtet, daß Jesus vor seinen Jüngern auftauchen und verschwinden konnte, über Wasser ging und vieles mehr, wurden Fähigkeiten dieser Art generell als Mythen oder Metaphern interpretiert, in späteren Zeiten sogar von der christlichen Kirche selbst, die erklärte, daß übersinnliche Kräfte das Merkmal einer Gottheit sind und daher unmöglich von normalen Menschen entwickelt werden können.

Doch sowohl in den östlichen wie westlichen Zeitchroniken gibt es eine Fülle von Beispielen für

Menschen mit Fähigkeiten, die das Fassungsvermögen des alten Paradigmas bei weitem übersteigen, wie Michael Murphy gezeigt hat, und zu der Massenerweckung, die wir heute erleben, gehört auch eine Revision der Ansichten über das Menschenmögliche – und nicht nur für hochbegabte Adepten, sondern möglich für Sie und mich.

Worauf steuern wir zu?

Die vorher beschriebenen Leistungen lassen uns einen Blick in die Zukunft der Menschheit werfen. Und mit dieser Zukunftsvision finden wir auch den Mut, alte Umgangsformen aufzugeben und das innewohnende Potential heute und jeden Tag für alle sichtbar zu entfalten.

Wie wir gesehen haben, kann die Zukunftswelt eine Welt der Kreativität und persönlichen Erfüllung sein. Stellen Sie sich vor, wie es sein wird, wenn die meisten Menschen, denen Sie begegnen, nach synchronistischen Fügungen Ausschau halten und von vornherein annehmen, daß jedes Gespräch mit Ihnen eine wichtige, vielleicht sogar schicksalhafte Botschaft für sie enthält.

Damit wird die Qualität sämtlicher Beziehungen grundlegend verändert, und die neuen zwischenmenschlichen Umgangsformen werden sich auch bald im ökonomischen Sektor niederschlagen. Sobald genug Menschen verstehen, daß das Prinzip des synchronistischen Spendens funktioniert, wird es ins Wirtschaftsgefüge integriert, und dann werden Individuen mit einem Prozentsatz unseres Einkommens unterstützt, die wir freiwillig und aus guten Gründen fördern möchten. Und was wir investiert haben, kommt wie durch Magie zu uns zurück, in Form von Gelegenheiten und finanzieller Unterstützung, genau, wie wir es erwartet haben – denn das Endergebnis liefert den Beweis.

Mit Spenden solcher Art schaffen wir zunächst nur eine zusätzliche Einkommensquelle für einzelne, doch nachdem technologische Fortschritte dafür gesorgt haben, daß materielle Bedürfnisse automatisch befriedigt werden, charakterisieren sie den finanziellen Austauch schlechthin, denn im Informationszeitalter konzentriert sich die kollektive Schaffenskraft nicht länger auf die Gewährleistung der materiellen Sicherheit, sondern auf die Erfüllung geistig-seelischer Bedürfnisse. Wie wir gesehen haben, sind wir dabei, eine weltweit um sich greifende Aufwärtsspirale der gegenseitigen Unterstützung und Beflügelung zu erzeugen, bei der auch unsere physischen Körper von den höheren Schwingungen ergriffen werden, so daß wir eines Tages alle zu feinstofflichen Lichtwesen werden können, wenn wir wollen.

11
Die jenseitige Perspektive

Wenn es uns vorherbestimmt ist, als spirituelle Wesen auf Erden zu existieren, erheben sich eine Reihe von Fragen. Wie sieht die himmlische Dimension aus, der wir entspringen und in die wir am Ende wieder zurückkehren? Was bedeuten Geburt und Tod, wenn wir im Grunde unsterblich sind?

Aus jüngsten Meinungsumfragen geht hervor, daß die große Mehrheit der Amerikaner an ein Leben nach dem Tode glaubt, wobei der Prozentsatz in vielen anderen Ländern noch weitaus höher ist. Aufschlußreich ist, daß die allgemein verbreiteten Vorstellungen vom Jenseits nicht länger den althergebrachten, im Westen propagierten Konzepten über Himmel und Hölle entsprechen.[1]

Früher haben wir uns das Jenseits wie eine alberne Karikatur vorgestellt, voller Putten, harfespielenden Engeln und Wölkchen, denn die Abwehr in Anbetracht der Todesmysterien ließ keine ernstliche Untersuchung zu. Eine nähere Untersuchung des Sterbevorgangs hätte uns die Tatsache unseres eigenen Todes zu gnadenlos vor Augen geführt, und außerdem hatte zum mindesten die westliche Bevölkerung gerade keine Zeit für solche Auseinandersetzungen.

Erst in der Mitte des zwanzigsten Jahrhunderts machte die humanistische Psychologie sich daran, unseren Blickpunkt umzulenken und ein Auge nach dem anderen zu öffnen. Mittlerweile können wir den Tod nicht nur als natürlichen Bestandteil des Erdenlebens akzeptieren, jetzt befassen wir uns sogar mit den Details. In den letzten Jahrzehnten ist eine Fülle von neuen Informationen auf dem Weltmarkt erschienen, und jeden Monat werden weitere Bücher mit Erlebnisberichten von Menschen veröffentlicht, die eine Zeitlang klinisch tot waren und dann wiederbelebt wurden. Die meisten kehrten nur zurück, weil sie im Lauf ihrer Nahtoderfahrungen einsahen oder darauf hingewiesen wurden, daß sie noch etwas auf Erden zu tun hatten, bevor sie in die andere Dimension gehen durften.

Zu alledem haben eine ganze Reihe von renommierten Forschern wie Kenneth Ring und Melvin Morse ihre wissenschaftlichen Untersuchungsergebnisse über die Nahtoderfahrung publiziert und einem breitgestreuten Leserkreis glaubwürdig dargestellt.[2]

Dem breitesten Publikum wurde dieses Wissen durch Spielfilme mit international bekannten Filmstars veranschaulicht, in gewissen preisgekrönten Filmen zum Teil sogar mit einer Eindringlichkeit, der sich die wenigsten Zuschauer entziehen konnten. Wer wurde nicht von dem Film *Always* berührt, in dem ein Forstpilot das Leben seines Freundes rettet, aber sein eigenes bei einem Flugzeugunglück verliert? Nach dem Absturz wandert er verwirrt durch den Wald und denkt, er sei dem Tode wie durch ein Wunder entronnen, bis ein Lichtwesen ihn schließlich davon überzeugt, daß er tatsächlich gestorben ist und nun die Aufgabe hat, als Schutzgeist für einen völlig unspirituellen Nachfolger zu fungieren, der die freigewordene Stelle als Pilot annimmt. Der Realismus, mit dem die Beziehungen zwischen den Wesen im Diesseits und dem Jenseits dargestellt wird, war sehr beeindruckend.

Ein anderes Beispiel ist der Hollywoodfilm *Ghost*, in dem ein junger Mann bei einem Raubversuch ermordet wird, und dann feststellt, daß er immer noch alles mitkriegt, was sich auf der Erde abspielt, aber zu seiner Verzweiflung nicht mehr in der Lage ist, die Erdbewohner auf seine Anwesenheit aufmerksam zu machen. Eine Zeitlang bleibt er erdgebunden, um seine Geliebte vor dem Mörder zu beschützen, der auf der Suche nach einem geheimen Computer-Kennwort ist. Dabei begegnet der jüngst Verstorbene anderen Geistern, lernt, wie die Lebenden kontaktiert werden können und findet eine Wahrsagerin, die ihn zwar nicht sehen, aber hören kann.

Solche Filme reflektieren neuentdeckte Erkenntnisse über die jenseitige Dimension und geben uns einen Einblick in Dinge, die tatsächlich nach dem Tode erlebt werden können. Wie immer, bleiben viele Fragen offen, aber im Zuge der Aufklärung durch den weltweiten Informationsaustausch gewinnen wir allmählich ein recht klares Bild von dem Übergang, den wir als Tod bezeichnen, und dieses Wissen läßt uns auch das Erdenleben und seine Zukunft aus einer höheren Perspektive betrachten.

Die Nahtoderfahrung

Die Übereinstimmungen in den Erlebnissen von klinisch toten und dann zum Leben zurückgekehrten Menschen in aller Welt sind erstaunlich. Zum Beispiel verlassen sehr viele ihren Körper bei Bewußtsein und schweben eine Weile lang über ihren Betten oder der Unfallstelle. Aus der Höhe beobachten sie eventuelle Wiederbelebungsversuche etc. und hören die Gespräche der Verbliebenen, die sie später oft nachweislich korrekt wiederholen können.

Manche schweben eine Zeitlang im Hospital herum, bevor sie sich fragen: »Was nun?« Diese Frage löst gewöhnlich ein Gefühl des Gleitens aus und versetzt die Person in etwas, das durchweg als ein Lichttunnel beschrieben wird. Andere werfen keinen Blick mehr zurück, nachdem sie ihre Körper verlassen haben, sondern finden sich sofort in diesem Tunnel wieder.

Manchmal führt der Tunnel zu einer Art Zwischenreich, das von einem warmen, weißen Licht durchflutet ist und die Person in immense Liebe und Frieden hüllt. Hier tauchen oft auch verstorbene Verwandte und Freunde auf, die erklären, was geschehen ist. Immer wieder heißt es, daß die Person jetzt mit absoluter Gewißheit spürt, daß sie endlich heimgekommen ist, woraufhin sie sich weigert, auf die irdische Seinsebene zurückzukehren.

Im Verlauf einer Nahtoderfahrung wird dem Verstorbenen dann eine Bilderfolge gezeigt, die eine intensiv erlebte Lebensrückschau auslösen. Danach können manche sich für eine Rückkehr zum Körper entscheiden. Anderen wird erklärt, daß sie auf jeden Fall zurückkehren müssen und warum. Nahezu immer wird in diesem Stadium mit aller Klarheit wahrgenommen, was es noch auf Erden zu tun gibt.

Ausnahmslos jeder wird von einer Nahtoderfahrung transformiert, und zwar bis ans Lebensende. Die meisten beschreiben sich als großzügiger, unerschütterlicher und liebevoller, als sie es, nach eigenen Aussagen, jemals für möglich gehalten hätten.[3]

Die Lebensrückschau

Die Lebensrückschau ist eins der faszinierendsten Aspekte der Nahtoderfahrung. Gewöhnlich flimmert das ganze Leben noch einmal vor den Augen des Verstorbenen vorüber, aber nicht wie ein Film, sondern eher wie eine holographische Repräsentation. Jedes Ereignis wird in allen Einzelheiten wieder erlebt und dabei nicht von fremden Instanzen beurteilt, bzw. gerichtet, sondern vom eigenen Bewußtsein. Es ist, als hätte sich das persönliche Bewußtsein so weit ausgedehnt, daß es sich mit einer göttlichen Intelligenz vereint und alles mit tiefstem Verständnis erlebt.

In diesem Zustand wird erkannt, welche Fehlentscheidungen getroffen wurden und welches Verhalten von Fall zu Fall besser gewesen wäre. Also kann eine Lebensrückschau sowohl extrem schmerzhaft wie ekstatisch sein, je nachdem, was gerade nachvollzogen wird. Beim Rückblick auf eine Situation, in der die Betreffenden anderen Lebewesen physische oder emotionale Schmerzen zugefügt haben, fühlen sie genau, was die anderen empfunden haben, denn es ist, als hätten sie ihre Körper ausgetauscht.

Und so wird auch die Freude und Liebe, die sie in anderen ausgelöst haben, noch einmal vom Standpunkt der Mitmenschen wieder erlebt. Die Intensität dieser Empathie veranlaßt die meisten Rückkehrer, sich von nun an einfühlsamer und hilfsbereiter zu verhalten. Sie wollen die gleichen Irrtümer um keinen Preis wiederholen, denn für sie hat jede Bemerkung, jeder Austausch mit einem Freund oder Kind, jeder Gedanke über einen anderen Menschen, der in den Kosmos hinausgeschickt wird, eine ungleich viel akutere Bedeutung. Rückkehrer von einer Nahtoderfahrung wissen aus eigener Erfahrung, daß sie jede Situation eines Tages wieder erleben und vom Standpunkt des anderen nachvollziehen müssen.

Meines Erachtens ist uns die Realität der Lebensrückschau unterschwellig bereits bewußt. Wen wundert es, wenn jemand, der einem tödlichen Unfall wie durch ein Wunder entkommt, erklärt: »Mein ganzes Leben ist noch einmal vor mir vorübergeflimmert.« In zahllosen heiligen Schriften gibt es Passagen, die auf eine Art »Urteilsspruch nach dem Tode«, hinweisen, was man ebenfalls als eine Variante der Lebensrückschau auffassen kann. Aber heute machen wir uns mit den Einzelheiten vertraut, und die gesammelte Lektüre auf dem Gebiet bestätigt, daß wir beim Übergang ins Jenseits tatsächlich gerichtet werden, aber nicht von einem rachsüchtigen Gott, sondern einem göttlichen Bewußtsein, das unzertrennlich mit uns verwoben ist.

Die Aufklärung auf dem Gebiet hat weitreichende Folgen: Wir handeln weniger eilfertig und machen uns die Auswirkungen unserer Aktivitäten mit mehr Feingefühl bewußt. Uns wird klarer denn je, was es bedeutet, wenn wir die Mitmenschen beflügeln. Sicher gelingt uns das nicht immer, aber jetzt können wir innehalten und die Lebensrückschau vorwegnehmen, indem wir uns hin und wieder vor Augen führen, was wir getan haben. Ich glaube, daß sich dabei herausstellt, daß dies die echte Reue und innere Läuterung ist.

Das Problem des grundsätzlich Bösen

Ist etwas Wahres an den Geschichten vom Teufel und den gefallenen Engeln, die sich dem Bösen verschworen haben? Kein Untersuchungsergebnis weist auf ein derartiges Treiben im Jenseits hin.

Die gesammelten Daten im Nahtodbereich bestätigen, daß es nur eine göttliche Kraft im Universum gibt, und diese Kraft ist positiv. Beim Bösen geht es grundsätzlich um den Egoismus, der eine Entfremdung von der Schöpferkraft hervorruft und damit Existenzangst. Solange der Mensch sich nicht eigenmächtig von der Urkraft abspaltet, wird er mit inwendiger Sicherheit erfüllt, sowohl im Diesseits wie im Jenseits. Durch die willentliche Abspaltung von der Urquelle werden zahllose Probleme in die Welt gesetzt, denn nun suchen wir die verlorene Sicherheit außerhalb von uns selbst in allerlei egoistischen Ersatzbefriedigungen, an die wir durch Kontrolldramen herankommen.

Wie im fünften Kapitel erklärt wurde, entwickeln wir komplexe Strategien, um unsere Wahrnehmung zu limitieren und die unerträglichsten Existenzängste damit zu verdrängen. Alles Böse – von der sogenannten Weiße-Kragen-Kriminalität bis zum grausamsten Sexualmord – ist ein Versuch, die Angst vor dem haltlos Verlorensein auszuschalten, und sei es auch nur für einen Moment. Hölle und Fegefeuer sind innere Zustände.

Die meisten Gewalttäter wachsen vernachlässigt

und mißhandelt auf, unter furchterregenden Umständen. Wenn ein weinendes Kind mit Prügeln zum Schweigen gebracht wird, sexuell von Eltern oder Verwandten mißbraucht, von älteren Kindern in der Nachbarschaft terrorisiert und essentiell von allen verstoßen, sind die Angstzustände, die in solchen Fällen permanent erfahren werden, nicht mehr vorstellbar für Menschen aus stabileren Familienverhältnissen. Solche Kinder müssen Strategien erfinden, um mit dem inwendigen Terror und aufgestauten Haß fertig zu werden.

Eine typische Strategie äußert sich im Fetischismus und anderen Formen des Zwangsverhaltens, bei denen es letztlich darum geht, inwendige Vorstellungen in Taten umzusetzen, damit ein Gefühl der Kontrolle entsteht. Bei weniger tiefgreifenden Angstzuständen kann das Machtgefühl schon beim Straßenraub erzeugt werden, in extremeren Fällen nimmt das Zwangsverhalten die Form von Serienmorden oder professionellem Terrorismus an. All diese Verhaltensweisen müssen als Verteidigungsmechanismen gegen die Angst verstanden werden, die durch die innerliche Abspaltung von der Gotteskraft hervorgerufen wird.[4]

Was ist die Hölle?

Das Problem bei der Konstruktion von illusionären Fluchtwegen vor der Angst ist, daß sie den Flüchtenden dauernd im Kreis herumführen. Man kann das Symptom – den inwendigen Druck – eine Zeitlang loswerden, doch bleibt der Kern des Übels – die existentielle Angst und Haltlosigkeit – dabei intakt, und so ist jede Flucht zum Scheitern verurteilt. Ein Straßenräuber, der seine Überlegenheit bei der Bedrohung von Ortsfremden demonstriert, kann sich kurzweilig im Machtrausch ergehen, doch bald darauf wird sein Bewußtsein wieder von unbewältigten Erinnerungen und dem Grauen vor der inneren Leere übermannt. Wie ein Drogenabhängiger, der die Dosis ständig erhöhen muß, um vergleichbare Rauschzustände zu erzielen, fühlt er sich nun gezwungen, die Vehemenz seiner Machtdemonstrationen zu steigern, denn nur so kann die Angst jetzt noch effektvoll in den Hintergrund gedrängt werden. Doch damit begibt er sich zwangsläufig in noch gefährlichere Situationen, in denen seine Angst zwangsläufig noch erschreckendere Ausmaße annimmt: Es ist ein Teufelskreis.

Dieses Szenario wird von jedem ausagiert, der von dem obsessiven Verlangen nach Macht, Reichtum, Drogen, Ruhm, Sex usw. kontrolliert wird. Ganz gleich, welche Krücken benutzt werden, um der inwendigen Erfüllung näherzukommen, sie brechen sehr bald zusammen, und da die Ursache

261

der Obsession unangetastet bleibt, behält die Angst die Oberhand und treibt den Süchtigen immer weiter auf seiner endlosen Flucht vor sich selbst. Dies ist die Hölle auf Erden – und wenn man den gesammelten Erlebnisberichten von Rückkehrern und Leuten, die ihre Körper jederzeit willentlich verlassen können, Glauben schenkt, werden diese Zwänge auch nach dem Tode ausagiert.

Robert Monroe berichtet von Ausflügen in die jenseitige Dimension, bei denen er Seelengruppen begegnet ist, die höllische Zwangsvorstellungen, zum Teil sexueller Art, ausagieren, um der inneren Leere zu entrinnen.[5] Ruth Montgomerys automatische Niederschriften erklären, daß manchen Seelen beim Übergang nicht bewußt wird, was geschehen ist, weil sie in den Wahnvorstellungen ihrer auf Erden konstruierten Abwehrmechanismen verfangen bleiben.[6]

Dazu wird allerdings auch immer gesagt, daß unzählige Lichtwesen sich darum bemühen, traumverlorene Seelen aufzuwecken – und offenbar mit den uns bereits bekannten Methoden: Sie besinnen sich auf das wahre Selbst der verwirrten Seelen und strahlen Liebe aus, bis die innewohnende Gotteskraft wahrgenommen wird, die in allen Dimensionen das einzig wirksame Heilmittel für zwanghafte Aktivitäten ist.

Kein einziger Bericht weist auf eine Verschwörung der Mächte des Bösen hin. Meines Erachtens müssen wir zu dem Schluß gelangen, daß die gefallenen

Engel der biblischen Schriften symbolisch sind. Denker von C. G. Jung bis Joseph Campbell halten die Geschichten vom Sündenfall und Luzifers Fall von der Gnade Gottes und dem nun folgenden Absturz zur Hölle für Metaphern, Gleichnisse für die Fallgruben auf dem langen, menschlichen Entwicklungsweg. Auf seiner evolutionären Reise zum Gottesbewußtsein taucht der Mensch aus dem Schlaf der Unbewußtheit auf, indem er ein vermeintlich eigenmächtiges Ego entwickelt, das ihm ein gewisses Selbstbewußtsein verleiht. Um über diese Entwicklungsstufe hinauszugehen, muß das Ego dem wahren Selbst die Führung überlassen und seinen Widerstand gegen die transzendente Erfahrung aufgeben.

Jeder von uns weiß, was in der jugendlichen Auflehnungsphase geschieht, in der wir versuchen, uns zu profilieren und eine einmalige Identität zu konstruieren, mit der wir uns unverkennbar von den Eltern abheben. Um ein »unabhängiges« Ego entfalten zu können, sondern wir uns auf die gleiche Weise von unserem intuitiven Ursprung ab und versuchen, den gesamten Schicksalslauf vollkommen in den Griff zu kriegen. Man kann sogar sagen, daß der gesamte westliche Kulturkreis die jugendliche Auflehnungsphase seit vier- oder fünfhundert Jahren ausagiert hat, da die Tiefenaspekte des menschlichen Wesens mit aller Macht verleugnet und die Ego-Identität mit allen Mitteln aufrechterhalten wurde.

Insofern ist die Metapher von einem Teufel, der

uns in die Hölle schleppt, wenn wir uns zu weit von Gott entfernen, durchaus zutreffend, denn das Ego, das sich vom inwendigen Gottesbewußtsein abgespalten hat, schleppt uns tatsächlich in die Hölle.

Die Geburtsvision

Im Verlauf einer Nahtoderfahrung wird manchen Sterbenden auch eine Vorschau auf ihr nächstes Leben gewährt.[7] Dabei handelt es sich um einen bildhaften, panoramischen Überblick, der den jeweils günstigsten Verlauf eines zukünftigen Lebens veranschaulicht. Wir nennen es »die Geburtsvision«, und die Berichte von Rückkehrern, die anhand ihrer Geburtsvision erkennen konnten, was sie im einzelnen noch in diesem Leben vollenden mußten, helfen uns ebenfalls weiter.

Auch ohne eine Nahtoderfahrung kann man seine wahren Lebensziele entdecken, weil sie in Form einer Geburtsvision im Bewußtsein jedes Menschen gespeichert sind. Daß eine Rückschau auf das bisherige Leben unterschwellige Absichten und höhere Ziele offenbart, wissen wir, aber man kann noch weiter in die Vergangenheit zurückgehen und dabei auf eine vorgeburtliche Vision stoßen, die ein noch umfassenderes Bild von den Dingen enthält, die auf diesem Planeten erreicht werden können, wenn man seine Wahrheit zum Ausdruck bringt und den synchronistischen Wegweisern folgt.

In den meisten Fällen eröffnet sich die Vorschau nicht bei einer Nahtoderfahrung, sondern weil man sein Bewußtsein trainiert hat, die höheren Seinsebenen wahrzunehmen, wie es durch Meditation, Beten und andere Selbstbesinnungsmethoden geschieht. Man kann beim Wandern an einer wunderschönen Stelle anhalten und spontan in Meditation gehen, um nur ein Beispiel zu nennen. In diesem Zustand läßt das Geplapper des Egos nach, und nun besinnt man sich auf die Frage: »Was soll ich tun?«

Vor dem Hintergrund der geistigen Klarheit kann jetzt ein Bild aufsteigen, in dem man sich bestimmte Dinge tun sieht, genau wie in einem Tagtraum. Oft sind solche Offenbarungen intuitive Antworten auf momentane Lebensfragen. Aber manchmal geht das Bild über die derzeitige Lebenslage hinaus und zeigt eine fernere Zukunft, die noch klarer definiert, was wir mit dieser Inkarnation bewirken wollen. Solche Hinweise bestätigen die bereits erkannten Grundwahrheiten, die wir auf Erden zum Ausdruck bringen wollen, gehen aber noch darüber hinaus und zeigen, was im Idealfall erreicht wird, wenn wir in jeder Hinsicht erfüllen, was man an diesem Punkt nur noch als Mission bezeichnen kann.

Zum Beispiel: Nehmen wir einmal an, eine junge Frau weiß bereits, daß sie ihren momentanen Job aufgeben und Lehrerin werden soll, weil sie in vieler Hinsicht schon immer darauf vorbereitet wurde, Anfängern das Lesen beizubringen. Diese

Wahrheit wird von der Geburtsvision noch tiefer ausgeleuchtet, denn nun sieht sie womöglich, daß ihre Mission darin besteht, eine neuartige Lesetechnik oder Lehrmethode zu entwickeln, die Analphabeten überall auf der Welt zugute kommt. Rein intuitiv begreift sie diese Offenbarung als umfassenderen Einblick in die Dinge, zu denen ihre Wahrheit führen könnte, solange sie sich getreulich daran hält.

Solche Einblicke werden von inspirierter Erregung und stolzer Gewißheit begleitet. Die junge Frau spürt: »Wenn ich *das* mache, platze ich vor Energie und bin erfüllt.« Echte Geburtsvisionen hinterlassen einen unauslöschlichen Eindruck von den zukünftigen Möglichkeiten. Daraufhin setzt das Bewußtsein auch die momentanen Lebensfragen in einen großen Zusammenhang, der den tagtäglich erlebten Fügungen eine glanzvolle Tiefe verleiht. Wir bekommen nicht nur das Gefühl, etwas Wahres zu sagen zu haben, sondern auch einen Vorgeschmack von der Erfüllung, die sich einstellt, wenn wir diese Wahrheit voll und ganz zum Ausdruck bringen.

Ich selbst habe eine derartige Vision gehabt und zwar als ich 1973 in den Smoky Mountains von Tennessee herumkraxelte. Dabei wurde mir ein Einblick in alles gewährt, was sich zwanzig Jahre später abspielen würde: Meine Ausbildung als Therapeut führte zur Arbeit an einem Buch, dessen Popularität mit einer weltweiten Bewußtseinsexplosion einherging, mein späterer Einsatz zur Rettung von Naturparks – alles. Zuerst hielt ich das Ganze für ein schönes, aber leider nicht wahres Luftschloß, aber die Erinnerung an diese Vision verließ mich nie... und als sie anfing, sich zu bewahrheiten, ging mir auf, daß es sich um einen Ausschnitt meiner Geburtsvision gehandelt hat.

Den Auftrag annehmen

Damit wird klar, wie nachhaltig Informationen über das Jenseits unser irdisches Leben beeinflussen. Das neue spirituelle Bewußtsein beruht auf der Wahrnehmung von synchronistischen Fügungen, und auf jeder nächsthöheren Ebene gewinnt man tiefere Einblicke in die gesamte Fügungskette. Auf der jenseitigen Ebene betrachten wir unseren Werdegang aus der höchsten Perspektive und sehen, daß wir einen Auftrag erfüllen, der mit jeder synchronistischen Fügung, die wir wahrnehmen und nutzen, verwirklicht wird.

Damit wird uns auch klar, was es eigentlich bedeutet, wenn wir uns mit der innewohnenden Kraftquelle verbinden, Kontrolldramen schon im Keim ersticken und herausfinden, welche Wahrheit wir in diesem Leben mitzuteilen haben. Wir vollziehen einen Erweckungsprozeß. Hier auf Erden geht es nur darum, unsere spirituelle Wesensnatur immer bewußter wahrzunehmen.

Wenn wir die Wahrheit finden, die nur wir zum Ausdruck bringen können, finden wir auch den richtigen Beruf und damit unsere Nische in der Gesellschaft. Dieser Vorgang kann uns von Einblicken in die größeren Zusammenhänge, wie sie von der Geburtsvision gezeigt werden, erheblich leichter gemacht werden.

Die Realität der Wiedergeburt

Obwohl immer mehr Filme, Bücher und Studien die Reinkarnation als Tatsache darstellen, können viele sich nicht mit dem Gedanken anfreunden. Manche Religionen lehren, daß der Mensch nur einmal lebt und nach dem Tode für alle Ewigkeit nach seinem Verhalten gerichtet wird. Aber diese Lehre widerspricht den modernen Untersuchungsergebnissen und den gesammelten Erlebnisberichten.

Es gibt zu viele Beispiele von Kindern, die nicht nur vage Erinnerungen an eine frühere Lebenszeit haben, sondern mit nachweislich korrekten Namen, Ortsbeschreibungen und anderen Details aufwarten können.[8] Schon bei einer oberflächlichen Betrachtung der einschlägigen Literatur stößt man auf überwältigendes Beweismaterial, daß jeder Mensch mehr als einmal lebt. Dr. Brian Weiss, ein ehemaliger Vorsitzender der psychiatrischen Abteilung des Mount Sinai Medical Center, führt eine imponierende Liste von Ärzten an, die frühere Leben routinemäßig als Möglichkeit in ihre Diagnosen einbeziehen. Wie Dr. Weiss in seinem Buch *Many Lives, Many Masters* erklärt, stammen Phobien, irrationale Ängste und andere Probleme nicht unbedingt aus der Kindheit, sondern vielfach aus einer früheren Lebenszeit. Dr. Weiss meint sogar, daß nahezu jeder die Erinnerung an frühere Lebenszeiten durch meditative Rückführungen wachrufen kann.[9]

Inwiefern unterstützen solche Erinnerungen die kollektive Bewußtseinserweiterung? Wir erkennen, daß wir nicht nur von synchronistischen Ereignisfolgen zu unserer Nische in der Gesellschaft geführt werden, sondern einen viel größeren Auftrag auf Erden erfüllen. Und wenn wir einen wichtigen Beitrag zur Gesamtentwicklung leisten, gilt dies auch für alle anderen Menschen.

Dieses Verständnis läßt uns jede synchronistische Begegnung aus der höchstmöglichen Warte betrachten: Grundsätzlich gehen wir davon aus, daß wir den richtigen Personen zum genau richtigen Zeitpunkt über den Weg laufen, weil wir es so geplant haben. Aber wie steht es mit wildfremden Leuten, die wir automatisch schon vom ersten Moment an nicht leiden können – oft ohne jeden stichhaltigen Grund? Was geschieht, wenn wir unsere Abneigung nicht überwinden können und uns weigern, der Person auch nur ein Wort zu gönnen, geschweige denn, sie mit unserer Aufmerksamkeitsenergie zu beflügeln?

Wie gesagt, bei der Lebensrückschau müssen wir

alles noch einmal nachvollziehen, und dabei geht uns womöglich auf, daß wir eine wichtige, in unserer Geburtsvision geplante Verabredung verpaßt haben. Eigentlich wollten wir diesem Menschen einen Anstoß geben, ihm etwas mitteilen, und ihn damit rechtzeitig in eine andere Richtung schicken. Aber wir haben die Gelegenheit nicht erkannt – und nur wegen einer unwillkürlichen Abneigung, die wir damals rationalisiert haben, weil sie in Wirklichkeit aus einer früheren Lebenszeit stammt? Unwillkürliche Ressentiments sind durchaus keine Seltenheit und müssen so schnell wie möglich aus dem Weg geräumt werden, damit sie uns nicht bis ans Lebensende die Sicht versperren.

Probleme aus früheren Leben aufarbeiten

Auch hier kann man anwenden, was man im Umgang mit Kontrolldramen gelernt hat. Zunächst muß man ehrlich sein und der Person eingestehen, was man in ihrer Gegenwart empfindet, und nicht auf anklagende oder schonungslose Weise, sondern behutsam und mit dem Wissen, daß man sich täuschen kann. Bei unwillkürlichen Abneigungen kann man die Person schon vom ersten Moment an in ein ernstes Gespräch verwickeln und sagen, daß sie eine ungewöhnlich heftige Reaktion auslöst und wir bereit sind, der Ursache auf den Grund zu gehen.

Dabei dürfen wir allerdings nicht vergessen, daß wir gegen den Strom des alten, materialistischen Denkschemas anschwimmen, das solche Erörterungen für peinlich und unpassend, wenn nicht gar neurotisch hält. Eine Alternative wäre, einen späteren Termin mit der Person zu verabreden und die Wahrheit dann zur Sprache zu bringen. Wie immer kann es sein, daß die Person sich nicht darauf einläßt oder sich persönlich angegriffen fühlt und jeden weiteren Kontakt abbricht.

In unserem eigenen Interesse müssen wir der Angelegenheit dennoch auf den Grund gehen. In Zukunft werden wir es leichter haben, weil die Allgemeinheit mit den Beweggründen für solche Auseinandersetzungen vertraut gemacht worden ist. Bis dahin müssen wir selbst dafür sorgen, daß wir Klarheit gewinnen. Im Idealfall untersuchen die Betreffenden ihre Ressentiments gemeinsam und aus den dadurch ausgelösten, meist ziemlich vagen Erinnerungen an unbewältigte Vergangenheitserlebnisse entsteht eine neue Betrachtungsweise, die klare Verhältnisse schafft.

Erinnerungen an frühere Leben werden wachgerufen, indem man in sich geht und offenbleibt, wie Dr. Weiss erklärt. Man kann sich in einen meditativen Zustand versetzen und dann innerlich darum bitten, Informationen über die Ursache unerklärlicher Gefühlsreaktionen zu erhalten. Natürlich kann jeder allein für sich meditieren, aber ich glaube, daß die zusätzliche Energie einer Gruppe die Erfolgschancen erhöht, wobei die Gruppe aus den beiden Personen bestehen kann, die Schwierigkeiten miteinander haben, aus einer Person und einem erfahrenen Therapeuten oder den Mitgliedern einer Gruppe Gleichgesinnter.

Ich schlage folgende Vorgehensweise vor: Zuerst bestätigt die Gruppe, daß die Ursache der Schwierigkeit erkannt werden kann, selbst wenn sie in einem früheren Leben liegt. Dann blickt jeder schweigend in sich selbst hinein, und danach erzählt jeder, welche Bilder oder Eindrücke aufgestiegen sind. Hier ist es ausschlaggebend, daß jeder ehrlich sagt, was ihm spontan bei der Innenschau in den Sinn gekommen ist und sich nicht von den Erzählungen anderer beeinflussen läßt.

In den meisten Fällen ergibt sich ein übereinstimmendes Bild von den Zusammenhängen. Falls es sich um eine Beziehung aus einem früheren Leben handelt, in der einer oder beide Beteiligten verletzt worden sind, gibt es nur einen Weg: Um Verzeihung bitten und gegebenenfalls selbst zu verzeihen. Erst an diesem Punkt können die Beteiligten begreifen, warum sie sich auch in diesem Leben wieder über den Weg gelaufen sind. Womöglich nur, um eine alte Unstimmigkeit ins reine zu bringen? Oder haben sie hier und jetzt eine spezielle Botschaft füreinander? Oder sind sie sich wiederbegegnet, um von nun an zusammenzuarbeiten, vielleicht an einem gemeinsamen Zukunftsprojekt?

Wie steht es mit unerklärlich positiven Gefühlen für eine wildfremde Person? Was ist los, wenn wir jemanden treffen, den wir sofort ins Herz schließen, oder der uns seltsamerweise schon zutiefst vertraut vorkommt?

Ein Seitenblick auf eine Person kann genügen: Unwillkürlich denken wir, daß wir ihr schon irgendwo begegnet sein müssen, obwohl uns nicht einfällt, wo und wann. Etwas an ihrem Gesichtsaudruck, oft auch schon ihre bloße Anwesenheit, fühlt sich so gut und so richtig an. Bei der ersten Unterhaltung wird beiden klar, daß sie auf der gleichen Wellenlänge sind. Die Worte sprudeln hervor, und das gegenseitige Einverständnis muß nicht gesucht werden, es ist vom ersten Augenblick an vorhanden.

Wie gesagt, eine der größten Herausforderungen für Männer und Frauen in aller Welt besteht darin, solche Erfahrungen nicht in den sexuellen Bereich zu verlegen, sondern die Empfindungen in den reingeistigen Ebenen zu lassen, auf die sie gehören. Wir müssen über die Geschlechtszugehörigkeit hinausblicken, um nach den synchronistischen Botschaften fahnden zu können, die etwas mit unserer Lebensaufgabe zu tun haben.

Die Wirkung solcher Informationen

Je deutlicher die Wahrnehmung der jenseitigen Dimension, um so klarer wird auch der Erdenweg. Wir wir gesehen haben, hat jeder synchronistische Moment, jede Begegnung mit einem anderen Menschen, Implikationen, die weit über unsere gewöhnlichen Annahmen hinausgehen. Alle von uns kommen mit einer Mission zur Erde, und jedes Mal, wenn wir zum richtigen Platz geführt werden und eine richtungweisende Information zur rechten Zeit erhalten, fühlt es sich vorherbestimmt an. Warum? Weil ein Teil von uns die Erinnerung an den großen Plan bewahrt.

Die wichtigste Frage ist, wie bewußt wir uns diese Momente machen können. Jetzt... denn an diesem Punkt auf unserem Entwicklungsweg sind wir kurz davor, uns an alles zu erinnern: Wer wir auf der spirituellen Ebene sind, was wir von Anfang an auf Erden bewirken wollen, und welche Zukunft wir gemeinsam geplant haben.

12
Das Schicksal der Menschheit visualisieren

Da immer mehr Informationen über das Jenseits publik gemacht werden, gehe ich davon aus, daß allgemeine Ansichten über die Zukunft der Menschheit demnächst einer dramatischen Revision unterzogen werden. Wenn alle von uns mit einem Auftrag zur Erde kommen, bedeutet es, daß jeder Mensch, der je gelebt hat, einen Auftrag erfüllt hat und alles, was jemals geschehen ist, einem höheren Ziel gedient hat.

Tatsächlich formt sich bereits ein völlig neues Bild von den historischen Ereignisfolgen, die früher unbesehen von den Geschichtsschreibern übernommen wurden. Wir spüren deutlich, daß eine Neuinterpretation der Geschichte ins Haus steht, und das liegt meines Erachtens daran, daß wir uns jetzt *en masse* an die größeren Zusammenhänge erinnern.

Bei der Entstehung des Universums waren wir ein Aspekt des Urknalls. Wir lebten in den ersten Regungen, die sich zu Gaswolken zusammenballten, die elementare Energiestrukturen hervorbrachten und sie im ganzen Weltall verteilten.

Unsere Intention war identisch mit der Schöpferkraft, die alle Sonnen und Sternkonstellationen jeder Galaxie erschuf und auf einem kleinen Planeten auch die perfekten Voraussetzungen zur Entfaltung von irdischen Lebensformen. Wir waren die Pflanzen, die die Erdatmosphäre mit Sauerstoff anreicherten. Wir waren die ersten Aminosäuren, aus denen sich pflanzliche Einzeller und später Tiere entwickelten. Wir haben die Meere als mehrzellige Organismen bevölkert und dann als Fische. Wir hatten die Sehnsucht, über das wäßrige Element hinauszugehen, an Land zu gehen – überall hinzugehen. Der Sprung zur amphibischen Lebensform war unser Freudensprung. Und wir waren ein Teil des gigantischen Bewußtseins, das die Reptilienform und schließlich auch die des Säugetiers hinter sich ließ, um endlich zum Menschen zu werden.

Von dort aus fährt die Geschichte fort, in der unsere Seelen geduldig an Tausenden von Lebenszeiten teilgenommen haben, die vergehen mußten, bevor sich das erste Selbstbewußtsein im Menschen regte. Langsam erwachten wir und nahmen bewußt wahr, daß wir auf der Erde lebten und eines Tages sterben mußten. Im Gegensatz zu anderen Tieren spürten wir den Drang, herauszufinden, warum wir auf der Erde waren. Was, um alles in der Welt, wollten wir damit bezwecken?

Mit dieser Fragestellung setzte sich die Evolution der Menschheit in einem neuartigen Bereich fort, denn von nun an äußerte sie sich in einer langsamen Weiterentwicklung der Realitätsauffassung. Die Menschen der Frühzeit erklärten den Sinn und Zweck ihrer irdischen Existenz mit einer Fülle von mythischen Gleichnissen, aber da der Mensch von Anfang an nicht genug Bewußtseinsenergie hatte, um an die volle Wahrheit heranzukommen, stürzte er sich auf andere Lebewesen, um an ihre Kräfte heranzukommen, was anfänglich bedeutete, daß einer den anderen mit brutaler Gewalt unterjocht hat.

Heute sehen wir, daß die Evolution eine unterschwellige Absicht dabei verfolgt hat: Von Beginn an sorgte sie für die Verbreitung des menschlichen Gedankenguts. Schon die ersten Stämme folgten einem inwendigen Drang, die Kontrolle über andere Klans zu gewinnen und ihnen ihre Ansichten aufzuzwingen. So wurden Andersdenkende unter einem gemeinsamen Banner vereint, denn um die stärksten Individuen scharte sich eine mächtige Gefolgschaft, die eines Tages unweigerlich auszog, um immer weitere Territorien zu erobern und den Ureinwohnern ihre Lebensanschauungen aufzudrängen – und nur, um dann eines Tages selbst erobert und zur Übernahme fremder Wertvorstellungen und Religionen gezwungen zu werden.

Betrachten wir diese Evolution nun aus der jenseitigen Perspektive, so war dies das Beste, was unter den gegebenen Umständen stattfinden konnte. Intuitiv wissen wir meines Erachtens, daß wir in vielen Lebenszeiten an dieser Entwicklung teilgenommen und uns jedes Mal vor der Geburt vorgenommen haben, alles Menschenmögliche zu tun, um über das barbarische Gemetzel hinauszugehen und die kollektive Wahrheitsfindung auf zivilisierteren Wegen voranzutreiben.

Da die Kluft zwischen dem Bewußtsein, das wir im Jenseits haben, und dem Wissen, das wir auf Erden ausleben konnten, zunächst noch gewaltig war, kamen wir nur sehr langsam voran. In jeder Lebenszeit mußten wir die Konventionen der Gesellschaft, in die wir hineingeboren wurden, erst mühsam überwinden, um auch nur einen schwachen Schimmer von der Wahrheit zu erhaschen, die wir eigentlich verbreiten wollten. Aber allmählich setzten inspirierte Gruppen ihre Erkenntnisse durch und sorgten für eine fortschreitende Zivilisierung. Die jüdischen Volksstämme übernahmen den Glauben an einen einzigen Gott, und bald wurde die Idee von einem väterlichen Schöpfer aller Dinge vom Nahen Osten auf weite Teile der westlichen Hemisphäre übertragen.

Aus Indien kamen ähnliche Erkenntnisse über eine absolute Intelligenz oder ursprüngliche Wesensnatur, die jede Erscheinungsform im Universum hervorbringt und uns allen gemeinsam ist. Mit der Verbreitung dieser Idee bewegten wir uns sprunghaft auf die Vereinigung von bis dahin noch weit auseinanderklaffenden Realitätsbildern zu. Anstatt weiterhin davon auszugehen, daß wir von einer ortsgebundenen Gottheit unterstützt werden, die mit den Göttern unserer Feinde konkurriert, enwickelte sich die Einsicht, daß alle Menschen in ihrer Essenz ein Teil derselben, göttlichen Schöpferkraft sind.

Bewußt wahrgenommene Evolution

Um ca. 600 vor Christus wurde eine weitere große Wahrheit in Griechenland eingeführt: Der Gedanke, daß wir demokratisch miteinander umgehen können, anstatt rohe Gewalt anzuwenden. Ein paar geistige Pioniere trugen diese revolutionäre Idee in die Welt hinaus, mitten hinein ins alte Rom, wo sie von Hunderten aufgegriffen und debattiert wurde: Anstatt Expansion durch physische Dominanz zu erzwingen, konnten wir verschiedene Standpunkte in öffentlichen Diskussionen erörtern, damit sich die besten Ideen durchsetzen und Andersgläubige von ihren Vorteilen überzeugen konnten.

In den folgenden Jahrhunderten verbreitete sich das Gedankengut von Visionären wie Lao Tse und Buddha in Asien, während Jesus im Mittleren Osten erschien. Genau wie seine asiatischen Vorgänger, verkündete Jesus, daß das Königreich Gottes nicht irgendwo außerhalb liegt, sondern im Inneren jedes einzelnen Menschen. Bis zu einem gewissen Grad wurde diese Erkenntnis schon damals in die taoistischen, bzw. buddhistischen und später auch die christlichen Kulturkreise integriert.

Mittlerweile ballten sich die Menschen in immer größeren Lebensgemeinschaften zusammen, was dazu führte, daß wir unsere Identifikation und Loyalität von kleinen Sippen oder Dorfgemeinden abzogen und auf größere Gebiete verlagerten, aus denen sich die späteren Nationen herauskristallisierten. Und schließlich, zu Beginn der Renaissance in Europa, griffen Tausende die demokratischen Wertvorstellungen der Antike mit neuem Eifer auf und fingen an, die Unantastbarkeit der Menschenwürde zu verkünden, was dazu führte, daß gesetzlich verankerte Grundrechte für jeden einzelnen Staatsbürger verlangt wurden.

Viele Nationen wechselten jetzt vom Glauben an das gottgegebene Vorrecht von Adelsgeschlechtern zu einem demokratischen System der Volksbestimmung über. Inmitten der politischen Umwälzungen dieser Zeit führte eine visionäre, aber noch unausgegorene Idee von einem Land, das jedem Bürger die Freiheit gewährt, seine tiefsten Wunschträume zu verfolgen, zu der Gründung der Vereinigten Staaten von Amerika.

Wie in früheren Kapiteln bereits erklärt wurde, investierten die Bürger der westlichen Nationen ihren Idealismus nun in die Wissenschaften und beauftragten sie, den allseits grassierenden Aberglauben mit wissenschaftlich fundierten Erkenntnissen auszumerzen. Da die Forschungsergebnisse der Allgemeinheit kein einleuchtendes Bild vom Sinn und Zweck ihrer Existenz liefern konnten, konzentrierten wir unseren Feuereifer auf die Absicherung der materiellen Außenwelt und versuchten, unsere Selbstsicherheit aus technologischen Errungenschaften zu beziehen.

Unterdessen setzten die asiatischen Kulturen ihre jahrtausendealte Erkundung der Innenwelten fort und konzentrierten sich darauf, die inwendige Sicherheit zu erlangen, die durch direkte spirituelle Erfahrungen offenbart wird.

Und dann, zu Beginn des zwanzigsten Jahrhunderts, kamen zahlreiche Individuen auf die Welt, die ihren vorgeburtlichen Visionen unbewußt folgen und einschneidende Entdeckungen verbreiten konnten. Newtons mechanistisches Universum mußte Einsteins Perspektive Platz machen, und die Weltanschauung der Quantenphysiker begann, aufgeklärte Bevölkerungsschichten zu inspirieren. Andere Individuen adressierten die Auswüchse der bedenkenlosen Wirtschaftsexpansion, indem sie Kartelle und Monopolgesellschaften in den USA auflösten, Nationalparks und Wälder unter Naturschutz stellten, sich gegen den Imperialismus behaupteten und langsam damit anfingen, das traditionelle Kulturgut der Völkerstämme in aller Welt vor dem Aussterben zu bewahren.

In der Mitte dieses Jahrhunderts hatten Millionen die Idee aufgegriffen, daß der rücksichtslose Aufbau von Weltreichen verhindert werden muß. Von zwei Weltkriegen wachgerüttelt und unter dem Druck eines dräuenden kalten Krieges, gelangten genug Leute zu der Übereinkunft, daß die Rechte eines souveränen Volkes unangetastet bleiben und Landesgrenzen anerkannt werden müssen. Der Einsatz zahlloser Individuen machte das Konzept von den »Vereinten Nationen«, einer Organisation, die sich gegenseitig vor Übergriffen schützt, zur Realität – ein Meilenstein in unserer Entwicklung. Zum ersten Mal war ein inklusives Denken am Werk, das allen Völkern eine Existenzberechtigung einräumte.

In den letzten Jahrzehnten wurde ein ganz neues Verständnis über universelle Zusammenhänge entwickelt. Die neue Physik beschreibt unsere Welt als eine mysteriöse, an jedem Punkt verknüpfte Energiedynamik. Andere Wissenschaftler haben sich auf noch unerforschte Phänomene im Bereich des menschlichen Potentials konzentriert und unter anderem begonnen, das Mysterium der Synchronizität, die Fähigkeiten unserer Intuition und die Macht menschlicher Intentionen zu erforschen.

Die Erkenntnisse von Abermillionen haben uns im Lauf der Zeit an den Punkt gebracht, an dem wir unsere Evolution aus einer umfassenden Perspektive betrachten können und sehen, daß jede Generation unbewußt versucht hat, ihre Geburtsvisionen zu verwirklichen und das Realitätsbild der

Menschheit der Realität anzugleichen, die in der jenseitigen Dimension wahrgenommen wird. Stück für Stück wird uns bewußt, daß wir spirituelle Wesen sind, die über gigantische Zeiträume hinweg daran arbeiten, eine spirituelle Realität auf diesem Planeten zu manifestieren.

Die Polarisierung konfrontieren

Trotz aller Fortschritte beim Übergang zu einer spirituell orientierten Kultur ist unser Job noch keineswegs beendet. Zu einem gewissen Grad befinden wir uns weiterhin in der Grauzone, wo ein Weltbild seine Überzeugungskraft verloren hat und zusehends verblaßt, das nächste Paradigma aber noch nicht einhellig akzeptiert werden kann. Wie wir wissen, hat in den letzten Dekaden eine extreme Polarisierung stattgefunden, bei der ein Teil der Bevölkerung an Reformen arbeitet, gegen die sich ein anderer Teil energisch auflehnt. In Amerika nimmt die Vehemenz dieses Konflikts skurrile Ausmaße an, weil beide Seiten spüren, daß die Ergebnisse die Zukunft aller bestimmen.

Im Angesicht der immer lauter werdenden Schlachtrufe bei diesem, von manchen als Kulturkrieg bezeichneten Ringen um die Mehrheit, ist die öffentliche Meinung von einem Extrem zum anderen geschwankt. In den achtziger Jahren schien es, als hätten die Verfechter des alten Weltbilds eine

Runde gewonnen, als es hieß, daß wir allesamt zu den Wertvorstellungen von gestern und vorgestern zurückkehren müssen, im Berufs- und Familienleben, ebenso wie unserem wirtschaftlichen Verhalten. Viele meinten, daß die Probleme der amerikanischen Gesellschaft direkt auf den zersetzenden Einfluß des *Human Potential Movements* zurückgeführt werden können, dessen liberale Vorstellungen zu unhaltbaren Wohlfahrtsgesetzen führten, zu gigantischen Defiziten im Budget, zu immer unklarer werdenden Rollenverteilungen zwischen Männern und Frauen, viel zu milden Strafen für Verbrecher und einer allgemeinen Tendenz der amerikanischen Bevölkerung, die Gesellschaft für jedes persönliche Versagen verantwortlich zu machen.

Die Gegenseite verkündete, daß es kein Defizit gäbe, wenn die Regierung keine Steuergelder in die Subventionierung von Privatunternehmen und die Industriewohlfahrt gesteckt hätte, und trug eine lange Litanei von Beispielen für unsere Mißwirtschaft vor: Staatliche Beihilfe in Höhe von 7,5 Milliarden Dollar für Waffenhändler, die ihre Waren in Übersee vermarkten; eine Milliarde für Riesenkonzerne wie Continental Grain und Cargill Inc., damit sie Weizen, Mais und andere Güter kostenlos verschiffen können; 700 Millionen Dollar zur Unterstützung von tiefverschuldeten Firmen, die den Nationalwald abholzen, ihre Unkosten seit Jahren jedoch nicht decken konnten. Die Liste geht noch sehr viel weiter.[1]

Die sogenannten Liberalen bestanden darauf, daß die Probleme der Vereinigten Staaten der bisher betriebenen Wirtschaftspolitik entsprungen sind: Unkontrollierte Umweltverschmutzung, rücksichtslose Geschäftspraktiken, mangelnde Arbeitsmoral, Korruption von Behörden durch große Konzerne, ungenügende Schulausbildung und eine soziale Ethik, die sich nicht dazu durchringen kann, rechtzeitig in den Zyklus von Armut und Kriminalität einzugreifen.

Im Jahre 1994 schwang das Pendel so weit zur einen Seite, daß die Republikaner die Mehrheit im Kongreß gewannen, weil ein Großteil der Bevölkerung dem konservativen Argument glaubte, daß die Etats der Behörden viel zu hoch sind und falsch eingesetzt werden, daß Unmoral und Kriminalität ständig zunehmen und Regierungsbefugnisse zurückgeschraubt werden müssen, damit jeder Bürger für Integrität im eigenen Stall sorgen kann.

Doch bald darauf konnte die Inkonsistenz der Republikaner, die den Wählern dringend notwendige Reformen versprochen hatten, kaum noch übersehen werden. Vor aller Augen kehrte die Partei zu ihren alteingesessenen Gepflogenheiten zurück und sorgte dafür, daß staatliche Subventionen für große Konzerne intakt blieben, anstatt das Budget gerecht zu verteilen. Und anstatt den Umweltschutz zur Priorität zu erheben, plädierte ein republikanischer Kongreßabgeordneter (ein ehemaliger Kammerjäger aus Texas) dafür, Teile eines

Gesetzentwurfs zur Klärung der Gewässer zu streichen. Und dies zu einer Zeit, als die gesundheitsschädliche Verschmutzung unserer Flüsse und Meeresstrände von nahezu jedem diskutiert wurde. Und zur Krönung wurde einer populären Gesetzesvorlage eine Klausel angehängt, die den größten Holzfirmen erlaubte, Riesenflächen von jahrhundertealten Bäumen in unseren Nationalwäldern abzusägen.

Derartige Vertrauensbrüche schicken das Pendel jetzt wieder zur entgegengesetzten Seite, obwohl das zunehmend frustrierte Volk im allgemeinen nur noch mit Zynismus auf die Umtriebe von Politikern reagiert. Unterdessen bleiben immer mehr Leute in dem Niemandsland zwischen dem alten und einer Reihe von neuartigen Weltbildern stecken, und machen ihrem verzweifelten Unmut Luft. Jeden Tag explodiert die Gewalt auf unseren Straßen und hinter geschlossenen Türen. Terroristen und fanatische Regierungsfeinde planen Feldzüge, die sie in ihren Köpfen bereits gewonnen haben.

In gewisser Hinsicht ist dies wohl die unvermeidliche »dunkelste Stunde vor Tagesanbruch«. Dennoch glaube ich, daß unser Kurs eindeutig vorgezeichnet ist und vom neuen spirituellen Bewußtsein gesteuert wird.

Die globale Vision wahrnehmen

Wenn wir uns durch Innenschau an unsere Geburtsvision erinnern können, sind wir auch imstande, die tieferen Absichten wahrzunehmen, die unsere langsame, aber stetige Fortentwicklung veranlaßt haben. Beim Beten, einer Meditation oder beim Spazierengehen in der unberührten Natur können wir Einblicke in die globale Vision haben, die in den tieferen Regionen des kollektiven Gedächtnisses gespeichert ist, und aus der ersichtlich wird, welche Zukunft wir für unseren Planeten geplant haben.

Ich glaube, wir haben schon immer auf diesen Moment hingearbeitet und immer gewußt, daß eine Zeit kommt, in der wir unser gemeinsames Entwicklungsziel vollends ins Bewußtsein bringen – und nicht nur das –, eine Zeit, in der unsere globale Vision verwirklicht wird. Wie ich es sehe, schwappt die erste Flutwelle der Erinnerung bereits auf Individuen in aller Welt über, die sehen, inwiefern sich eine positive Zukunft abzeichnet.

Außerdem sehen viele mittlerweile auch, worin unsere erste Aufgabe besteht, und wie wir sie bewältigen können: Wir müssen mit der Polarisation der Weltanschauungen fertig werden, den erbitterten Meinungsstreit schlichten, der uns auf der Stelle treten läßt und echte Fortschritte verhindert. Betrachten wir unsere momentane Situation aus der Perspektive des neuen spirituellen Bewußtseins, zeigt sich, daß Widerstände gegen den Aufbau einer spirituellen Kultur auf Erden auf Ängsten beruhen, wobei die Sorgen der meisten einem intuitiven Gefühl entspringen, daß Wertvorstellungen, die früher noch etwas bedeutet haben, vollends den Bach heruntergehen, wenn jeder Mensch sein spirituelles Potential verwirklicht.

Offenbar geht die konservative Seite davon aus, daß das politische Engagement dabei sausengelassen und den Regierungsbehörden in aller Welt noch mehr Macht überlassen wird, wonach »persönliche Initiative«, »selbständiges Denken« und »Eigenverantwortung« tatsächlich nichts mehr bedeuten. Und wir müssen davon ausgehen, daß Menschen mit Sorgen solcher Art die Erkenntnisse ihrer Geburtsvisionen zum Ausdruck bringen und ihre Vorbehalte ernst nehmen. Wenn wir das tun, sehen wir sofort, daß die Polarisation neutralisiert werden kann, sowie wir uns bereit erklären, die besten Ideen beider Seiten zu integrieren.

Daß die Welle des neuen Bewußtseins die politischen Kräfte auf beiden Seiten ohnehin in diese Richtung trägt, ist für meine Begriffe ebenfalls offensichtlich. *Think tanks*, Nachrichtenorganisationen, selbst Politiker fangen mittlerweile an, die Sachlage aus einer höheren Perspektive zu betrachten. Zum Beispiel den Staatshaushalt. Bei diesem Thema geht es nicht allein um die haushohe Verschuldung, sondern eindeutig auch um den Mißbrauch von Steuergeldern und um allerlei Gesetzeslücken, die speziellen Interessengruppen zugute kommen, der Allgemeinheit jedoch kaum wiedergutzumachende Schäden zufügen.

Mit etwas Zivilcourage können solche Probleme sehr schnell gelöst werden. Die Politiker müssen lediglich gezwungen werden, Integrität zu beweisen und sich von speziellen Interessengruppen, die unfaire Privilegien für sich beanspruchen, loszusagen. Ich meine, wir brauchen nur eine Gruppe von renommierten Staatsmännern und Frauen, vielleicht im Ruhestand, die wöchentliche Pressekonferenzen halten und korrupte Legislationspraktiken aufdecken, indem Leute beim Namen genannt werden, um einen öffentlichen Meinungsumschwung auszulösen. Die Republikaner müssen der Industriewohlfahrt ein Ende bereiten, mit der sie Wählerstimmen kaufen. Die Demokraten müssen die Speckklumpen aus dem sozialen Wohlfahrtssystem herausschneiden, Pensionsgelder für wohlsituierte ältere Bürger kürzen, und nur noch unterstützen, was wirklich hilfebedürftig und erhaltenswert ist.

Und wie werden wir mit dem Rest unserer gesellschaftlichen Probleme fertig? Wie gesagt, Synchronizität hat Millionen Individuen bereits an genau die richtige Stelle gesetzt, damit sie ihre Mission erfüllen können, und mittlerweile erkennen wir auch das größere Gesamtbild, das wir in Zukunft verwirklichen wollen. Unzählige Helden haben ihre Position eingenommen, und diese Helden sind wir. Wir sind diejenigen, denen plötzlich aufgeht, daß unser Job, unser Büro, unser Projekt nicht auf der Ebene funktioniert, die unseren ureigentlichen Absichten entspricht.

Oft betrachten wir ein soziales Problem und denken, so geht es nicht weiter, irgend jemand muß etwas tun! Ich glaube, in dem Moment wird uns gezeigt, was wir vorhatten, welcher Kurs uns von der globalen Vision vorgeschrieben wird. In all diesen Fällen sind Sie und ich die Person, die etwas unternehmen und einen Mißstand beheben soll.

Und da wir die Dynamik des Energiewettkampfs verstehen, können solche Interventionen jetzt weniger brutal als kooperativ vonstatten gehen. Manchmal stoßen wir dabei sogar unerwarteterweise auf andere, die nur dazu da sind, um uns zu helfen. Womöglich wird nun auch die Erinnerung wachgerufen, daß alle Beteiligten schon vor ihrer Geburt geplant haben, sich in dieser Zeit an diesem Ort zu treffen, um eine Ungerechtigkeit aus der Welt zu schaffen oder eine Institution zu reformieren.

So machen wir uns gegenseitig bewußt, daß wir eigentlich vorhatten, eine Riesenwelle inspirierter Einsatzbereitschaft an diesem Punkt in unserer Geschichte auszulösen, die den gesamten Planeten überrollen und alle derzeitigen Probleme adressieren sollte.

Armut und Hungersnot überwinden

Selbst vor dem Problem der Armut und Hungersnot wird unsere Einsatzbereitschaft nicht haltmachen, aber wir müssen zwei unterschiedliche Standpunkte berücksichtigen und dann den goldenen Mittelweg beschreiten. Die Vertreter des alten Weltbilds weisen seit langem darauf hin, daß Armut und Hunger nicht von Bürokraten aus der Welt geschaffen werden, die Spenden nach festgelegten Regeln verteilen, denn dadurch wird lediglich dafür gesorgt, daß die Abhängigkeit armer Leute vom Vater Staat immer eklatantere Ausmaße annimmt. Bei genauerer Betrachtung wurde dieses Argument natürlich oft auch als Vorwand benutzt, um überhaupt nichts unternehmen zu müssen.

Inzwischen sehen wir meines Erachtens sehr gut, inwieweit es korrekt ist, das Schwergewicht auf die Eigenverantwortung von Völkern und Volksschichten zu legen, und inwieweit auch das Gegenargument der Humanisten korrekt ist, die immer behauptet haben, daß wir alle mitverantwortlich füreinander sind. Für meine Begriffe zeigt uns die globale Vision sehr deutlich, was wir effektiv in dieser Hinsicht unternehmen können.

Der Armutszyklus einzelner Familien kann durch den persönlichen Einsatz Freiwilliger durchbrochen werden; dies ist der Schlüssel, denn staatliche Sozialhilfeprogramme werden niemals mehr als ein kurzweiliges Auffangnetz bilden. Hunderttausende von uns werden sich in Situationen wiederfinden, in denen sie einer notleidenden Familie direkt und auf verschiedenen Ebenen helfen können. Organisationen, die Notleidende in aller Welt unterstützen, werden ihren Wirkungskreis auch in Zukunft erweitern, aber die nachhaltigste Wirkung haben Einzelpersonen, die sich spontan mit einem Kind weiter unten auf der Straße anfreunden oder einer notleidenden Familie helfen. Diese Wahrheit sickert jetzt ins kollektive Bewußtsein ein, und der jüngste Aufruf zum persönlichen Einsatz, den Colin Powell und zwei ehemalige Präsidenten an das amerikanische Volk ergehen ließen, ist nur ein Anfang.[2]

Armut, wo auch immer sie grassiert auf dieser Welt, wird von Angst, mangelhafter Ausbildung und der Unfähigkeit gespeist, die synchronistischen Gelegenheiten zu nutzen, die sich von Moment zu Moment bieten. Die Lösung liegt in einer Flut von Freiwilligen, die synchronistisch leben und bereit sind, persönlich auf Menschen einzugehen, die in den Mustern der Eigensabotage festgefahren sind. Allein durch unsere Interaktion mit verschiedenen Mitgliedern einer notleidenden Familie können wir jedem neue Umgangsformen und Lebensziele vorführen.

Wir dürfen nicht vergessen, daß wir in einem überall nahtlos verbundenen Universum existieren, in dem wir unsere Gedanken austauschen und viele Fähigkeiten buchstäblich durch Ansteckung übertragen. Wer auf das Wunder der Synchronizität hingewiesen wird, die göttliche Energiequelle im eigenen Inneren entdeckt, zerstörerische Verhaltensmuster durchschaut und die Bedeutung seines einzigartigen Lebenswegs zur Kenntnis nimmt, weiß sich zu helfen, ganz gleich, mit welcher Situation ein solcher Mensch konfrontiert wird.

Kriminalität verhüten

Das Problem der Kriminalität hat keine einfache Lösung, aber wir bekommen es ebenfalls in den Griff, wenn wir auch hier die besten Ideen der beiden opponierenden Seiten integrieren. Vor vierzig Jahren wurde absolut keine Straßenkriminalität in den Vereinigten Staaten toleriert. Landstreicher wie Obdachlose wurden zusammengepfercht und ins Gefängnis geworfen; die Verfügungsgewalt der Polizei war nahezu unbeschränkt. Dank der Bemühungen von zahllosen Humanisten wurde dieses System dann gründlich überholt und dem Grundgesetz, das die Menschenrechte jedes Individuums garantiert, etwas mehr angeglichen. Für die Vertreter des alten Denkens führten diese Reformen jedoch zu einer explosionsartigen Zunahme der Kriminalität und der Unterminierung unseres Justizwesens, weil das Schwergewicht in den letzten dreißig Jahren ihrer Meinung nach auf die Rechte von Angeklagten und die Rehabilitation von Verbrechern gelegt wurde.

Heute sehen wir, daß diese Ansicht zum Teil korrekt ist. Überlastete Sozialbehörden haben Missetaten ungestraft durchgehen lassen, und nachsichtige Richter, die den Ursprung von Verbrechen in einem Versagen des sozialen Auffangnetzes erkannten, verhängten milde Strafen oder sorgten für vorzeitige Entlassungen, zumal die Gefängnisse mit jedem Jahr voller wurden. Dieser Dominoeffekt führte zu einem Niedergang des Standards. Auf den Straßen verbreitete sich die Botschaft, daß Gesetzesverstöße nicht ernstgenommen, wenn man Glück hat, sogar entschuldigt werden. Was wir daraus entnehmen können, ist, daß eine einsichtsvolle und zugleich härtere Umgangsform am besten funktioniert, wie sich unlängst in vielen amerikanischen Großstädten herausgestellt hat. Wir müssen beweisen, daß unsere Toleranzschwelle am Nullpunkt angelangt ist und weder Gewalt noch Kriminalität geduldet wird, selbst wenn es sich um Weiße-Kragen-Kriminalität handelt.

Aber strengere Maßstäbe allein tun es nicht. Wir dürfen die humanistischen Werte nicht unbesehen aus dem Strafvollzugsprozeß entfernen. Bei den erfolgreichsten Maßnahmen der jüngsten Vergangenheit wurde Unbeugsamkeit mit Vorbeugung gekoppelt, was unter anderem dazu führte, daß wieder mehr Polizisten zum Straßendienst abgestellt wurden, damit sie die Bewohner eines Stadtviertels und ihre Probleme persönlich kennenlernen und kriminelle Umtriebe auf diese Weise verhüten können.[3]

Aber solche Maßnahmen von Seiten der Gesetzesvertreter sind nur ein Anfang. Ich glaube, die globale Vision diktiert uns auch in diesem Bereich, das Problem mit einer Flutwelle von Freiwilligen, die spontanen Eingebungen folgen, in Angriff zu nehmen. Der Wachtmeister auf der Straße schafft es nicht allein, und in den meisten Fällen gibt es Personen, die wissen, daß ein Verbrechen entweder geplant oder demnächst stattfinden wird, weil irgend jemand vor Wut platzt, und diese Personen sind am ehesten in der Lage, rechtzeitig einzugreifen. Natürlich muß man dabei auf die persönliche Sicherheit achten, unter Umständen die zuständigen Autoritäten benachrichtigen, aber oft kann ein gutes Wort oder ein vernünftiger Rat, der früh genug erteilt wird, eine spätere Katastrophe verhindern. Wie gesagt, all diese Dinge ergeben sich aus dem Fluß der Synchronizität, und in der kommenden Zeit wird es noch viel mehr Leute geben, die dem inneren Aufruf folgen.

Die Umwelt schützen

Auf ähnliche Weise lösen wir die Umweltprobleme der Erde. Zahllose inspirierte Individuen werden plötzlich feststellen, daß sie sich in der genau richtigen Position befinden, um wirkungsvoll einzugreifen.

Die Wasser- und Luftverschmutzung nimmt weiterhin zu, weil jährlich Tonnen von Giftstoffen mehr oder minder illegal in die Natur gekippt werden und sich in der Biosphäre verflüchtigen. Außerdem erfindet die Industrie dauernd neue Chemieprodukte, viele davon Schädlingsbekämpfungs- und Pflanzenschutzmittel, mit denen eßbare Naturprodukte überall auf der Welt verseucht werden.[4]

Das Problem ist so gravierend, daß die *American Medical Association* schwangere Frauen und Kleinkinder vor massenproduzierten Gemüsen aus den USA warnt.[5] Dr. Andrew Weil, ein Arzt, der zunehmend als nationaler Sprecher fungiert, warnt die Öffentlichkeit vor Tiefseefischen, Muscheln und Schalentieren, weil ihr Fleisch giftige Chemikalien enthält. Dr. Weil rät jedem, nur noch organische Naturprodukte zu essen, denn seiner Ansicht nach werden viele unerprobte Chemikalien noch ungleich viel giftiger als wir angenommen haben, wenn sie miteinander kombiniert werden.[6] In einer Welt mit unerklärlich steigenden Krebsraten bleibt uns nichts anderes übrig, als solche Vorsichtsmaßnahmen zu ergreifen.

Verstöße gegen die Umweltschutzgesetze, speziell wenn es sich um die illegale Entsorgung von Giftmüll und den fahrlässigen Gebrauch unerforschter Chemikalien handelt, können durchweg auf einige wenige Personen zurückgeführt werden, die allesamt in Machtpositionen sitzen und sich für unantastbar halten. Aber die Zeiten ändern sich. Immer mehr Augen werden offengehalten. Irgendwann sieht jemand, was sich vor seiner Haustür abspielt und tritt mit Beweisen an die Öffentlichkeit. Giftmüll, zum Beispiel, wird immer an einer bestimmten Stelle entsorgt, meistens an der Küste, einem Flußlauf oder Abwasserkanal. Da mehr und mehr von uns den Gesetzen der Synchronizität folgen, kann man sicher sein, daß jeder Zentimeter des Meeresstrands und jeder Fluß und Kanal in Zukunft von Ortsansässigen bewacht wird. Selbst wenn Müll bei Nacht und Nebel ausgekippt wird, ist jemand zur Stelle, der Alarm schlägt. In der kommenden Zeit werden Millionen aufgeweckte Bürger ihre Videokameras auf die Handlanger der großen Konzerne richten und die Öffentlichkeit auf ihre Gepflogenheiten aufmerksam machen.

Wälder retten

Daß riesige Waldgebiete weiterhin kahlgeschlagen werden, hat tragische Konsequenzen für unseren Planeten. Man muß lediglich bedenken, welche Rolle Wälder bei der Sauerstoffproduktion in unserem Ökosystem spielen. Aber ganz abgesehen davon, birgt diese Vernichtungswut auch andere Gefahren. Immer mehr Menschen sehen sich gezwungen in Städte und Vororte zu ziehen, in denen die Vitalkraft der natürlichen Pflanzenwelt einer bedrückenden Betonwelt gewichen ist. Unaufhaltsam fällt ein Stück Wildnis nach dem anderen der korrupten Stadtplanungspolitik zum Opfer, besonders in den Vereinigten Staaten.

Die meisten Amerikaner wissen nicht, daß Bergbau- und Nutzholzbetriebe volkseigene Ländereien mit dem Geld der Steuerzahler ausschlachten. Öffentliche Mittel werden vom amtlichen Forstdienst bewilligt, um Zufahrtswege zu den wenigen, noch intakten Wildwuchsgebieten anzulegen und ein paar große, multinationale Konzerne zu subventionieren. Doch damit ist es nicht getan – die abgeholzten Bäume oder die so gewonnenen Mineralien können nur noch mit erheblichen Verlusten auf dem heutigen Weltmarkt verkauft werden. Amerikanische Bau- und Nutzholzbetriebe sind berüchtigt für ihre sentimentalen Werbespots, in denen sie ihre liebevolle Waldrodungspolitik mit der Behauptung untermalen, daß mehr Bäume gepflanzt als abgeholzt werden. Aber in Wirklichkeit schlagen sie alte majestätische Hochwälder kahl und ersetzen die Vielfalt der natürlichen Pflanzen- und Tierwelt mit sterilen Reihen von jungen Pinien, was einer Zuchtfarm entspricht, nicht einem wiederhergestellten Wald. Andere Probleme beruhen auf der Tatsache, daß Holzfirmen ihre Befugnisse ständig überschreiten und mehr Bäume fällen, als ihnen erlaubt ist, wobei manche Betriebe sogar die Einstandssumme für ihre Nutznießungsrechte schuldig bleiben.[7] Dazu kommt, daß pensionsreife Verwaltungsbeamte im Forstdienst oft von genau den

Firmen angeheuert werden, die jahrelang unter ihrer Aufsicht standen, und so ist eine Günstlingswirtschaft entstanden, bei der unser korrumpierter Forstdienst beide Augen zudrückt.

Zum Glück können wir den vielschichtigen Schleiertanz der Regierungsbehörden durchschauen und die Lösung erkennen: eine Flutwelle von Betroffenen, die den Mund aufmachen, um grassierende Korruption in jedem Amtsbereich aufzudecken und Reformbewegungen zu unterstützen. Wenn genug Wähler zur Kenntnis nehmen, was in Wirklichkeit gespielt wird, ist sehr bald Schluß damit.

Kriege und Terrorismus

Was machen wir mit dem globalen Problem des regionalen Völkermords und internationalen Terrorismus? Wie wir in Bosnien und anderen Kriegsgebieten gesehen haben, beruhen lang anhaltende Konflikte auf religiöser Intoleranz und Rassenhaß – und beides wird nur von entfremdeten, zutiefst verängstigten Individuen und ihrer Gefolgschaft am Leben gehalten. Fanatismus wird benutzt, um Todesangst mit gerechtfertigter Wut zu maskieren und einem konfliktgeladenen Dasein einen heldenhaften Anstrich zu verleihen. Terroristen in aller Welt handeln aus demselben Beweggrund: Sie agieren die Rachegelüste einer selbstgerechten Gruppe von Fanatikern aus.

Die globale Vision zeigt uns, daß die Welle der spirituellen Erweckung irgendwann auch solche Leute erreicht. Inspirierte Individuen werden Menschen begegnen, die sich am Rande von terroristischen und separatistischen Organisationen bewegen, und allmählich wird die höhere Energie auch zu Freundesfreunden durchsickern, die direkten Zugang zu den Anführern im Kern des Konflikts haben. Solche Leute werden feststellen, daß ihre Mission darin besteht, den Gesinnungswandel der Anführer voranzutreiben und widersinnigen Rachefeldzügen ein Ende zu bereiten.

Die Kultur transformieren

Unsere globale Vision beschränkt sich keineswegs auf die Lösung sozialer Mißstände. Da eine ständig wachsende Masse von Menschen den Eingebungen eines höheren Bewußtseins folgt, wird jeder Aspekt des Erdenlebens organisch und von innen heraus verwandelt. Das Wirtschaftsgefüge beginnt seine Transformation mit der Abgabe des Zehnten als zusätzliche Einkommensquelle. Das Geschäftsleben wird zunehmend von Unternehmern bestimmt, die eine idealere Funktionsweise anstreben und ihre Entscheidungen auf spirituelle Erkenntnisse gründen.

Warum hat sich der Kapitalismus als das funktionsfähigste aller Wirtschaftssysteme erwiesen? Weil er sich an den Bedürfnissen der Bevölkerung orientiert, sie mit einem endlosen Strom von Informationen und technischen Errungenschaften versorgt, die immer neu und noch produktiver eingesetzt werden, und weil der Markt sich rasch an Veränderungen im Bewußtsein des Volkes anpassen kann. Kurzum, der Kapitalismus ist entwicklungsfähig.

Korrumpiert wird die kapitalistische Wirtschaftsform, solange eine verunsicherte Bevölkerungsschicht auf Werbekampagnen hereinfällt, die nicht vorhandene Bedürfnisse erzeugen, oder wenn allgemein übliche Geschäftspraktiken den Konsumenten und der Umwelt schaden. Im Idealfall werden diese Probleme von Geschäftsleuten aus der Welt geschafft, die sich auf die Befriedigung echter Bedürfnisse konzentrieren, anstatt lediglich auf höchstmögliche Profite. Wie ich es sehe, zeichnet sich dieser Trend bereits ab. Da immer mehr Geschäftsleute bei ihrer Erweckung erkennen, daß sie in der perfekten Position sind, um Veränderungen einzuleiten, werden sie weitere Kreise der Geschäftswelt mit sich reißen, worauf diese ihrerseits anfangen, einer höheren Zukunftsvision zu dienen.

In vieler Hinsicht sieht es aus, als sei die Geschäftsmoral heute tiefer denn je gesunken, unter anderem, weil Unternehmer nur noch an Kurzzeitprofite und kein Stück weiterdenken. Aber allein daß wir die Situation jetzt ungeschminkt wahrnehmen, erzeugt eine Schockwelle der Erneuerung, und die öffentliche Meinung wird das kommerzielle Pendel in die entgegengesetzte Richtung zwingen. Mehr und mehr von uns werden Hersteller bevorzugen, die umweltfreundliche Produkte auf den Markt bringen, selbst wenn sie einen Kostenzuschlag für den Umweltschutz berechnen. Und allmählich werden Geschäftsleute wieder auf langfristige Planungsstrategien zurückgreifen, denn in diese Zukunft führt uns das erwachende spirituelle Bewußtsein.

Die bisher übliche Praxis der künstlichen Veralterung (absichtliche Herstellung von Produkten, die nach gewisser Zeit kaputtgehen), wird einer Ethik weichen, bei der lebenslänglich haltbare Produkte zum niedrigsten Preis auf den Markt geworfen werden. Warum? Wie gesagt, letzten Endes führt unsere Evolution zu einer Wirtschaft, in der materielle Grundbedürfnisse vollautomatisch befriedigt werden, was bedeutet, daß wir die Freiheit haben, uns auf den Austausch von weiterführenden spirituellen Informationen zu konzentrieren.

Natürlich müssen wir, wie gesagt, zuerst eine billige Energiequelle und neue Kunststoffe entdecken, die so preiswert wie haltbar sind. Zahlreichen Wissenschaftlern zufolge wird die Kaltfusion demnächst funktionsfähig, auch wenn das Verfahren momentan noch umstritten ist, weil eine kalte Fusion von Atomkernen auf Prinzipien beruht, die ältere physikalische Theorien auf den Kopf stellen. Aber meines Erachtens können wir dem intuitiven Vorauswissen glauben, das darauf deutet, daß eine unerschöpfliche, sich selbst ständig erneuernde Energiequelle gefunden wird.

Sicher, die Öl- und Gaslieferanten in aller Welt werden diese Entwicklung bekämpfen, aber die Welle des neuen Bewußtseins läßt sich nicht mehr aufhalten, zu viele von uns sind inzwischen bereit, ihren höheren Lebenszweck zu erfüllen und der Wahrheit nach bestem Vermögen zu dienen. Wissenschaftler werden einsehen, daß ihre Fähigkeiten im Energie-Forschungsbereich am sinnvollsten eingesetzt werden, und aufgeweckte Journalisten werden Informationen über den neuesten Entwicklungsstand ausfindig machen, bevor sie unterdrückt werden können.

Das Berufsleben

Die globale Vision zeigt, daß auch das Berufsleben von innen her erneuert wird. Einzelne Berufssparten werden Mitgliedsverbände gründen, um die eigenen Geschäftspraktiken zu überwachen und für die Einhaltung eines moralisch vertretbaren Standards zu sorgen, was bereits teilweise geschieht. Der Mitgliedsverband der Ärzte in Amerika setzt sich zur Zeit öffentlich für eine vorbeugende Medizin ein, die Gesundheitsschäden von vornherein vermeiden will, anstatt mit einem Drogenbombardement und zum Teil unnötigen Operationen auf bereits enstandene Krankheiten zu reagieren.[8]

Vergleichbare Reformen werden im Justizwesen angestrebt. Viele Konflikte können schon im Büro eines Rechtsanwalts aus der Welt geschafft werden, wenn Lösungen angeboten werden, bei denen beide Parteien gut oder glimpflich davonkommen. Leider hat sich herausgestellt, daß die meisten Anwälte das genaue Gegenteil tun, indem sie unnötige Gerichtsverfahren anstrengen und ihre Klienten so lange wie möglich in Konflikte verwickeln, damit die Anwaltskanzleien höhere Summen kassieren können. Inzwischen wird kaum ein Berufszweig geringer eingeschätzt, obwohl auch die Juristen Berufsverbände gegründet haben, die Reformen anstreben und gewissenhafte Geschäftspraktiken von all ihren Mitgliedern verlangen.[9]

Sämtliche Berufszweige werden sich neu orientieren und an dem Umwandlungsprozeß teilnehmen. Buchhalter werden uns eine weitaus bessere Finanzplanung beibringen. Sowohl einzelne Bauern wie große Lebensmittelkonzerne werden zu organischen Anbaumethoden übergehen, bei denen der Boden erhalten bleibt, der Vitamin- und Mineraliengehalt ihrer Erzeugnisse erhöht und kein Rest von Schädlingsbekämpfungsmitteln auf der Ernte zurückgelassen wird. Restaurants werden nur noch organisch angebaute Naturprodukte mit einem hohen Energie- und Nährstoffgehalt anbieten. Journalisten werden sich vom Klatsch entfernen und aufklärende, weiterführende Berichte erstatten. Bauunternehmer und Städteplaner werden sich dem

Druck der Öffentlichkeit beugen und die letzten unversehrten Wildwuchsgebiete erhalten und verschandelte Regionen neu bepflanzen. Jeder von uns wird in der Nähe eines naturbelassenen Wildparks leben wollen und darauf bestehen, daß kommerzielle Zentren von Grünanlagen mit Spazierwegen aufgelockert werden. Letztlich werden wir so weit kommen, daß jede Institution ihre höchste Dienstleistungsfunktion freiwillig erfüllen will, um die Bürger der heranwachsenden Geisteskultur effektvoll unterstützen zu können.

Die Dimensionen verschmelzen

Alle Menschen werden ihre Vitalkräfte und Leistungsfähigkeit steigern, konstant, jedenfalls wird uns dies in der globalen Zukunftsvision des Kollektivs gezeigt. Wir werden unsere Geschäftspraktiken den neu erkannten Entwicklungszielen angleichen, unser Berufsleben transformieren und dabei von synchronistischen Fügungen getragen, die uns in immer höherem Maße inspirieren.

Inspiration ist eine unaufhaltsame spirituelle Kraft, die sich schließlich auf dermaßen viele übertragen wird, daß immer mehr Menschen bis ins hohe Alter aktiv bleiben und ihre Lebensdauer um ein Vielfaches verlängern. Solange wir daran arbeiten, die Erdbevölkerung zu stabilisieren, werden inspirierte Ehepaare freiwillig auf eigene Kinder verzichten und Waisenkinder aus anderen Erdteilen adoptieren.

Es kommt eine Zeit, in der unsere materiellen Grundbedürfnisse automatisch erfüllt werden, abgeholzte Waldbestände nachgewachsen und weite Landstriche wieder dem Wildwuchs übergeben worden sind. Wir leben in unbegrenzt haltbaren Häusern, die von einer unerschöpflichen Stromquelle versorgt werden. An diesem Punkt verlagert sich unsere Mission vollends auf das geistig-seelische Wachstum und die gegenseitige Beflügelung. Wir werden einander auf Waldwegen begegnen oder uns unter einer fünfhundert Jahre alten Eiche am Fluß treffen und die synchronistischen Momente, die uns zur rechten Zeit am rechten Ort zusammenführen, mit einer Intensität erfahren, daß nahezu jeder auf Energieebenen existiert, die wir uns heute kaum vorstellen können.

Gleichzeitig nehmen wir auch immer bewußtere Kontakte zu Engeln und geliebten Menschen in der jenseitigen Dimension auf, womit ein bereits existierender Trend zur allgemeinen Realität gemacht wird.[10] Der Tod wird grundsätzlich als ein Übergang in eine Seinsebene wahrgenommen, die Millionen schon im Diesseits erkundet haben und so als keineswegs bedrohlich empfinden. Und irgendwann wird das Muster der Quantenenergie, aus dem der menschliche Körper besteht, auf derart hohen Frequenzebenen vibrieren, daß wir uns unversehens in einer rein geistigen Form wiederfinden.

Wir stehen am selben Platz wie vorher, vielleicht am Flußufer oder unter der alten Eiche, aber plötzlich sehen wir, über jeden Zweifel erhaben, was unsere Körper schon immer gewesen sind – reines Licht.

Und an diesem Punkt wird uns der Sinn des langen historischen Entwicklungswegs der Lebensformen auf Erden endlich vollauf bewußt. Illuminiert von unserer globalen Vision sehen wir jetzt schon, daß wir Aspekte des göttlichen Bewußtseins sind, auf Erden inkarniert, um das Bewußtsein des jenseitigen Lebens allmählich auch im Diesseits zu manifestieren. Vom Urknall sind wir zu komplexeren, organischen Atomen und Molekularstrukturen übergegangen, von pflanzlichen und tierischen Einzellern zu Zweibeinern. Über Abertausende von menschlichen Generationen hinweg, auf den Schultern von Millionen Helden stehend, die mutig genug waren, ihre Erkenntnisse zu verbreiten, haben wir uns vorwärtsgetrieben und von Mal zu Mal versucht, ein Bewußtsein auszuleben, das wir von Beginn an hatten, auch wenn wir uns als inkarnierte Wesen nicht ohne weiteres daran erinnern konnten.

Von Anfang an hat uns ein tiefinnerer Drang dazu getrieben, unsere Energie so weit wie irgend möglich anzuheben, so weit, daß wir die jenseitige Dimension schon im Diesseits betreten können, worauf beide Dimensionen vor unseren Augen verschmelzen und nur noch eine übrigbleibt. Interessanterweise stellt sich dabei heraus, daß Engel und andere Seelen schon immer hier gewesen sind, hier bei uns, nur außer Sichtweite, und daß solche Wesen von jeher unermüdlich daran gearbeitet haben, uns den Übergang auf eine Bewußtseinsstufe zu erleichtern, auf der der Schleier fällt.

Die Vision aufrechterhalten

Wenn wir die Welt nun in den letzten Tagen des zwanzigsten Jahrhunderts betrachten, ist uns klar, wie weit wir noch von einer solchen Erfüllung entfernt sind. In der Tat – viele Leser werden die Ansichten in diesem Buch für viel zu idealistisch halten, wenn nicht gar schwärmerisch naiv. Die Schreckensvisionen, auf denen das alte Denkschema beruht, ziehen uns weiterhin in ihren Bann und lassen uns Zuflucht in dem blinden Skeptizismus suchen, der ganz sicher ist, daß derartig magische Dinge unmöglich stattfinden können.

Also besteht unsere Herausforderung darin, bei der einmal erkannten Wahrheit zu bleiben und sie wirken zu lassen. Wie wir wissen, ist alles, was die Menschheit im Lauf ihrer Entwicklung erreicht hat, durchweg von heroischen Einzelpersonen in Gang gesetzt worden, die sich gewöhnlich gegen eine überwältigende Opposition behaupten mußten. Deshalb stehen wir jetzt allesamt an einer historischen Weggabelung wie noch keiner zuvor. In den nächsten Jahren werden die Naturwissenschaften

ihre Neudefinierung der Außenwelt vervollkomm-
nen, zu der auch unsere wahre Stellung im Universum gehört, und dann wird uns das Ausmaß unserer schöpferischen Fähigkeiten zum ersten Mal
wissenschaftlich bestätigt.

Wir sind, in unserer Essenz, bewußte Felder der
Intention, und was wir denken und zu wissen meinen, strahlen wir wie Radiowellen aus, mittenhin-
ein in die Leute, mit denen wir uns umgeben, und
weiter noch, in den lebendigen Kosmos hinein, der
uns in erstaunlichem Maße mit der Zukunft entge-
genkommt, die wir uns in Gedanken vorgestellt haben. Da wir diese Fähigkeit jetzt immer bewußter
wahrnehmen, nimmt auch unser Einfluß auf die
Umwelt ständig zu, was uns von vornherein veran-
lassen dürfte, moralisch vertretbare Entscheidungen zu treffen.

Auf der zukünftigen Erde werden wir imstande
sein, nahezu alles zu manifestieren, was unser Ego
sich vorstellen kann, und so müssen wir unsere
Wünsche jetzt schon klarer denn je wahrnehmen.
Uns bleibt keine andere Wahl, als Gedanken von innen her zu beobachten, weil vollautomatisch abge-
schossene Negativität der Umwelt schadet und eines Tages auf uns selbst zurückfällt. Zum Glück
sind wir gründlich vorgewarnt worden. Schließlich
haben alle einflußreichen Mystiker und heiligen
Schriften der Weltgeschichte erklärt, daß wir nach
innen gehen und unseren Lebensweg nach der
höchsten Weisheit ausrichten sollen, die für uns er-

sichtlich ist. Und so muß jeder selbst sehen, ob er eine Zukunftsvision in sich entdecken kann, die nicht auf Angst oder dem Glauben an Mängel beruht, sondern in einem größeren Teil unseres Gedächtnisses verwahrt wird.

Wenn wir diese Vision finden, wird unsere Arbeit leichter und ungleich viel spannender. Diese Vision gibt uns nicht nur den Mut, den wir tagtäglich brauchen, um unsere individuellen Lebensaufgaben zu erfüllen, diese Vision transportiert uns auch zum höchsten Punkt des neuen Bewußtseins, dem Gipfel, an dem alles aus diesem Bewußtsein heraus getan werden kann. Von hier an brauchen wir nichts weiter tun, als in dieser Bewußtheit zentriert bleiben, jeden Tag – denn damit halten wir die innere Vision für alle am Leben.

Bevor wir das Haus verlassen, müssen wir die innere Mitte finden, die Geisteshaltung, die permanent auslebt, was wir erkannt haben. Die Macht des Glaubens ist real. Jeder Gedanke ist ein Gebet, und wenn die Vision des neuen spirituellen Bewußseins hinter all unseren Gedanken und Taten steht, jeden Tag, jede Minute, beschleunigt sich die synchronistische Entwicklung aller wie durch Magie, und das Schicksal, das wir im Herzensgrunde schon vorausahnen, wird zur erlebten Realität.

Quellenverzeichnis

Vorwort

1. G. Celente, Trends 2000 (New York: Warner, 1997)
2. N. Herbert, Quantum Reality: Beyond the New Physics (New York: Anchor/Doubleday, 1985)
3. F. Capra, Turning Point (New York: Bantam, 1987); *Wendezeit (München: dtv, 1992)*
4. E. Becker, The Denial of Death (New York: Free Press, 1973)
5. W. James, The Varieties of Religious Experience (New York: Random House, 1994); *Die Vielfalt religiöser Erfahrungen (Frankfurt/Main: Insel, 1997)*

   C. G. Jung, Modern Man in Search of a Soul (New York: Harcourt Brace, 1995); *Seelenprobleme der Gegenwart (München: dtv, 1991)*

   H. D. Thoreau, On Walden Pond (New York: Borders Press, 1994); *Walden (Köln: Könemann, 1996)*

   R. W. Emerson, Complete Words (Irvine, Calif.: Reprint Services, 1992)

   A. Huxley, Huxley and God (San Francisco: HarperSanFrancisco, 1992); *Gott ist (München: dtv, 1996)*

   G. Leonard, The Transformation (Los Angeles: J. P. Tarcher, 1987)

   M. Murphy, The Future of the Body (Los Angeles: J. P. Tarcher, 1992); *Der Quantenmensch (München: Integral, 1996)*

   F. Capra, The Tao of Physics (Boulder, Colo.: Bantam, 1976); *Das Tao der Physik (Bern: Scherz, 1984)*

   M. Ferguson, The Aquarian Conspiracy (New York: J. P. Tarcher/Putnam, 1980)

   L. Dossey, Recovering the Soul (New York: Bantam, 1989)

Kapitel 1

1. J. C. Pearce, Crack in the Cosmic Egg (New York: Pocket, 1971); *Der nächste Schritt der Menschheit (Freiamt, Arbor, 1997)*

2. N. O. Brown, Life against Death (Hanover, N. H.: Wesleyan Univ. Press, 1985)

   A. Maslow, Farther Reaches of Human Nature (New York: Viking/ Penguin, 1993)

   Religious Values and Peak Experiences (New York: Viking/Penguin, 1994)

3. K. Horney, Neurosis and Human Growth (New York: W. W. Norton, 1993); *Neurose und menschliches Wachstum (Frankfurt: Fischer, o. J.)*

Kapitel 2

1. I. Progoff, Jung: Synchronicity and Human Destiny (New York: Julian Press, 1993)

2. C. G. Jung, Synchronicity (New York: Bollingen/Princeton Univ. Press, 1960); *Synchronizität (München: dtv, 1990)*

3. F. D. Peat, Synchronicity: The Bridge between Matter and Mind (New York: Bantam, 1987)

4. M. A. Carskadon (Hrsg.), Encyclopedia of Sleep and Dreaming (New York: Macmillan, 1993)

5. A. Robbins, Tonbandinterview mit Deepak Chopra (Guthy-Renker, 1993)

6. E. Becker, Escape from Evil (New York: Free Press, 1985)

Kapitel 3

1. E. Becker, The Structure of Evil (New York: George Braziller, 1968)

2. T. Cahill, How the Irish Saved Civilization (New York: Anchor/Doubleday, 1995); *Wie die Iren die Zivilisation retteten (München: Goldmann, 1998)*

3. A. Koestler, The Sleepwalkers (New York: Grosset & Dunlap, 1963); *Diebe in der Nacht (Berlin: Ullstein, 1983)*

4. F. Capra, Turning Point (New York: Bantam, 1987); *Wendezeit (München: dtv, 1992)*

5. E. Becker, The Denial of Death (New York: Free Press, 1973)

Kapitel 4

1. T. S. Kuhn, The Structure of Scientific Revolutions (Chicago: Univ. of Chicago Press, 1970); *Die Struktur wissenschaftlicher Revolutionen (Frankfurt/Main: Suhrkamp, 1973)*

2. F. Capra, The Tao of Physics (Boulder Colo.: Bantam, 1976); *Das Tao der Physik (Bern: Scherz, 1984)*

3. M. Kaku und J. Trainen, Beyond Einstein (New York: Bantam, 1987); *Jenseits von Einstein (Frankfurt/Main: Insel, 1996)*

4. N. Herbert, Quantum Reality: Beyond the New Physics (New York: Anchor/Doubleday, 1985)

5. M. Kaku, Hyperspace (New York: Oxford Univ. Press, 1994); *Hyperspace (Berlin: Byblos, 1996)*

6. Herbert, Quantum Reality

7. Ebda.

8. Kaku, Hyperspace

9. R. Leakey, The Origin of Humankind (New York: Basic Books/HarperCollins, 1994); *Der Ursprung des Menschen (Frankfurt/Main: Fischer, 1998)*

10. M. Murphy, The Future of the Body (Los Angeles: J. P. Tarcher, 1992); *Der Quantenmensch (München: Integral, 1996)*

11. F. Goble, The Third Force (Pasadena, Calif.: Thomas Jefferson Center, 1970)

12. I. Progoff, Jung: Synchronicity and Human Destiny (New York: Julian Press, 1993)

13. R. D. Laing, The Divided Self (New York: Pantheon, 1969); *Das geteilte Selbst (Köln: Kiepenheuer & Witsch, 1994)*

14. E. Berne, Games People Play (New York: Ballantine, 1985); *Spiele der Erwachsenen (Reinbek: Rowohlt, o. J.)*
    T. Harris, I'm OK/You're OK (New York: HarperCollins, 1969); *Ich bin o. k. – Du bist o. k. (Reinbek: Rowohlt, 1975)*

15. P. Teilhard de Chardin, The Phenomenon of Man (San Bernardino, Calif.: Borgo Press, 1994); *Das Auftreten des Menschen (Düsseldorf: Walter, 1965)*
    Sri Aurobindo (Lodi, Calif.: Auromere, 1990)

16. Biodfeedback: A Source Guide (New York: Gordon Press, 1991)

17. L. Dossey, Healing Words (New York: HarperCollins, 1993)

18. L. Dossey, Recovering the Soul
19. L. Dossey, Healing Words
20. L. Dossey, Recovering the Soul
21. Ebda.
22. L. Dossey, Toxic Prayer (New York: Bantam, 1997)

Kapitel 5

1. R. D. Laing, Self and Others (New York: Pantheon, 1970); *Das Selbst und die anderen (Köln: Kiepenheuer & Witsch, 1974)*
2. E. Berne, Games People Play (New York: Ballantine, 1985); *siehe Kapitel 4, Fußnote 14*
3. J. Q. Wilson und R. J. Harnstein, Crime and Human Nature: The Definitive Study of the Causes of Crime (New York: Touchstone/ Simon & Schuster, 1985)
4. J. Hillman, We Had a Hundred Years of Psychotherapy – and the World's Getting Worse (San Francisco: Harper, 1992); *Hundert Jahre Psychotherapie (Düsseldorf: Walter, 1993)*

Kapitel 6

1. C. G. Jung, Psychology and Religion (New Haven, Conn.: Yale Univ. Press, 1938); *Psychologie und Religion (München: dtv, o. J.)*
A. Watts, Psychotherapy East and West (New York: Random House, 1975)
D. T. Suzuki, Introduction to Zen (New York: Grove/Atlantic, 1987); *Leben aus Zen (München: Scherz, 1987)*
2. P. Yogananda, Autobiography of a Yogi (Los Angeles: Self Realization Fellowship, 1974); *Autobiographie eines Yogi (München: Scherz, 1995)*
J. Krishnamurti, Think on These Things (New York: Random House, 1975); *Gedanken zum Leben (Bern: Humata, o. J.)*
Ram Dass, Remember, Be Here Now (San Cristobal, N. M.: Lama Foundation, 1971)
3. G. K. Chesterton, St. Francis of Assisi (New York: Doubleday, 1987); M. Eckhart, Treatises and Sermons of Meister Eckhart (New York: Hippocrene, 1983); *Deutsche Predigten und Traktate (Zürich: Diogenes, 1993)*

E. Swedenborg, Scientific and Philosophical Treatises (Westchester, Pa.: Swedenborg Foundation, 1991); *Die wahre christliche Religion (Zürich: Swedenborg Verlag, o. J.)*

E. Bucke, Cosmic Consciousness (Secaucus, N. J.: Carol Publishing Group, 1969)

4. S. P. Springer und G. Deutsch, Left Brain, Right Brain (New York: W. H. Freeman, 1981); *Linkes/Rechtes Gehirn (Heidelberg: Spektrum, 1995)*
5. M. Murphy, Golf in the Kingdom (New York: Penguin Books, 1972); *Gott und Psyche (Hamburg, Kabel, 1994)*
6. A. Watts, Way of Zen (New York: Mentor/New American Library, 1957)

   A. Watts, The Wisdom of Insecurity (New York: Random House, 1968); *Weisheit des ungesicherten Weges (München: Piper, 1994)*

Kapitel 7

1. J. Hillman, The Soul's Code (New York: Random House, 1996); *Die Suche nach Innen (Einsiedeln: Daiman, 1994)*
2. D. Gaines, Teenage Wasteland: America's Dead End Kids (New York: HarperCollins, 1992)
3. M. Williamson, A Return to Love (New York: HarperCollins, 1992)
4. B. Weiss, Many Lives, Many Masters (New York: Simon & Schuster, 1988); *Die zahlreichen Leben der Seele (München: Goldmann, 1995)*
5. W. W. Dyer, What Do You Really Want for Your Children? (New York: William Morrow, 1985)

Kapitel 8

1. C. Sagan, A Demon-Haunted World (New York: Random House, 1995)
2. M. Murphy, The Future of the Body, Appendix A (Los Angeles: J. P. Tarcher, 1992); *Der Quantenmensch (München: Integral, 1996)*
3. K. Horney, The Neurotic Personality of Our Time (New York: W. W. Norton, 1993); *Der neurotische Mensch unserer Zeit (Frankfurt/Main: Fischer, 1995)*
4. P. Koch-Seras, Dream Sourcebook: An Eye-Opening Guide to Dream History, Theory and Interpretation (Los Angeles: Lowell House, 1995)

5. M. Murphy, The Future of The Body; *siehe Fußnote 1*
6. S. McLaine, Out on a Limb (New York: Bantam, 1993)
7. M. Murphy, The Future of the Body; *siehe Fußnote 1*
8. V. Frankl, Man's Search for Meaning (New York: Buccneer, 1993)
   Von der Frage nach dem Sinn (München: Piper, 1997)

Kapitel 9

1. M. McLuhan, The Medium is the Message (New York: Simon & Schuster, 1989)
2. M. Buber, I and Thou (New York: Simon & Schuster, 1984); *Ich und Du (Ditzingen: Reclam, o. J.)*
3. M. Shaw, Group Dynamics (New York: McGraw-Hill, 1980)
4. B. Stokes, Helping Ourselves: Local Solutions to Global Problems (New York: Norton, 1981)
5. J. Stanford, Invisible Partner (Mahwah, N. J.: Paulist Press, 1980)
6. M. Beattie, Co-dependent No More (New York: Harper-Hazelden, 1987); *Die Sucht, gebraucht zu werden (München: Heyne, 1997)*
7. H. Hendrix, Getting the Love You Want (New York: HarperCollins, 1990); *Ohne Wenn und Aber (Reinbek: Rowohlt, 1993)*
   Keeping the Love You Find (New York: Pocket, 1993)
8. H. Schueman und W. Thetford, A Course in Miracles (Glen Ellen, Calif.: Foundation for Inner Peace, 1976)

Kapitel 10

1. C. Fillmore, Prosperity (Lee's Summit, Mo.: Unity, 1995)
   ders., The Atom Smashing Power of the Mind
   N. Hill, Master Key to Riches (New York: Fawcett, 1986); *Denke nach und werde reich (Kreuzlingen: Ariston, 1996)*
   ders., You Can Work Your Own Miracles (New York: Fawcett, 1986)
   N. V. Peale, In God We Trust (Nashville, Tenn.: Thomas Nelson, 1995); *Die Antwort heißt Vertrauen (München: Goldmann, 1993)*
   ders., God's Way to the Good Life (New Canaan, Conn.: Keats, 1974)
2. J. Rifkin, The End of Work (New York: J. P. Tarcher/Putnam, 1995); *Das Ende der Arbeit und ihre Zukunft (Frankfurt/Main: Fischer, 1997)*

3. Wall Street Journal, »Work & Family«, (Sonderbeilage, 31. März 1997)

4. E. F. Mallove, »Is New Physics Needed«, (Infinite Energy Magazine, November/Dezember 1996)

5. W. Greider, One World, Ready or Not (New York: Simon & Schuster, 1997)

6. R. Gerber, Vibrational Medicine (Santa Fe, N. M.: Bear & Co., 1988); *Der Quantenmensch (München: Integral, 1996)*

7. M. Murphy, The Future of the Body (Los Angeles: J. P. Tarcher, 1992)

Kapitel 11

1. Gallup Poll 1991 (Roper Center, Univ. of Connecticut)

2. K. Ring, Heading Toward Omega (New York: Quill/William Morrow, 1984)
   M. Morse, Transformed by the Light (New York: Ballantine/Random House, 1992); *Verwandelt vom Licht (München: Droemer Knaur, 1994)*

3. Morse, Transformed by the Light; *siehe oben*

4. E. Becker, Escape from Evil (New York: Free Press, 1985)

5. R. A. Monroe, Journeys out of the Body (New York: Anchor/Doubleday, 1977); *Der Mann mit den zwei Leben (München: Droemer Knaur, 1986)*

6. R. Montgomery, A World Beyond (New York: Fawcett Crest/Ballantine, 1985)

7. K. Ring, Heading Toward Omega; *siehe Fußnote 2*

8. I. Stevenson, Children Who Remember Previous Lives (Charlottesville, Va.: University Press, 1987); *Reinkarnation (Grafing: Aquanarun, 1989)*

9. B. Weiss, Many Lives, Many Masters (New York: Simon & Schuster, 1988); *Die zahlreichen Leben der Seele (München: Goldmann, 1995)*

Kapitel 12

1. M. Ivins, »Long and Short of Corporate Welfare«, (Minneapolis Star Tribune, 1. Dezember 1994)

2. D. Boyett, »Summit May Point Toward Better Future«, (Orlando Sentinel, 27. April 1997)

3. M. F. Pols, »City Officials Encourage Efforts for Community Based Policing«, (Los Angeles Times, 17. Januar 1995)

4. P. Hawken, The Ecology of Commerce (New York: HarperBusiness, 1993); *Kollaps oder Kreislaufwirtschaft (Berlin: Siedler, 1996)*

5. S. Gilbert, »American Tackles the Pesticide Crisis«, (New York Times, 8. Oktober 1989)

6. A. Weil, Optimum Health (New York: Knopf, 1997); *Heilung aus eigener Kraft (München: Goldmann, 1997)*

7. T. P. Healy, »Dividends Reaped from Investing in Environment«, (Indianapolis Star, 6. Oktober 1996)

8. American Holistic Medical Association, Raleigh, N.C.; American Association of Naturopathic Physicians, Seattle; Canadian Naturopathic Association, Etobicoke, Ontario; Physician's Association for Anthroposophical Medicine, Portland, Ore.; Weleda Inc., Congers, N. Y.; World Research Foundation, Sherman Oaks, Calif.

9. Anthroposophical Society in America, Chicago; Envision Associates, Chestnut Ridge, N. Y.; ADR Options, Philadelphia; Coast to Coast Mediation Center, Encinitas, Calif.

10. B. und J. Guggenheim, Hello from Heaven (New York: Bantam, 1995); *Trost aus dem Jenseits (München: Scherz, 1997)*

Informationen über Veranstaltungen und Gruppen erhalten Sie über

Celestine Förderverein e. V.
Lornsenstr. 80
22869 Schenefeld
Tel.: 040/530517 71

oder im Internet unter
www.celestinevision.com